职业技能培训教材

ZHIYE JINENG PEIXUN JIAOCAI

电动港口装卸机械司机

山东港口青岛港集团有限公司　组织编写

中国劳动社会保障出版社

图书在版编目(CIP)数据

电动港口装卸机械司机 / 山东港口青岛港集团有限公司组织编写. -- 北京 : 中国劳动社会保障出版社, 2024. --(职业技能培训教材). -- ISBN 978-7-5167-6678-1

Ⅰ. U653. 928

中国国家版本馆 CIP 数据核字第 2024TB6082 号

中国劳动社会保障出版社出版发行

(北京市惠新东街 1 号 邮政编码：100029)

*

河北宝昌佳彩印刷有限公司印刷装订 新华书店经销

787 毫米 ×1092 毫米 16 开本 14.5 印张 268 千字

2024 年 12 月第 1 版 2025 年 3 月第 2 次印刷

定价：56.00 元

营销中心电话：400-606-6496

出版社网址：https://www.class.com.cn

编写人员

主　编：王　晋　赵桅波

副主编：阮敬鹏　李军焘

编　者：郭　磊　马国东　庄文华

前 言

工人伟大，劳动光荣。党的二十大报告明确提出，要深入实施人才强国战略，并把大国工匠和高技能人才作为国家战略人才力量的重要组成部分。党的二十届三中全会审议通过的《中共中央关于进一步全面深化改革、推进中国式现代化的决定》指出，要“着力培养造就卓越工程师、大国工匠、高技能人才，提高各类人才素质”，进一步彰显加强技能人才队伍建设的重要意义。近年来，中共中央、国务院制定出台了《新时期产业工人队伍建设改革方案》《关于提高技术工人待遇的意见》《关于加强新时代高技能人才队伍建设的意见》等一系列指导意见，为加强技能人才队伍建设顶层设计、深化技能人才发展体制机制改革提供了有力保障。

企业技能等级认定是技能人才工作的重要组成部分，是企业技能人才开发的“牛鼻子”和“指挥棒”。为进一步贯彻落实中共中央关于技能人才队伍建设系列工作要求，山东港口青岛港结合港口新材料、新工艺、新技术、新设备的应用，以及港口机械设备大型化、自动化、智能化的普及，特成立教材编写小组，编写了 6 册港口职业技能等级认定教材，期待为港口行业各职业工种高技能人才借鉴提供有益参考。

本系列教材适应了当前港口的发展变化以及港口装卸（电动、内燃、流体）机械司机和维修工新颁布的国家职业标准要求，坚持以培养从业人员职业能力和满足岗位需求为目的，内容难易适度，理论知识以“够用”为度，确保从业人员能看得懂、学得会。同时，注重理论联系实际，重点帮助从业人员了解港口装卸机械的基本组成、结构和工作原理，掌握港口装卸机械的基础知识和基本技能，着重提高从业人员的职业素养和实际操作技能。教材具有较高的针对性、通用性和实用性，可满足技术工人自学需求及港口行业职业技能等级认定学习需要。

山东港口青岛港集团有限公司组织编写的本系列教材，得到了山东省人力资源和社会保障厅相关处室、山东省公共就业和人才服务中心、青岛市人力资源和社会保障局、青岛市人力资源发展研究与促进中心、山东省港口集团有限公司党委组织部（人力资源部）的指导帮助，得到了中国港口协会、青岛港湾职业技术学院的大力支持，在此深表谢意。由于编者能力和时间所限，教材中难免存在部分问题和缺陷，敬请各位专家、读者批评指正。

山东港口青岛港集团有限公司教材编写组

2024 年 9 月

目 录

Contents

第一章 电动港口装卸机械

港口是国家交通行业的重要组成部分，对国民经济的发展起着极其重要的作用。港口设施的水准、专业化程度的高低，在很大程度上决定了港口的生产规模。电动港口装卸机械由于工作效率高、使用成本低、自动化控制程度高，因此在我国港口设备中占了很大比例。

第一节 电动港口装卸机械概述

电动港口装卸机械（以下简称电动装卸机械）是指利用电力驱动电动机带动全部工作机构或主要工作机构，完成物料位移功能的港口设备。电动装卸机械在港口生产中具有如下作用。

1. 可减轻装卸工人的体力劳动强度。
2. 可提高劳动生产效率，节省劳动力。
3. 可缩短车、船在港口的停留时间，提升车、船及货物的周转效率，提高港口通过能力。
4. 可减少压船压货的损失，降低装卸成本，提高经济效益。
5. 可采用先进的装卸工艺，减少货损货差，提高货运质量。

一、电动装卸机械分类

电动装卸机械，根据物料位移方式的不同，可分为电动起重机械、电动连续输送机械、电动连续装卸机械和电动特殊装卸机械四大类。

1. 电动起重机械

电动起重机械（以下简称起重机械）是一种做循环、间歇运动的机械，用来垂直升降或水平移动物品，以满足物品的装卸、转载和安装等作业要求，其工作特点是做周期性动作。港口起重机械则是根据港口装卸作业的特点和要求设计的，具有工作速度快、装卸效率高、启动和制动频繁、控制方式多样等特点。现代港口装备包括各种类型的港口起重机械，用于转载和装卸货物。其中，各种专用起重机械大量出现，大型化、专业化起重机械也纷纷出现。为了提高效率、降低劳动强度，起重机械向自动化控制转变的趋势也十分明显。起重机械是港口中运用最多的电动装卸机械，其优势在于使用范围广，如门座起重机、门式起重机、桥式抓斗卸船机、岸边集装箱起重机等。

2. 电动连续输送机械

电动连续输送机械（以下简称连续输送机械）是指可以沿一定的输送路线（从装料点到卸料点）均匀、连续地输送物料的输送机械，在各种散货码头运用十分广泛。它的特点是以连续动作的方式不间断地搬运货物，即装货、输送、卸货均连续进行，不会因空载回程引起运货间断；同时，由于不必经常启动和制动，因此可采用较高的工作速度。连续高速的输送使连续输送机械能够达到很高的生产效率。其缺点是通用性较差，每种机型只适用于运输一定类型的货种。港口中运用最多的是各种类型的带式输送机。

3. 电动连续装卸机械

电动连续装卸机械（以下简称连续装卸机械）是利用能提升散料的机头，或兼有自行取料能力，或配以取料、喂料装置，并结合设备臂架、门架连续输送机、主输送机实现散货物料位移的专用机械。其由于同样采用连续输送的方式，因此，具有效率高、使用能耗低、易实现自动化控制的特点；缺点是通用性较差，每种机型只适用于装卸一定类型的货种。

4. 电动特殊装卸机械

电动特殊装卸机械又称电动特殊专用装卸机械，是指针对某一特定货种设计的专用装卸机械。其形式多样，具有装卸效率高、能耗低、自动化程度高、操作简便、利于环保等特点，如各种气力卸船、螺旋卸船设备等。

以上四类电动装卸机械中，起重机械和连续装卸机械应用最广泛，连续装卸机械一般需要连续输送机械配合作业。后面章节会重点对前三种机械进行介绍。

二、电动装卸机械驱动形式

电力驱动是电动装卸机械区别于其他装卸机械的显著特点，也是港口大型装卸机械中使用最广泛的一种驱动形式。它具有以下几个优点。

1. 能源经济，供电方便。

2. 便于实现分别驱动，简化传动系统，操作简单，维修方便。

3. 调速、换向方便，可带载启动，短时过载能力强，工作性能好。

4. 便于安装制动装置和各种安全保护装置，并能使它们与电动机联锁动作，提高机构工作的安全性和可靠性。

5. 由电网或蓄电池供电，不会造成环境污染，且噪声低。

电力驱动不仅用于作业范围一定、行驶路线不变的有轨运行式起重机，也用于经常变更作业地点的流动式起重机。例如，轮胎式起重机也有采用电力驱动的。

电力驱动有交流和直流两种方式。由于交流电源不仅容易获得，而且更为经济，因此在起重机械中更多地使用交流异步电动机。绕线式异步电动机启动性能好、便于适量调速、不会引起过热，因此，在起重机械中使用最广。鼠笼式异步电动机构造简单、使用方便、价格便宜，但它启动力矩较小、启动电流大，因此不能频繁启动，通常只用于功率不大、工作不频繁、启动次数少的机构，如非工作性的变幅机构和大车运行机构。

目前，交流变频调速技术在工业界的广泛应用，为交流异步电动机驱动的起重机械大范围、高质量调速提供了全新的方案。它具有和直流调速系统相媲美的高性能调速指标，可以采用结构简单、工作可靠、维护方便的鼠笼式异步电动机进行调速；同时，变频调速系统的效率比传统的交流调速系统高，其外围控制线路简单，维护工作量小，保护监测功能完善，运行可靠性较传统的交流调速系统有较大提高。因此，交流变频调速技术已经成为电动装卸机械发展的主流技术。

三、电动装卸机械基本参数

电动装卸机械基本参数是表征电动装卸机械主要技术性能指标的参数，是电动装卸机械的设计依据，也是是否满足电动装卸机械安全技术要求的重要依据。

1. 起重量。起重量是指被起升重物的质量，单位为 kg 或 t。其可分为额定起重量、最大起重量、总起重量、有效起重量等。

2. 幅度。旋转臂架式电动装卸机械的幅度是指旋转中心线与取物装置铅垂线之间的水平距离，单位为 m。非旋转类型的臂架类电动装卸机械的幅度是指吊具中心线与臂架后轴或其他典型轴线之间的水平距离。

3. 起升高度。起升高度是指电动装卸机械运行轨道顶面（或地面）到取物装置上极限位置的垂直距离，单位为 m。

4. 工作速度。电动装卸机械的工作速度包括起升、回转、变幅和运行四个机构的工作速度。

5. 轨距。轨距是指电动装卸机械大车（或小车）运行轨道中心线之间的水平距离，单位为 m。

6. 基距。基距是指电动装卸机械同一轨道上前后两组行走轮中心线之间的距离，单位为 m。

7. 轮压。轮压是指电动装卸机械的一个运行车轮对运行轨道的压力。

8. 外形尺寸。外形尺寸是指电动装卸机械外部的轮廓尺寸。

9. 工作级别。电动装卸机械整机和机构的工作级别，是表征电动装卸机械和机构工作繁重程度的参数。

10. 载荷。载荷是电动装卸机械设计计算的依据。

第二节 起重机械

起重机械按照驱动形式分为电力驱动、内燃驱动、复合驱动三种，港口最常使用的是电力驱动形式。

一、起重机械的工作特点

起重机械是一种间歇动作的机械，它具有短暂、重复、周期性的工作特点。起重机在搬运货物时，通常进行吊起货物、运送货物、卸下货物、反向回到原来位置的工作过程，这样一个工作过程称为一个工作循环。在每个工作循环中，其相关的工作机构都要做一次正向和反向的交替运动，并伴有频繁的启动和制动过程，各工作机构就是这样重复而周期性地工作。

二、起重机械的基本组成

起重机械的种类繁多，但它们主要由工作机构、金属结构、动力装置和控制系统三个基本部分组成。

1. 工作机构

工作机构是起重机械进行不同运动的执行机构，是为实现起重机械的不同运动设置的。它的作用是实现被吊运货物的空间移动，从而满足货物的装卸、转载、搬运、安装等作业要求。起重机械上常用的工作机构有起升机构、运行机构、变幅机构及回转机构等，即所谓的“四大机构”。此外，针对某些特殊的使用要求，有时还设有伸缩机构、放倒机构等。起升机构是使货物升降的机构，运行机构是使起重机械或起重小车运行的机构，变幅机构是通过变换臂架的倾角改变幅度和起升高度的机构，回转机构是使起重机械回转部分在水平面内转动的机构。所有这些机构中，起升机构是起重机械的基本工作机构，是任何一种起重机械必不可少的；其他机构则是配合起升机构工作、实现货物搬运的辅助机构，可以根据不同类型的起重机械和使用要求进行设置。门座起重机通常设有上述四大工作机构，桥架型起重机则设有起升、小车、大车、俯仰四个工作机构。

2. 金属结构

金属结构是起重机械的骨架，决定了起重机械的外形，构建了起重机械的作业空间。作为支承和承力构件，金属结构用来安置工作机构和动力装置，承受自重载荷和各种外载荷，并将这些载荷传递给起重机械的支承基础。臂架型起重机的金属结构包括臂架、人字架、转台、门架、支腿等构件；桥架型起重机的金属结构包括桥架主梁、端梁、小车架、支腿等构件。

3. 动力装置和控制系统

动力装置是起重机械的动力源，在很大程度上决定了起重机械的性能和特点。港口起重机械使用的主要动力装置是交流电动机。控制系统是用来控制各工作机构动作的系统，通过控制系统可以实现工作机构的启动、调速、换向、制动和停止等动作，此外，还包括起重机械的安全保护装置、照明和网络等。

三、常用起重机械

港口常用起重机械主要有以下几种。

1. 门座起重机

门座起重机（简称门吊、门机）是指臂架安装在门座上，下方可通过铁路或公路车辆的移动式回转起重机（见图 1-2-1）。它的构造可以分为两大部分：上部回转部分和下部运行部分。上部回转部分安装在一个高大的门形底架（门架）上，并相对于下部运行部分可以实现 360° 任意回转。门架可以沿轨道运行，同时，它又是起重机的承重部分。起重机的自重和吊重均由门架承受，并由它传到地面轨道上。

图 1-2-1　门座起重机

2. 轮胎式集装箱龙门起重机

轮胎式集装箱龙门起重机（简称轮胎吊或胎吊）是在集装箱码头堆场进行集装箱装卸、搬运和堆码作业的专用机械（见图 1-2-2）。它由前后两片门框和底梁组成门架，支承在橡胶充气轮胎上，在集装箱堆场行走。装有集装箱吊具的行走小车沿着门框横梁上的轨道行走，用来从集装箱卡车上装卸集装箱并进行堆码作业。轮胎式集装箱龙门起重机采用机械液压装置或无线电感应装置，在集装箱堆场保持直线行走，并可 90° 转向。

图 1-2-2　轮胎式集装箱龙门起重机

3. 轨道式集装箱龙门起重机

轨道式集装箱龙门起重机（RMG，简称轨道吊）也是在集装箱码头堆场进行装卸、堆码作业的专用机械。根据场地、集装箱储运工艺流程及装卸车辆的不同，轨道式集装箱龙门起重机可采用无悬臂、单悬臂或双悬臂等形式。

轨道式双悬臂集装箱龙门起重机（见图 1-2-3）的主体结构由两片双悬臂的门架组成，两侧门腿用下横梁连接，两侧悬臂用上横梁连接，门架通过大车运行机构在地面铺设的轨道上行走。港口轨道式集装箱龙门起重机多采用双梁箱型焊接结构，个别采用L形单梁箱型焊接结构。

图 1-2-3　轨道式双悬臂集装箱龙门起重机

4. 桥式抓斗卸船机

桥式抓斗卸船机是依靠小车沿水平桥架运动实现抓斗水平移动的卸船机（见图 1-2-4）。桥式抓斗卸船机在门架上安装漏斗给料系统和出料伸缩带式输送机。作业时，抓斗从船舱内抓取散货并将其提升出舱，散货由起重小车（抓斗小车）运送至岸边，当抓斗到达前门框内侧的漏斗上方时，将散货卸入漏斗，最后散货经带式输送机系统送到货场。

图 1-2-4　桥式抓斗卸船机

5. 岸边集装箱起重机

岸边集装箱起重机（简称岸桥、桥吊）是在集装箱码头对集装箱船进行装卸作业的专业设备（见图 1-2-5），一般安装在港口码头岸边。岸边集装箱起重机的装卸能力和速度直接决定码头作业的生产效率，因此，岸边集装箱起重机是港口集装箱装卸的主力设备。岸边集装箱起重机随着集装箱运输船舶大型化的蓬勃发展和技术的不断更新换代，科技含量越来越高，正朝着大型化、高速化、自动化和智能化，以及高可靠性、长寿命、低能耗、环保型方向发展。

图 1-2-5　岸边集装箱起重机

第三节 连续输送、装卸机械

连续输送、装卸机械是指利用电、液压、气动技术及计算机控制等先进技术，对货物进行快速准确的搬运、装卸和转运的机械。港口连续输送、装卸机械主要用来输送散粒物料。

一、连续输送机械的特点和分类

1. 连续输送机械的特点

连续输送机械和间歇动作起重机械相比，具有以下几个特点。

（1）连续输送机械的装料和卸料是在输送过程不停顿的情况下进行的。连续输送机械一经启动，就以稳定的输送速度沿着一定的路线输送物料，因此，可以采用很高的输送速度。连续而高速的物料流使连续输送机械可以获得很高的生产效率。

（2）连续输送机械沿固定的路线输送货物，动作单一，结构简单，因此便于实现自动控制。在同样的生产率下，连续输送机械一般功率较小、质量较小、结构紧凑、造价较低、输送距离长。但当输送路线复杂时，会造成其结构复杂；当输送路线变化时，需要重新布置输送机械。

2. 连续输送机械的分类

连续输送机械按照输送货物力的形式分为机械式、惯性式、气力式和液力式等几大类；按照输送货物的种类可分为输送件货和输送散货两类；按照结构特点可分为有挠性牵引构件和无挠性牵引构件两类。用于港口装卸的有挠性牵引构件的连续输送机械，包括带式输送机、链式输送机、斗式提升机等；无挠性牵引构件的连续输送机械包括螺旋输送机、滚子输送机、气力输送机等。

二、常用连续输送机械

目前，港口常用的连续输送机械有以下两种。

1. 带式输送机

带式输送机是有挠性牵引构件的连续输送机械，既是承载构件又是牵引构件，是以连续运动的无端输送带输送物料的机械（见图 1-3-1）。它是港口连续输送机械中效率最高、使用最广泛的一种机型。

带式输送机的工作方式通常是由电动机通过减速装置驱动传动滚筒，依靠传动滚筒与输送带之间的摩擦力使输送带运动，货物随输送带一起运动，从而实现货物的输送。

2. 气力输送机

气力输送机是运用风机在封闭管路内形成的气流输送散粒物料的机械设备（见图 1-3-2），按输送的基本原理可分为悬浮输送和推动输送两大类。悬浮输送是利用气流的动能进行输送，又称动压输送；推动输送是利用气体的压力进行输送，又称静压输送。

图 1-3-1　带式输送机

图 1-3-2　气力输送机

三、连续装卸机械

连续装卸机械是在连续输送机械的基础上，配以能自行取料、提升散粒物料的机头或取料、喂料装置，从而对散粒物料进行连续不断的装卸船作业或装卸车作业的机械。

港口常用的连续装卸机械主要有散货装船机、气力卸船机、斗轮堆取料机、散货卸车机械、散货装车机和装车楼等。

1. 散货装船机

散货装船机是将后方带式输送机系统输送来的大宗散货装入船舱的连续装卸机械（见图 1-3-3），通常与堆场带式输送机衔接使用。散货装船机装船作业时，物料由后方输送机系统运送转载到散货装船机的带式输送机上，然后送至悬臂前端，经溜筒装入船舱内。散货装船机可通过臂架的伸缩、俯仰、回转和整机运行，改变装料点位置，以适应船舱尺寸的要求和水位的变化。

图 1-3-3　散货装船机

2. 气力卸船机

气力卸船机采用气力吸送散货卸船，主要用于氧化铝、粮食的卸船作业，有固定式、移动式和浮式等机型。移动式气力卸船机如图 1-3-4 所示。由于气力卸船机采用轻便的软管，清仓吸嘴可伸到船舱的各个角落，因此，其突出的优点是便于清仓作业，不损伤船底。此外，它的输料管尺寸小、构造简单、操作方便、工作可靠、容易维修，并且在密闭系统进行卸船作业时，场内不扬灰尘。其主要缺点是功率消耗和噪声较大。

图 1-3-4　移动式气力卸船机

3. 斗轮堆取料机

斗轮堆取料机主要用于散料的堆存、挖取和均料。它既可以在堆料场进行取料作业，又可以将来料经臂架带式输送机反向运行堆存到堆料场，属于连续高效的堆、取合一的装卸设备（见图 1-3-5）。斗轮堆取料机广泛用于大型散货港口、火力发电厂的储煤场、大型钢铁公司的矿石煤炭原料场，以及大型焦化厂、大型水泥厂、轻工化工等部门的储料场，用于挖取、堆放煤炭、矿石、砂石、焦炭、食盐等物料。

图 1-3-5　斗轮堆取料机

4. 散货卸车机械

散货卸车机械是将散粒物料从铁路敞车中卸出的机械，主要有翻车机、螺旋卸车机等。

（1）翻车机又称铁路货车翻卸机（见图 1-3-6），属于港口专用机械，是散货装卸机械的一种，专门用来翻卸铁路敞车的散料货物。翻车机是用倾翻车厢的方法由车厢顶部将所载散货一次性卸出的快速卸车机械，卸车效率通常为每小时 30～40 厢，可一次性翻卸一节车厢，也可一次性翻卸两节或三节车厢，最高可一次性翻卸四节车厢。其具有卸车效率高、生产能力大、机械化程度高等特点，广泛应用于港口、钢厂和电厂。

图 1-3-6　翻车机

（2）螺旋卸车机是接卸具有侧开门铁路敞车的专用卸车机械（见图 1-3-7）。作业时，先将螺旋卸车机运行到车厢端部，打开敞车侧门，逐步放下卸料螺旋，让其插入物料堆中；然后开动卸料螺旋，利用螺旋的斜面将物料从敞车两侧推出。通过行走机构的移动和螺旋升降机构的升降，螺旋卸车机可将车厢中的散粒物料逐层从车厢两侧卸下，直至将车厢内的散粒物料全部卸完。螺旋卸车机具有结构简单、设备投资少等优点。

图 1-3-7　螺旋卸车机

5. 散货装车机

散货装车机一直是矿石疏运作业的主力机械（见图 1-3-8）。因为散货装车机的臂架皮带上安装了电子皮带秤作为物料称重计量装置，所以在装车作业时，具有装车平整、效率高、计量误差小、撒漏少及不偏载等特点。散货装车机独具特点的伸缩带式输送机可根据距车厢的距离自由调节，非常方便灵活。伸缩带式输送机前端设有分叉漏斗装置，漏斗内设有液压驱动翻板或摆动溜筒，在跨车厢作业时，通过液压驱动翻板的翻转或摆动溜筒的动作，使物料转换漏斗并进入相邻的火车车厢，防止物料撒落在车厢外。

图 1-3-8　散货装车机

6. 装车楼

装车楼因结构简单、操作便捷，广泛应用于干散货码头，是火车装车的重要设备（见图 1-3-9）。装车楼的装卸平台是重要的部分，它用于将货物或原材料装入火车车厢。装卸平台通常配有升降装置，以适应不同高度的火车车厢。为了确保准确的装车量，装车楼通常配备计量和控制系统，以实时监测和记录装车过程中的货物量和质量，从而确保符合规定的要求。

图 1-3-9　装车楼

第二章 电动装卸机械零部件

机械零部件是构成机械系统的基本单元，起着支承、连接和传动等作用。对于电动装卸机械司机来说，学习、掌握机械零部件知识，有助于理解机械工作原理、优化作业方案、提高生产效率；同时也能更好地了解机械设备结构、预测潜在故障，从而降低故障率。本章将重点介绍起重机械的一些常用零部件。

第一节 轴承

轴承是机械设备中的重要零部件。它的主要功能是支承机械旋转体，降低其运动过程中的摩擦因数，并保证其回转精度。根据运动元件摩擦性质的不同，轴承可分为滑动轴承和滚动轴承两大类。

一、滑动轴承

滑动轴承是在滑动摩擦下工作的轴承（见图 2-1-1）。滑动轴承工作平稳、可靠、无噪声。在液体润滑条件下，两滑动表面被润滑油形成的油膜隔开而不发生直接接触，从而大大减少了摩擦损失和表面磨损，此外，油膜还具有一定的吸振能力。但滑动轴承开始运动时的摩擦阻力较大。

图 2-1-1　滑动轴承

1. 滑动轴承的结构

滑动轴承的结构如图 2-1-2 所示，轴上被滑动轴承支承的部分称为轴颈，与轴颈相配的零件称为轴瓦。为了改善轴瓦表面的摩擦性质而在其内表面浇铸的减摩材料层称为轴承衬，轴瓦和轴承衬的材料统称滑动轴承材料。滑动轴承一般应用在高速轻载的工况下，因为不便于批量生产，而且价格昂贵，所以应用不如滚动轴承广泛。

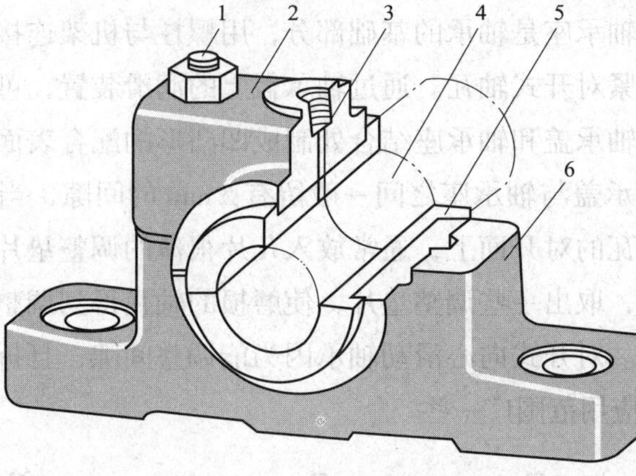

图 2-1-2　滑动轴承的结构

1—螺柱；2—轴承盖；3—注油孔；4—轴颈；5—轴瓦；6—轴承座

常用的滑动轴承材料有轴承合金（又称巴氏合金或白合金）、耐磨铸铁、铜基和铝基合金、粉末冶金材料、塑料、橡胶、聚四氟乙烯（PTFE）、改性聚甲醛（POM）等。

2. 常用滑动轴承

滑动轴承按承受载荷的方向，可分为向心滑动轴承（主要承受径向载荷）和推力滑动轴承（主要承受轴向载荷）。起重机械常用的滑动轴承有整体式向心滑动轴承和对开式向心滑动轴承两种。

（1）整体式向心滑动轴承的结构如图 2-1-3 所示，它靠螺栓固定在机架上。轴承座顶部有安装润滑装置用的螺纹孔；轴承孔内压入用减摩材料制成的轴瓦，并用紧定螺钉固定。轴瓦开有油孔，并在其内表面开有油槽，用来输送润滑油，这样可以减轻摩擦，轴承磨损后只需要更换轴瓦即可。

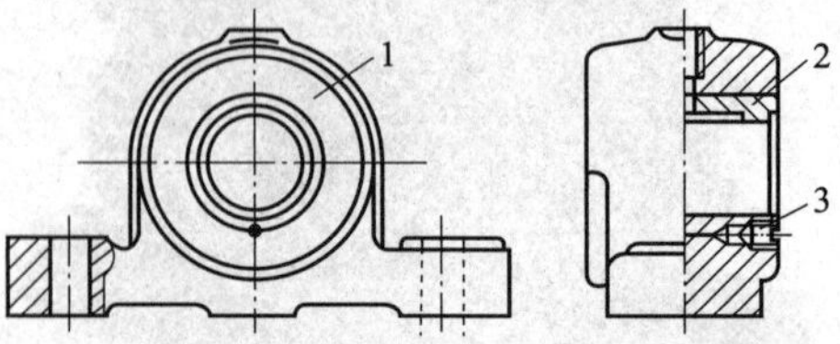

图 2-1-3　整体式向心滑动轴承的结构

1—轴承座；2—轴瓦；3—紧定螺钉

整体式向心滑动轴承的特点是结构简单、制造成本低。但其磨损后无法调整轴颈与轴承之间的间隙，安装和拆卸时只能沿轴向移动轴或轴承才能装拆，很不方便，一般应用于低速、载荷不大及间歇工作的场合，如绞车、手动起重机等。

整体式轴瓦可分为内孔表面光滑和纵向带油槽两种。轴瓦与轴承采用过盈配合方法，以实现永久性或半永久性的装配。

（2）对开式向心滑动轴承的结构如图 2-1-4 所示，其由轴承盖、轴承座、对开式轴瓦和螺柱等组成。轴承座是轴承的基础部分，用螺柱与机架连接；轴承盖用螺栓与轴承座连接，用来压紧对开式轴瓦。通过轴承盖上的润滑装置，可将润滑油顺着油孔输送到轴颈表面。在轴承盖和轴承座结合处制成凹凸形的配合表面，使其能上下对中并防止横向移动。轴承盖与轴承座之间一般留有 5 mm 的间隙，当轴瓦稍有磨损时可做调整。在对开式轴瓦的对开面上，通常放入几片很薄的调整垫片，这样，轴瓦磨损后便可按其磨损程度，取出一些调整垫片，使磨损的轴瓦得到调整，轴颈与轴瓦之间仍能保持要求的间隙。对开式向心滑动轴承因为能调整间隙，且拆装方便，所以比整体式向心滑动轴承的应用范围广一些。

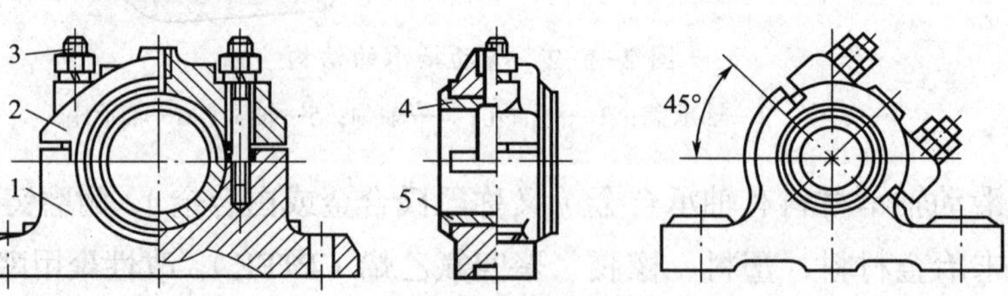

图 2-1-4　对开式向心滑动轴承的结构

1—轴承座；2—轴承盖；3—螺柱；4—上轴瓦；5—下轴瓦

常用的对开式轴瓦，如图 2-1-5 所示。它的两端制有凸缘，防止其在轴承座中发生轴向移动；用销钉或紧定螺钉固定，防止周向转动。轴瓦的内表面需要开油槽，为了减少润滑油在端部泄漏，油槽不应开通，应开在轴瓦不承受载荷的部位，以免油膜的连续性被破坏而影响轴瓦的承载能力。油槽长度一般可取轴瓦长度的 80%。

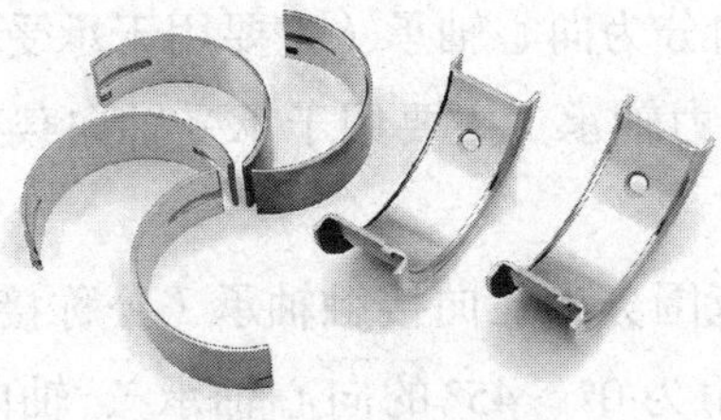

图 2-1-5　对开式轴瓦

二、滚动轴承

滚动轴承是将运转的轴与轴承座之间的滑动摩擦变为滚动摩擦，从而减少摩擦损耗的一种精密的机械部件。滚动轴承具有摩擦阻力小、启动灵敏、效率高、润滑简便和互换性强等优点；其主要缺点是抗冲击能力较差，高速运转时出现噪声且轴承径向尺寸大。

1. 滚动轴承的结构

滚动轴承的基本结构如图 2-1-6 所示，其由内圈、外圈、滚动体和保持架等组成。内圈装在轴颈上，外圈装在机架的轴孔内。滚动轴承通常是内圈随轴颈旋转而外圈固定，但也有外圈旋转而内圈固定的。当内、外圈相对转动时，滚动体在内、外圈的滚道中滚动。保持架的作用是使滚动体均匀隔开，滚动体则是在滚动轴承中形成滚动摩擦不可缺少的零件。

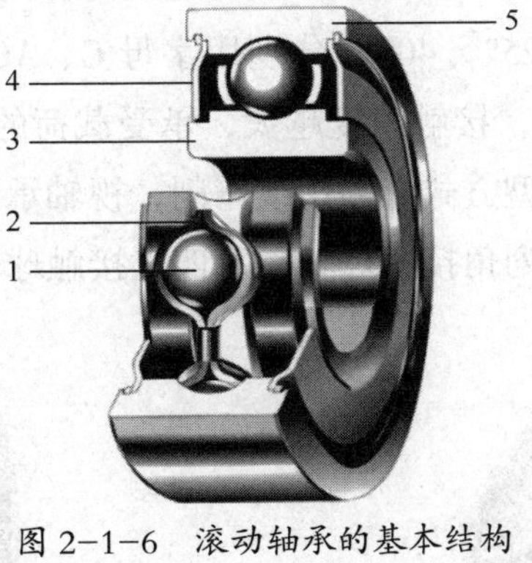

图 2-1-6　滚动轴承的基本结构

1—滚动体；2—保持架；3—内圈；4—防尘盖；5—外圈

滚动体与轴承内、外圈的材料，都应具有较高的硬度、接触疲劳强度、耐磨性和冲击韧性，一般用含铬合金制造，如 GCr9、GCr15 及 GCr15SiMn 等。热处理后，材料硬度应在 61～65 HRC 之间，其表面须经磨削和抛光。保持架常用低碳钢制成，有的用有色金属合金和塑料制成。

2. 滚动轴承的分类

滚动轴承有多种分类方法。

（1）按承受载荷的方向分为向心轴承（主要用于承受径向载荷的滚动轴承，其公称接触角为 0°～45°）和推力轴承（主要用于承受轴向载荷的滚动轴承，其公称接触角为 45°～90°）。

（2）按公称接触角的范围分为径向接触轴承（公称接触角为 0° 的向心轴承）、向心角接触轴承（公称接触角为 0°～45° 的向心轴承）、轴向接触轴承（公称接触角为 90° 的推力轴承）和推力角接触轴承（公称接触角为 45°～90° 的推力轴承）。

（3）按滚动体的种类分为球轴承和滚子轴承（包括圆柱滚子轴承、滚针轴承、圆锥滚子轴承、调心滚子轴承）。

（4）按工作时能否调心分为刚性轴承和调心轴承。

3. 常用滚动轴承

（1）深沟球轴承

深沟球轴承是应用范围最广泛、最具代表性的滚动轴承。此类轴承的内、外圈滚道都为圆弧状深沟，可承受径向、轴向及合成载荷，如图 2-1-7 所示。深沟球轴承结构简单，使用方便，容易达到较高制造精度，适用于高速旋转的场合。深沟球轴承一般采用钢板冲压保持架；尺寸较大不易冲压成型或用于高速旋转达到较高制造时，采用车削成型保持架。此类轴承通常有防尘盖、密封圈、非接触胶盖、接触胶盖或止动环。

（2）角接触球轴承

角接触球轴承的钢球和内、外圈接触点的连线与径向呈一定角度，如图 2-1-8 所示。接触角度一般为 15°、25°、40°，分别用字母 C、AC、B 表示。角接触球轴承主要承受较大的单向轴向载荷，接触角度越大，承受载荷的能力越大。保持架的材料有钢板、黄铜或工程塑胶，成型方式有冲压或车削，视轴承形式和使用条件选用。此外，还有组合角接触球轴承、双列角接触球轴承及四点接触球轴承。

图 2-1-7 深沟球轴承

图 2-1-8 角接触球轴承

（3）圆柱滚子轴承

圆柱滚子轴承是滚子轴承中构造最简单的一类轴承，其内、外圈与滚子呈线接触，径向载荷能力大，适用于高速旋转的场合，如图 2-1-9 所示。圆柱滚子轴承为分离型，安装、拆卸比较简便。圆柱滚子轴承一般采用钢板冲压保持架，尺寸较大或用于高速旋转的场合时采用黄铜车削保持架；双列或四列圆柱滚子轴承采用插销保持架，以延长轴承的使用寿命。

（4）圆锥滚子轴承

圆锥滚子轴承内、外圈及滚子的圆锥顶点分别与轴承中心线上的某一点一致，内、外圈是分离的，如图 2-1-10 所示。单列圆锥滚子轴承能够承受径向载荷与轴向载荷的合成载荷。圆锥滚子轴承在设计时必须满足国际互换性的要求，即在一组相同型号的圆锥滚子轴承中，将任何一个外圈装到另一个轴承的内圈上，都不会影响轴承的使用效果。常用的还有双列及四列圆锥滚子轴承。圆锥滚子轴承保持架，尺寸较小的以钢板冲压成型，尺寸较大的采用黄铜或软钢车削而成，用于重载荷时则采用插销式保持架。

图 2-1-9 圆柱滚子轴承

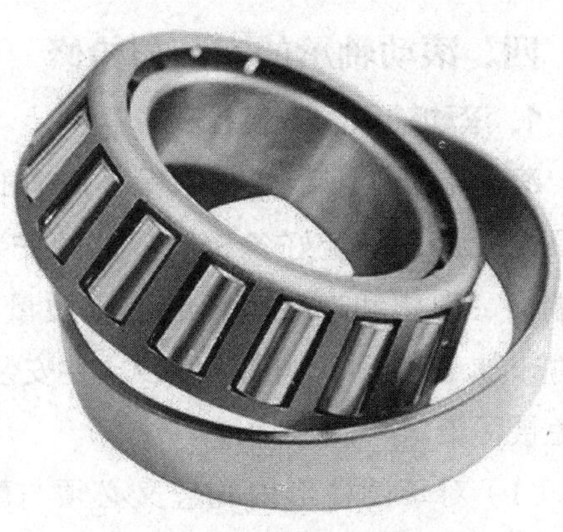

图 2-1-10 圆锥滚子轴承

三、轴承的选用

各种类型的轴承具有不同的结构特性和适用条件，通常，轴承类型的选择应进行综合考虑。

1. 载荷是选择轴承最主要的依据。通常，应根据载荷的大小、方向和性质选择轴承。一般情况下，滚子轴承是线接触，承载能力大，适合承受较大载荷；球轴承是点接触，承载能力小，适合承受较小载荷。有冲击载荷时，宜选用滚子轴承。纯径向载荷作用时，宜选用深沟球轴承、圆柱滚子轴承或滚针轴承，也可考虑选用调心轴承。纯轴向载荷作用时，宜选用推力球轴承或推力滚子轴承。径向载荷和轴向载荷联合作用时，一般选用角接触球轴承或圆锥滚子轴承。

2. 摩擦力矩小、发热量小的轴承高速性能好。球轴承比滚子轴承有更高的极限转速，因此要求高速旋转时应优先考虑选用球轴承。内径相同时，外径越小，滚动体越轻，运转时滚动体作用在外圈上的离心力也越小，因此，球轴承更适合在较高转速下工作。在一定条件下，工作转速较高时，宜选用超轻、特轻系列的轴承。

3. 机械工作时，机械摩擦或工作介质使轴发热，从而发生热胀冷缩现象。在选用轴承时，应使其轴有轴向运动的可能性。因此，常在轴的某一端选用内圈或外圈无挡边的圆柱滚子轴承或滚针轴承，以适应由于热胀冷缩引起的轴伸长或缩短。

4. 当轴两端轴承孔的同轴度误差大（制造误差或安装误差所致），轴的刚度小导致变形较大，或轴为多支点结构时，均要求轴承的调心性好。这时，应选用调心球轴承或调心滚子轴承。

5. 在机械设计中，一般都是先确定轴的尺寸，然后根据轴的尺寸选择轴承。小轴选用球轴承，大轴选用滚子轴承。在内径尺寸（即轴尺寸）已确定的情况下，若径向尺寸受限，则可选用滚针轴承或特轻、超轻型轴承；若轴向尺寸受限，则可选用宽度较小的窄、轻窄或特窄系列轴承。

四、滚动轴承的安装与检修

1. 滚动轴承的安装

滚动轴承的安装要在干燥、清洁的环境下进行。安装之前应准备好所有的部件、工具及设备，确定好各相关零件的安装顺序；仔细检查轴和外壳的配合表面、凸肩的端面、沟槽和连接表面的加工质量；所有配合表面都必须仔细清洗并去除毛刺，铸件未加工表面必须除净型砂。在安装准备工作完成前，不要拆开滚动轴承的包装，以免被污染。

（1）对于圆柱形内孔且又必须与配合件进行过盈配合的小型滚动轴承，可用机械或液压的方法将滚动轴承内圈压入轴或壳体内，如图 2-1-11 所示。安装压力应直接施加于过盈配合的滚动轴承套圈端面上，若施加于非过盈配合的轴承套圈端面上，通过滚动体传递压力，则会对滚动轴承工作表面造成压伤，导致滚动轴承很快损坏。若滚动轴承套圈与轴和外壳孔都是过盈配合，那么装配时滚动轴承内、外圈要同时压入轴和壳体内，此时，装配环的形状应能同时压紧滚动轴承内、外圈的端面，如图 2-1-12 所示。

当滚动轴承尺寸较大或过盈量较大时，所需安装力会显著增大，可利用热胀冷缩原理进行安装。滚动轴承套圈与轴或壳体之间所需的温差取决于过盈量和滚动轴承尺寸。一般采用油浴加热或感应加热器对轴承进行加热，因此，要用螺母或其他适当的方法确保轴承套圈与轴或壳体之间紧密配合，防止套圈端面与轴肩之间产生间隙。

（2）内孔为圆锥孔的滚动轴承总是以过盈配合安装。安装时，过盈量不像圆柱形内孔滚动轴承那样由选取的轴公差决定，而是取决于滚动轴承在锥形轴颈上或锥形紧定套上的推入距离。滚动轴承的初始径向游隙在推入过程中逐渐减小，而推入量的大小决定配合程度的高低，因此，安装之前必须测量滚动轴承径向游隙。在安装过程中，也要不断测量径向游隙，直至达到要求的径向游隙量及理想的过盈配合为止。

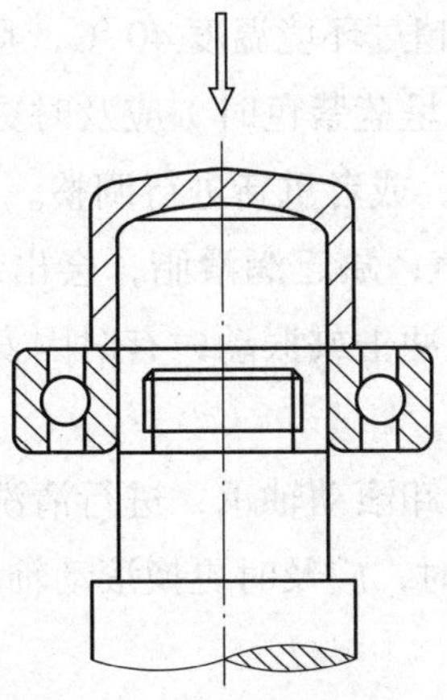

图 2-1-11　内圈的压入

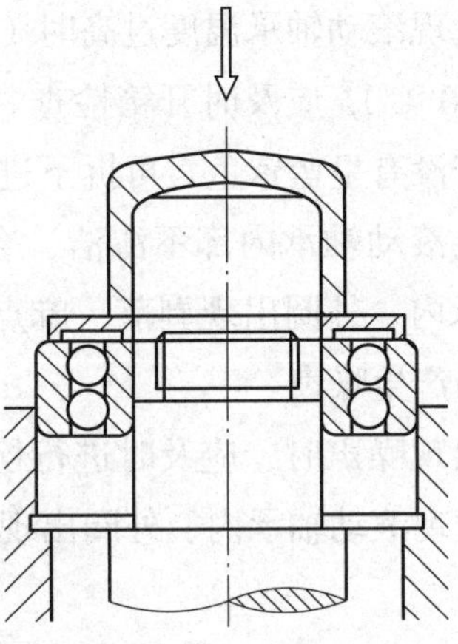

图 2-1-12　内、外圈同时压入

2. 滚动轴承游隙的调整

游隙可调整的滚动轴承（如单列角接触球轴承、圆锥滚子轴承、推力轴承），安装的最后阶段是调整滚动轴承的游隙。游隙不仅关系滚动轴承的使用寿命和机器能否正常工作，而且滚动轴承用于机床主轴时，还直接影响加工质量。因此，游隙需要根据安装结构、载荷、工作温度及滚动轴承性能进行精确调整。

图 2-1-13 所示为利用千分表测量汽车轮毂滚动轴承轴向游隙。检查时，将带有千分表的支座稳固地置于轮毂上或轮毂壳体内，把千分表表头顶在轴的光洁表面，向两个方向推轴时，表针指示的界限偏差即为轴向游隙数值。调整时，可使用壳体上或轴上的螺母，或者在壳体上加衬垫。

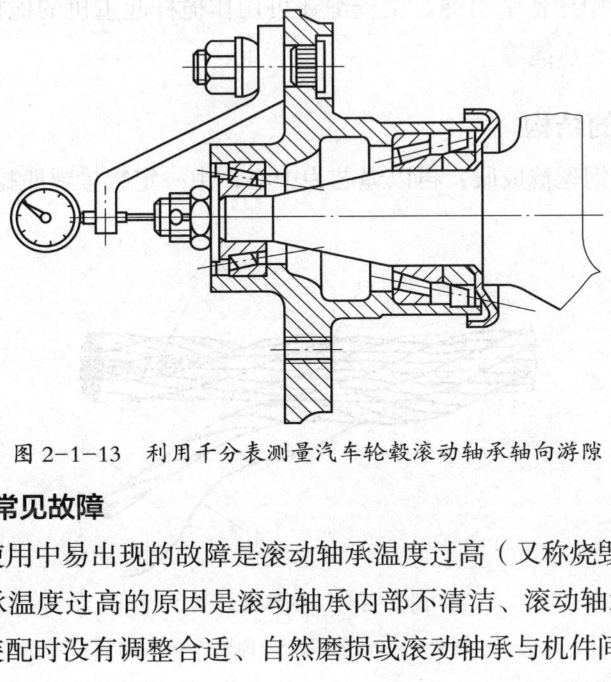

图 2-1-13　利用千分表测量汽车轮毂滚动轴承轴向游隙

3. 滚动轴承常见故障

滚动轴承在使用中易出现的故障是滚动轴承温度过高（又称烧毁）和产生噪声。

（1）滚动轴承温度过高的原因是滚动轴承内部不清洁、滚动轴承腔内没有润滑脂或润滑脂过少、装配时没有调整合适、自然磨损或滚动轴承与机件间发生摩擦。

当发现滚动轴承温度过高时（正常工况时一般不超过环境温度 40 ℃，且绝对值不应高于 80 ℃），应及时开箱检查。若滚动轴承变色（呈蓝紫色时）应及时更换新滚动轴承；若没有呈蓝紫色，可拆下进行清洗、加润滑脂，或者重新进行调整。

（2）滚动轴承内部不清洁，会出现断续的嘶哑声；缺乏润滑脂，会出现尖叫声；滚动轴承内、外圈出现剥落、麻点、锈蚀时，会出现冲击或振动；有时因安装配合过松，也易产生噪声。

当出现噪声时，应及时进行检查。必要时，要拆卸滚动轴承，进行清洗，加润滑脂；当发现滚动轴承内、外圈出现剥落、麻点、锈蚀时，应及时更换滚动轴承。

第二节 钢丝绳

钢丝绳是一种强度高、弹性好、自重小、挠性好、耐潮、耐腐蚀、耐磨、耐冲击的钢索具，是起重机的重要零件之一。其在起升机构、变幅机构中用作承载绳，在运行机构、回转机构中用作牵引绳。钢丝绳还可用作桅杆起重机的桅杆张紧绳、缆索起重机和架空索道的支承绳等。

一、钢丝绳的结构

钢丝绳是先由钢丝捻成股，再以绳芯为中心，由一定数量绳股捻绕成的螺旋状绳，如图 2-2-1 所示。

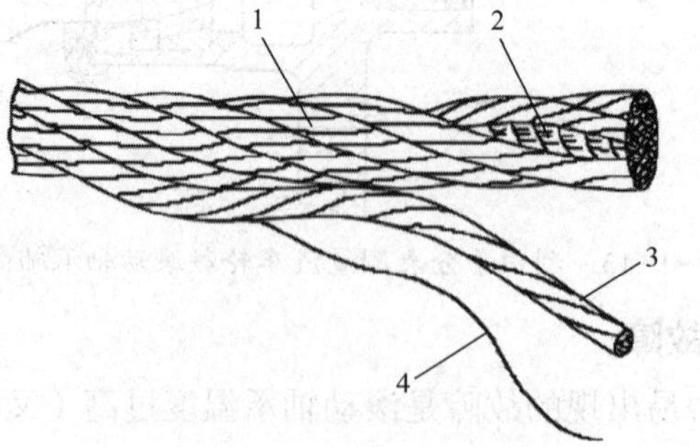

图 2-2-1　钢丝绳结构

1—钢丝绳；2—绳芯；3—绳股；4—钢丝

1. 钢丝

钢丝是构成钢丝绳的基本单位，通常采用优质碳素结构钢或合金钢，经过拉拔或冷轧制成圆形（或异形）截面。钢丝的直径可以根据钢丝绳的要求而有所不同，一般在 0.2～5 mm 之间。钢丝经过拉拔、扭制等工艺处理后，具有较高的强度和韧性，能够承受较大的拉力和弯曲应力。多股钢丝通过捻合形成钢丝绳的主体结构，使其具有较好的韧性和承载能力。

2. 绳芯

绳芯是钢丝绳的内部支承结构，通常由天然纤维、合成纤维或金属等材料制成。绳芯的主要作用是支承和保护钢丝，减少钢丝之间的摩擦和磨损，以延长钢丝绳的使用寿命。不同类型的绳芯具有不同的特点。例如，天然纤维绳芯轻便柔软；合成纤维绳芯耐磨损、耐腐蚀；金属绳芯刚性较好，适用于高强度要求的场合。

3. 股数

钢丝绳的绳股有 4 股、8 股、18 股等（见图 2-2-2），使用较多的是 18 股钢丝绳。外层股数越多，钢丝绳与滑轮槽或卷筒槽的接触情况越好，使用寿命越长。

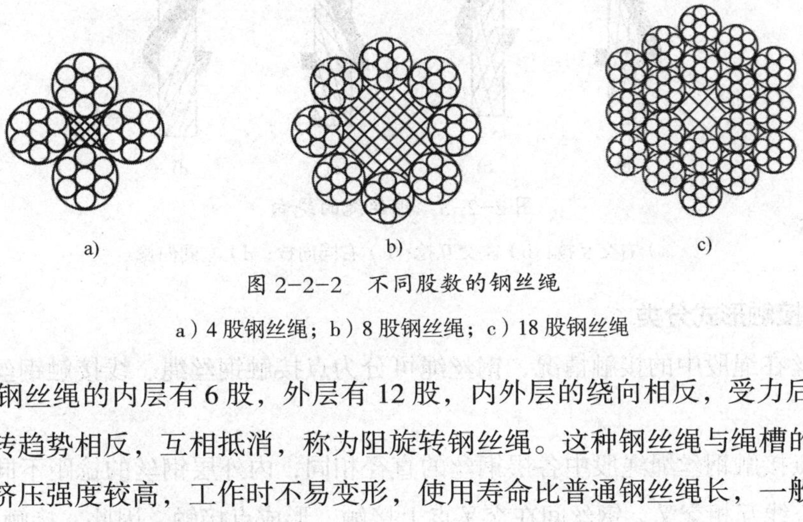

图 2-2-2 不同股数的钢丝绳

a）4 股钢丝绳；b）8 股钢丝绳；c）18 股钢丝绳

18 股钢丝绳的内层有 6 股，外层有 12 股，内外层的绕向相反，受力后两层绳股产生的扭转趋势相反，互相抵消，称为阻旋转钢丝绳。这种钢丝绳与绳槽的接触表面较大，抗挤压强度较高，工作时不易变形，使用寿命比普通钢丝绳长，一般适用于起升高度较大、承载分支数少的起重机。

二、钢丝绳的分类

1. 按捻向分类

钢丝绳按照钢丝与绳股的捻向，主要分为交互捻钢丝绳和同向捻钢丝绳两种。同时，绳的绕制螺旋方向，还有左旋、右旋的区别。

（1）钢丝在外层绳股中的捻向与外层绳股在钢丝绳中的捻向相反的多股钢丝绳，称为交互捻钢丝绳，如图 2-2-3a、图 2-2-3b 所示。

交互捻钢丝绳的钢丝方向与钢丝绳中心线接近平行，其挠性稍差、易磨损、寿命较短。但钢丝与绳股的扭转趋势相反，互相抵消，没有扭转打结的趋势，因此，使用广泛。交互捻钢丝绳标记为 sZ 或 zS。

（2）钢丝在外层绳股中的捻向与外层绳股在钢丝绳中的捻向相同的多股钢丝绳，称为同向捻钢丝绳，如图 2-2-3c、图 2-2-3d 所示。

同向捻钢丝绳的钢丝方向与钢丝绳中心线以较大角度斜交，其挠性较好、表面光滑耐磨、寿命较长。但其有强烈的扭转趋势，在松弛状态下容易扭转缠结，因此只能用于有刚性导轨或经常保持张紧状态的地方，如滑轮组变幅机构、牵引小车的牵引绳，不宜用作起升绳。同向捻钢丝绳标记为 zZ 或 sS。

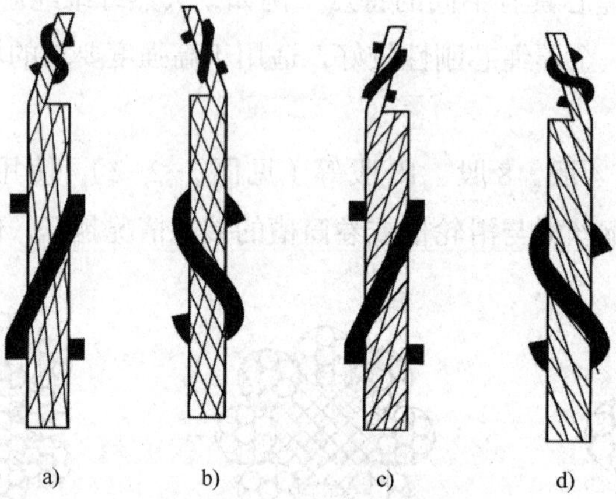

图 2-2-3　钢丝绳的绕向

a）右交互捻；b）左交互捻；c）右同向捻；d）左同向捻

2. 按接触形式分类

按钢丝在绳股中的接触情况，钢丝绳可分为点接触钢丝绳、线接触钢丝绳和面接触钢丝绳。

（1）点接触钢丝绳绳股中各层钢丝的直径相同，内外层钢丝的捻距不同，相邻层钢丝的中心线互相交叉，钢丝间在交叉点上接触，形成点接触，因此，接触应力较高、易磨损，如图 2-2-4a 所示。点接触钢丝绳的挠性较好，但抗弯曲疲劳性能较差，使用寿命短。点接触钢丝绳曾广泛用于起重机，现大多被线接触钢丝绳代替。

（2）线接触钢丝绳绳股由不同直径的钢丝绕成，各层钢丝的捻距相同，相邻层钢丝的中心线互相平行，钢丝间沿整个长度接触，形成线接触，如图 2-2-4b 所示。线接触钢丝绳接触应力较小、挠性好、耐磨，使用寿命较点接触钢丝绳可提高 1.5～2 倍。线接触钢丝绳主要有 3 种形式：瓦林吞式（W 型）、西鲁式（S 型）、填充式（F 型）。

（3）面接触钢丝绳绳股内钢丝为异形截面，捻制后，钢丝之间呈面接触，如图 2-2-4c 所示。面接触钢丝绳表面光滑，抗腐蚀性和耐磨性好，能承受较大的横向力，用于缆索起重机和架空索道作支承绳。

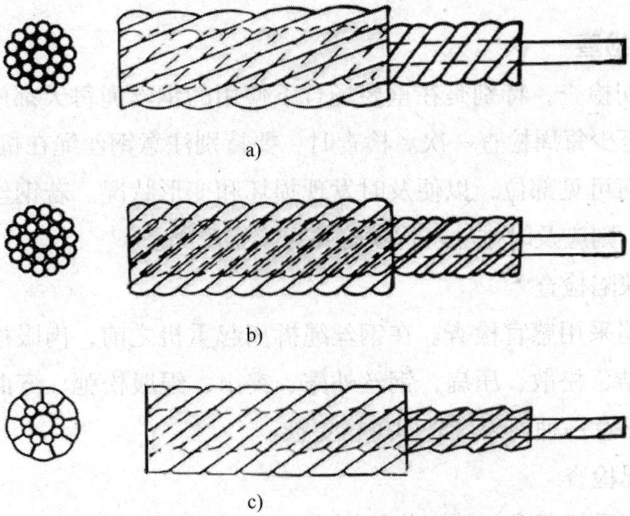

图 2-2-4　绳股中钢丝接触情况

a）点接触钢丝绳；b）线接触钢丝绳；c）面接触钢丝绳

三、钢丝绳的使用

1. 钢丝绳的破坏形式

新钢丝绳在正常使用的情况下一般不会突然发生断裂，除非出现意外机械事故或安全保护装置失灵，导致钢丝绳所受载荷超过其极限破断拉力。

钢丝绳在工作过程中，除了受到拉应力外，还受到在滑轮或卷筒上卷绕产生的接触应力和弯曲应力（这两种应力呈脉动变化，引起金属疲劳）。在使用过程中，钢丝绳的外层钢丝由于磨损和多次弯曲，造成弯曲疲劳，首先开始断裂，随后内层钢丝也跟着断裂，随着断丝数的增加，未断的钢丝受到的拉应力逐渐增大，磨损和疲劳加剧，断丝速度逐渐加快。当断丝数达到一定限度后，许用安全系数降低，如果继续使用，就会造成整根钢丝绳断裂。

2. 提高钢丝绳使用寿命的措施

（1）为提高钢丝绳的使用寿命，在钢丝绳卷绕过程中，必须减少钢丝绳的弯曲次数，尤其要尽量避免钢丝绳反向弯曲，反向弯曲引起的金属疲劳为同向弯曲的两倍。

（2）增大滑轮、卷筒的直径能减轻钢丝绳弯折的程度。因此，滑轮、卷筒的最小直径应满足钢丝绳的使用寿命要求。

（3）选择适当的滑轮材料，使钢丝绳与滑轮硬度相匹配。若采用铝合金等软质金属或尼龙制成的滑轮或绳槽衬垫，会大大延长钢丝绳的使用寿命。在工作时有强烈磨损的情况下，钢丝绳宜采用外层丝粗的西鲁式钢丝绳。

（4）对钢丝绳加强维护保养、定期润滑，可减少钢丝绳的磨损，有利于延长钢丝绳的使用寿命。

3. 钢丝绳的检查

钢丝绳要定期检查，特别是在重要场合下使用的钢丝绳每天都应检查。对于一般起重用钢丝绳，至少每周检查一次。检查时，要特别注意钢丝绳在机械上的固定部位，以及钢丝绳的任何可见部位，以便及时发现损坏和变形状况。若钢丝绳的损坏是由机构的缺陷造成的，则应及时排除机构缺陷并更换钢丝绳。

（1）钢丝绳缺陷检查

对钢丝绳缺陷采用感官检查。在钢丝绳拆离起重机之前，肉眼检查其是否存在缺陷，如钢丝绳打结、松散、压扁，钢丝外露、突出，绳股松弛、弯曲、下陷，绳芯挤出等，发现其中任意一种现象应立即进行更换。

（2）断丝情况检查

例如，门座起重机起升机构工作级别为 M6，安全系数 n=6，主、副起升钢丝绳均采用 6×37 交互捻形式，其报废标准规定的断丝数为 26 根。若钢丝绳直径磨损，则断丝数标准按相应百分数折减。如果断丝数超过规定，则应更换钢丝绳。

（3）磨损量测量

用量具测量钢丝绳的磨损量。测量时取钢丝绳磨损最严重的一段，除去锈蚀和油污后测量，其方法如图 2-2-5 所示。用游标卡尺在同一截面上测量三个方向的值，分别记为 a，b，c，再取其平均值。

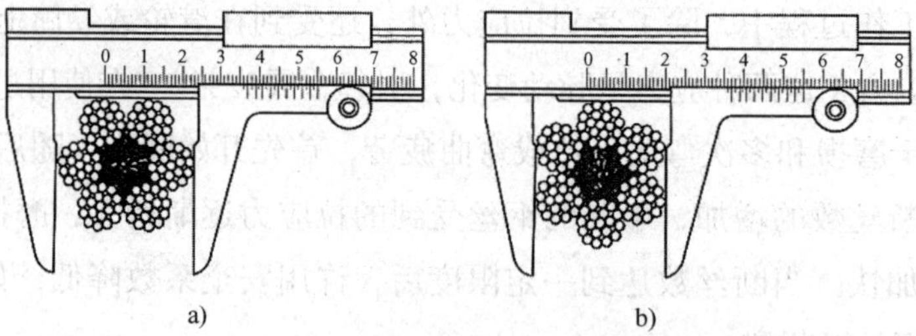

图 2-2-5　钢丝绳磨损量的测量方法

a）正确；b）错误

在实际使用中，应特别注意，钢丝绳的直径可能会减小，从而造成绳夹螺母松动。因此，班前要进行检查，发现绳夹螺母有松动时，必须逐个把螺母拧紧，以免受载或受意外超载时钢丝绳脱落造成事故。特别是静、动负载试车之后，一定要进行检查。

四、钢丝绳的报废

钢丝绳的报废是根据一个捻距中的断丝数决定的，一根钢丝绳任何部位的一个捻距内断丝数达到报废标准值，就应报废。在检查断丝数时，凡填充钢丝及绳芯均不计入承载钢丝。承载钢丝只考虑可见的外层钢丝。

交互捻钢丝绳一个捻距内断丝数不能超过总丝数的 10%，同向捻钢丝绳不能超过 5%，否则，应报废。对于载人或危险场所使用的钢丝绳，其报废断丝数为标准的 1/2。此外，外层钢丝直径磨损腐蚀达 40%，不论断丝数多少，均应报废。如果外层钢丝严重磨损但未达 40%，则可根据磨损程度，适当降低报废断丝数标准。

另外，在钢丝绳的使用、维修中，凡出现下列情况之一，钢丝绳也应报废。

1. 钢丝绳整根绳股断裂。
2. 钢丝绳直径显著减小。
3. 钢丝绳严重压扁。
4. 钢丝绳严重弯折。
5. 钢丝绳严重扭结。
6. 钢丝绳直径显著增大。
7. 钢丝绳笼状畸变，绳股挤出。
8. 钢丝绳外部腐蚀严重，表面出现深坑，钢丝相当松弛。
9. 钢丝绳直径相对于公称直径减少 7% 或更多。

第三节　滑轮与滑轮组

滑轮是起重机械搬运作业中广泛使用的一种起重器具，用它与钢丝绳穿绕在一起，配以起重卷扬机，即可进行重物的起吊运输作业。使用一只滑轮只能改变力的方向，并不能提升较重物体。如果将多只滑轮用钢丝绳穿绕在一起组成滑轮组，则不仅能够改变力的方向，而且能够实现较重物体的起吊工作。

一、滑轮

滑轮是由一个带槽的轮子和穿过凹槽的柔索（如绳、胶带、钢索或链条等）组成的一种简单机械，如图 2-3-1 所示。

图 2-3-1　滑轮

滑轮的轮子可以绕中心轴旋转，这种结构使得滑轮能够改变力的方向和大小，从而帮助人们更有效地使用力量。滑轮的应用非常广泛，从日常生活中的吊车、升降机到工业生产中的起重机械，都有滑轮的应用。滑轮的工作原理基于杠杆系统，可以通过定滑轮和动滑轮的不同组合实现各种功能。

1. 滑轮的结构

滑轮是由滑轮轮体、轮轴和轴承等部分组成的，如图 2-3-2 所示。滑轮轮体是滑轮的主体部分，由轮缘、轮辐、轮毂三部分组成，用于承载和转动物体或绳索。轮轴是滑轮的支承部件，与滑轮轮体紧密连接，通过轴承使滑轮能够顺畅地旋转。轴承则是一种重要的滑轮零部件，用于支承和减小滑轮摩擦，使滑轮运转更加平稳。此外，滑轮还有其他附件，如吊钩、抓钩、角铁等，用于连接其他物体。

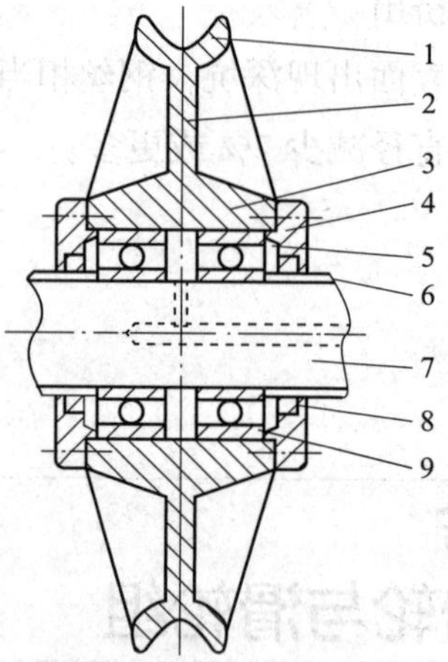

图 2-3-2　滑轮的结构

1—轮缘；2—轮辐；3—轮毂；4—端盖；5—隔套；6—轴套；7—轮轴；8—防尘圈；9—轴承

2. 滑轮的材料

滑轮最常用的材料是灰铸铁。灰铸铁滑轮价格便宜、易于切削加工，并且由于弹性模量较低，使挤压应力减小，因此对钢丝绳的使用寿命有利。灰铸铁滑轮的缺点是易碰碎，轮缘使用寿命较短。因此，对于工作比较繁忙的起重机或在环境恶劣、不易检修条件下工作的起重机，多采用钢质滑轮。在我国，港口门座起重机和轮胎式起重机大多采用 ZG55Ⅱ型或 ZG35Ⅱ型铸钢滑轮。铸钢滑轮自重较大，为了减轻自重，对于类似绳索牵引式小车、桥式抓斗卸船机、集装箱装卸桥中的大直径滑轮，最好采用碳钢焊接滑轮，如 A3 钢板焊接。近几年，生产厂家改进了生产工艺，出现了热轧滑轮，一次成型，降低了成本，已广泛应用于各种起重机。此外，为了减轻自重、减少钢丝绳磨损，有的生产厂家用合成材料或铝合金材料制成滑轮来代替铸钢滑轮。滑轮轮缘可用扁钢或角钢压制，由两块或几块拼接而成；轮辐可用扁钢、角钢或圆钢制造。

3. 滑轮的分类

按滑轮中心轴是否可以移动，可将滑轮分为定滑轮和动滑轮。定滑轮的中心轴固定不动，动滑轮的中心轴可以移动。

（1）使用时，中心轴的位置固定不动的滑轮称为定滑轮。定滑轮实质上是等臂杠杆，其动力臂和阻力臂相等且等于滑轮的半径。定滑轮不省力也不费力，但是可以改变力的方向，如图 2-3-3 所示。在绳重及绳与轮之间摩擦力不计的情况下，绳的受力方向无论指向何处，吊起重物所用的力都相等。

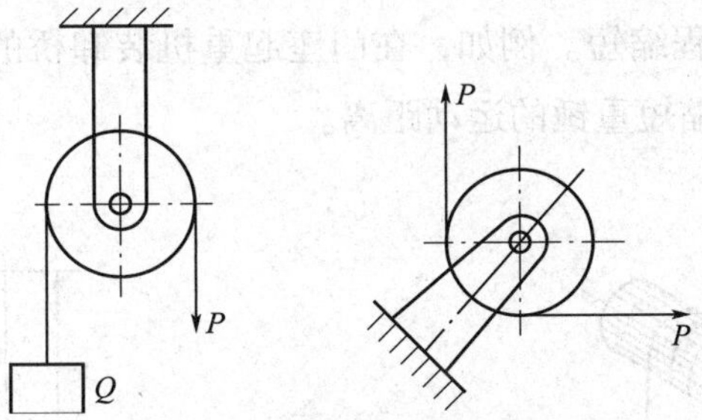

图 2-3-3　定滑轮改变力的方向

（2）中心轴的位置随被拉物体一起移动的滑轮称为动滑轮。动滑轮省 1/2 的力，多移动 1 倍距离（仅限于竖直向上用力时），而且不能改变力的方向，如图 2-3-4 所示。力的倾斜角度越大，用的力越大。使用动滑轮时，滑轮的质量对用力也有影响。

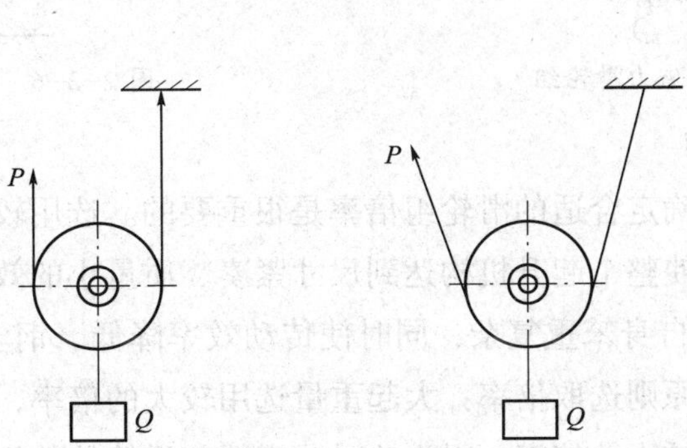

图 2-3-4　动滑轮省力

二、滑轮组

为了既省力又能改变力的方向，可以把定滑轮和动滑轮组合成滑轮组。由定滑轮和动滑轮组成的滑轮组，既省力又可改变力的方向，但不可以省功，因为滑轮组省力的同时距离变长了。

1. 滑轮组的分类

按功能的不同，滑轮组可分为省力滑轮组和增速滑轮组两种。

（1）省力滑轮组如图 2-3-5 所示，是起重机中最常用的滑轮组。电动与手动起重机的起升机构都采用省力滑轮组，通过它就可在钢丝绳绕卷筒时以较小的绳索拉力起吊重量很大的货物。

（2）增速滑轮组如图 2-3-6 所示，其结构与省力滑轮组完全一样，仅仅是反过来而已。也就是在滑轮组的主动部分施以很大的驱动力，而在从动部分获得相当大的位移，这样从动部分虽然损失了力，但获得了相应倍率的速度，增速滑轮组由此得名。

增速滑轮组主要用于液力、气力驱动的起升机构（如叉车的起升机构）。它可以使液压缸或气缸的活塞行程缩短。例如，在门座起重机装卸桥的供电电缆卷筒上，如果采用重锤张紧，就可以缩短重锤的运动距离。

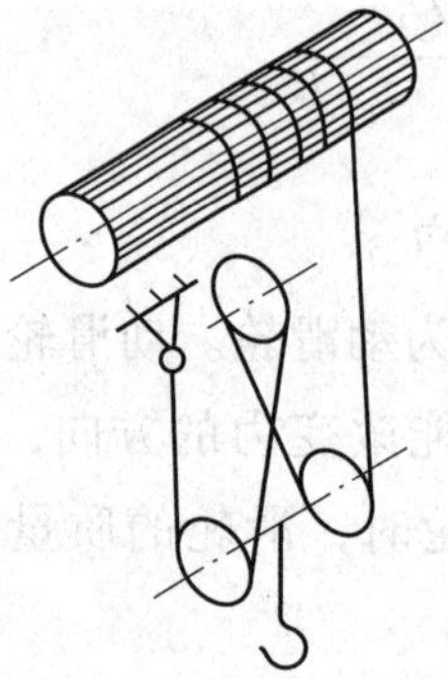

图 2-3-5　省力滑轮组

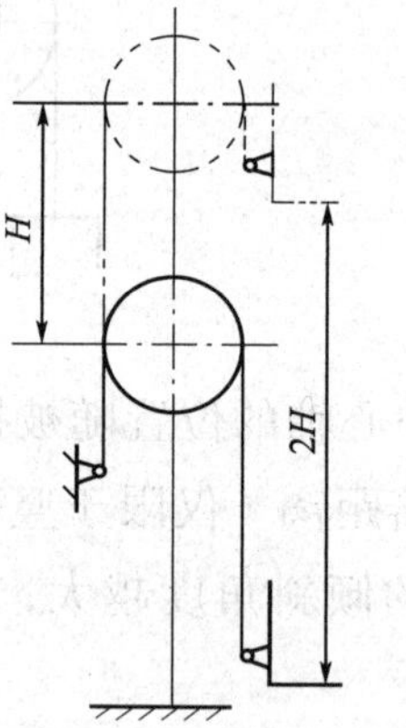

图 2-3-6　增速滑轮组

2. 滑轮组的倍率

在起升机构中，确定合适的滑轮组倍率是很重要的。选用较大的倍率可以使钢丝绳的拉力减小，从而使整个起升机构达到尺寸紧凑、质量小的效果；但是滑轮组倍率过大，又会使滑轮组自身笨重复杂，同时使传动效率降低、钢丝绳磨损严重。因此，一般情况下，按下列原则选取倍率：大起重量选用较大的倍率，以免采用过粗的钢丝绳；双联滑轮组采用较小的倍率，因为此时分支数与滑轮的数目较多；起升高度很高时，宜采用较小的倍率，避免卷筒过长和采用多层卷绕。

三、滑轮与滑轮组的检修

滑轮常见的故障是滑轮轮缘破碎。轮缘破碎主要是由碰撞造成的，其原因主要是吊钩组没有升到必要的高度、车运行不稳，或者斜拉斜吊重物使吊钩等产生了剧烈摆动，滑轮碰撞到其他物体等。此外，还有因司机违反操作规程，不检查限位开关工作情况；不注意吊钩的起升情况，使吊钩组撞到扒杆端部或小车架上，造成滑轮损坏，即所谓的吊钩“上天”事故。

对吊钩滑轮组的检查，每季度至少一次，每次检查必须进行清洗、润滑等操作。检查时，应拆卸螺栓销和螺母，清洗并检查推力轴承，发现裂损应更换；横梁和轭板都是受力构件，不得有裂纹；轭板孔磨损严重时，要进行焊补并重新钻孔；修配或更换损坏零件时，材料的力学性能一定要符合要求；吊钩组合装配时，定位件和紧固件必须销牢，并保证吊钩、滑轮转动灵活；对于滑轮槽面的磨损，推荐用样板法进行检验。

在对滑轮与滑轮组进行检查与维修的过程中，必须遵守如下规定。

1. 滑轮出现裂纹时，必须更换。对于不影响滑轮正常工作的滑轮轮缘破损处允许焊补，但滑轮其他部位出现破损时必须更换。

2. 滑轮槽侧槽面磨损量小于 3 mm 时，允许焊补并进行切削加工，修复后的滑轮应符合设计要求；滑轮槽侧槽面磨损量达 3 mm 时，必须更换。

3. 滑轮槽底半径的磨损量超过钢丝绳直径的 15%，或者滑轮槽壁厚磨损达设计壁厚的 20% 时，必须更换。

4. 滑轮槽表面粗糙度应达到 *Ra*12.5 μm。槽轴线的径向及端面圆跳动公差均不得超过原图样厚度的 1.5%，绳槽中心线偏差不允许超过 1 mm。

5. 滑轮轴径的磨损量不得超过设计轴径的 1%，直线度为 1 000∶1。

6. 滑轮轴承采用滑动轴承时，其衬套外径与轴承座孔的配合公差为 H7/k6（应用附加连接）或 H8/t9（可不需要附加连接）。衬套内径与轴径的配合公差为 H8/f9。当衬套外径与轴承座孔采用过盈配合时，衬套内径与轴径的配合应考虑内径的收缩量，衬套内径与轴径配合间隙的使用限度为标准间隙的 5～6 倍。

7. 滑轮轴承采用滚动轴承时，滑轮孔和滑轮轴的公差带分别为 M7 和 h6，其他零部件应符合国家标准。

8. 滑轮衬套轴承孔磨损后允许扩大并另配衬套，但扩大量不得大于轴承孔直径的 10%。

9. 修复或更换的滑轮装配后，应转动灵活，无卡阻现象；其端面跳动量不得超过 *D*/1 000（*D* 为滑轮槽底直径）。

第四节 联轴器

联轴器又称联轴节，是用来将不同机构中的主动轴和从动轴或轴和其他零件牢固地连接起来一同旋转，并传递运动和扭矩的机械部件。机器运转时，两轴不能分离，只有机器停止运转并将连接拆开后，两轴才能分离。在高速重载的动力传动中，联轴器还有缓冲、减振和提高轴系动态性能的作用。联轴器有时也可作为一种安全保护装置，用来防止被连接机件承受过大的载荷，起到过载保护作用。

一、联轴器的分类

联轴器的类型很多，根据是否包含弹性元件，可分为刚性联轴器和弹性联轴器。刚性联轴器是由刚性传力件组成的联轴器，承受负载时无任何回转间隙。弹性联轴器是利用弹性元件的弹性变形来补偿两轴的相对位移、缓冲和冲击，以及吸收振动的联轴器，适用于具有各种偏差的场合，可精确传递扭矩。联轴器的分类如图 2-4-1 所示。

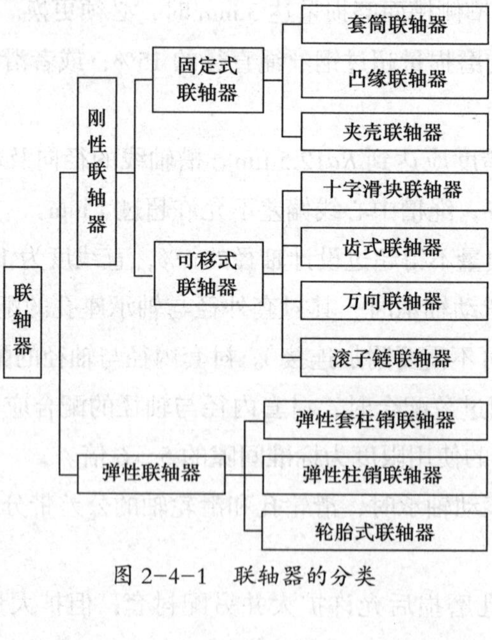

图 2-4-1　联轴器的分类

1. 刚性联轴器

刚性联轴器零件少、制造简单、成本低，两半联轴器之间及与两轴之间的连接均为刚性连接，连接后的两半联轴器及两轴之间可视为一个刚性的整体。

刚性联轴器对两轴之间的偏移不具有补偿能力，因此，对两轴的对中性要求高。由于两轴不可能达到完全对中而产生附加弯矩，因此，要求支承的滚动轴承刚性大且支承稳固。刚性联轴器可分为固定式联轴器和可移式联轴器。

（1）固定式联轴器

1）套筒联轴器是一个圆柱形套筒，与轴用圆锥销或键连接以传递转矩，如图 2-4-2 所示。当用圆锥销连接时，传递的转矩较小；当用键连接时，传递的转矩较大。套筒联轴器结构简单、制造容易、径向尺寸小，但两轴线要求严格对中，拆装时，需做轴向移动，适用于工作平稳、无冲击载荷的低速轻载轴连接。

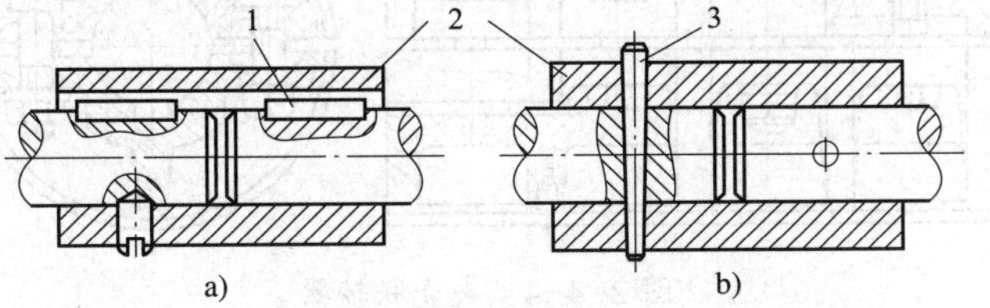

图 2-4-2　套筒联轴器

a）键连接；b）圆锥销连接

1—键；2—套筒；3—销

2）凸缘联轴器把两个带有凸缘的半联轴器用键分别与两轴连接，然后用螺栓把两个半联轴器连成一体，以传递转矩。凸缘联轴器有两种对中方法：一种是用一个半联轴器上的凸肩与另一个半联轴上的凹槽配合对中，如图 2-4-3a 所示；另一种是用铰制孔螺栓对中，如图 2-4-3b 所示。前者采用普通螺栓连接，螺栓与孔壁间存在间隙，靠半联轴器结合表面间的摩擦力来传递转矩，拆装时，轴必须做轴向移动。后者采用铰制孔连接，螺栓与孔为过盈配合，靠螺栓杆承受挤压与剪切来传递转矩，拆装时，轴无须做轴向移动。凸缘联轴器结构简单、使用维修方便、对中精度高、传递转矩大，但对所连接两轴间的偏移缺乏补偿能力，且制造和安装精度要求较高，因此适用于速度较低、载荷平稳、两轴对中性较好的场合。

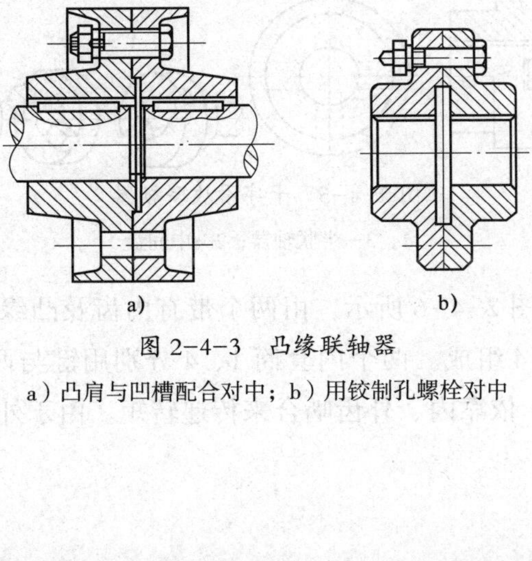

图 2-4-3　凸缘联轴器

a）凸肩与凹槽配合对中；b）用铰制孔螺栓对中

3）夹壳联轴器由剖分的两个半联轴器（夹壳）组成，如图 2-4-4 所示。连接时，拧紧联轴器上的一组螺栓夹紧两轴，依靠夹紧后夹壳与轴表面产生的摩擦力来传递转矩，并依靠在夹壳内部安装的两个半剖分环来对中。夹壳联轴器的特点是拆装方便，不需要沿轴向移动两轴，但只能连接直径相同的两轴。由于夹壳联轴器外形复杂，不易平衡，且转速过高时会降低摩擦表面的摩擦力，因此仅适用于转速较低的立轴连接。夹壳一般使用 HT200 灰铸铁制造，剖分环一般使用 Q275 钢制造。

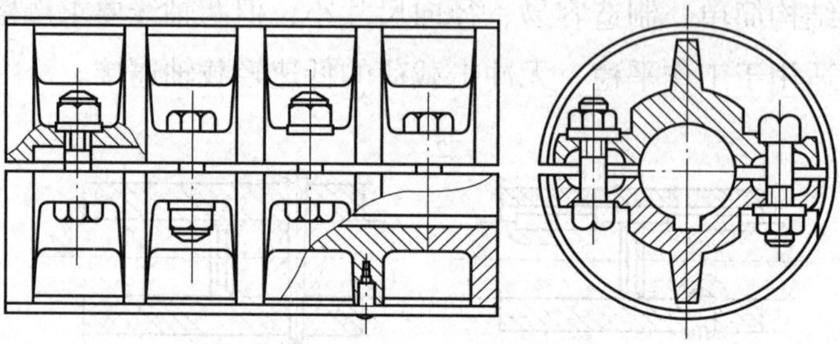
图 2-4-4　夹壳联轴器

（2）可移式联轴器

可移式联轴器具有可移动性，因此可补偿两轴间的偏移。但因为其无弹性元件，所以不能缓冲减振。

1）十字滑块联轴器如图 2-4-5 所示，由两个在端面上开有凹槽的半联轴器 1、3 和 1 个两面带有凸块的中间盘 2 组成。两个半联轴器分别固定在主动轴和从动轴上，中间盘两面的凸块位于相互垂直的两个直径方向上，并在安装时，分别嵌入两个半联轴器的凹槽中，将两轴连为一体。因为凸块可在凹槽中滑动，所以可补偿安装及运转时两轴间的偏移。这种联轴器结构简单、径向尺寸小，适用于径向位移 $y \leqslant 0.04\,d$（d 为轴径）、角位移 $\alpha \leqslant 3°$、最高转速 $n \leqslant 250$ r/min、工作平稳的场合。为了减少滑动表面的摩擦及磨损，凹槽及凸块的工作表面要淬硬，并且要在凹槽和凸块的工作表面间注入润滑油。

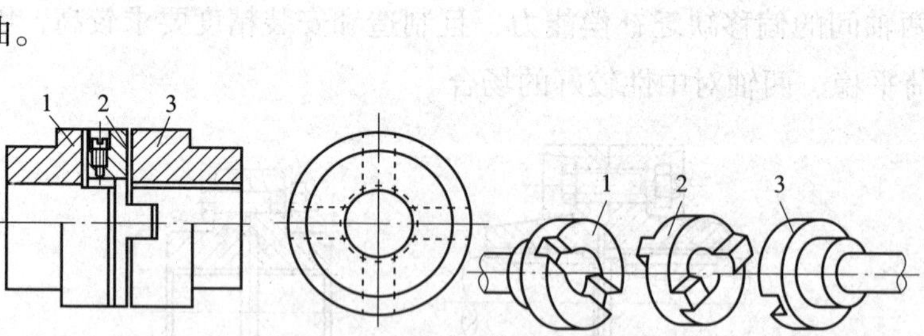

图 2-4-5　十字滑块联轴器
1，3—半联轴器；2—中间盘

2）齿式联轴器如图 2-4-6 所示，由两个带有内齿及凸缘的外套筒 2，3 和两个带有外齿的内套筒 1、4 组成。两个内套筒 1、4 分别用键与两轴连接，两个外套筒 2、3 用螺栓连成一体，依靠内、外齿啮合来传递转矩。由于外齿的齿顶制成椭球面，且保持与内齿啮合后具有适当的顶隙和侧隙，因此在转动时，内套筒 1、4 可有轴向、径向及角位移。工作时，轮齿沿轴向相对滑动。为了减少磨损，可由油孔注入润滑油。

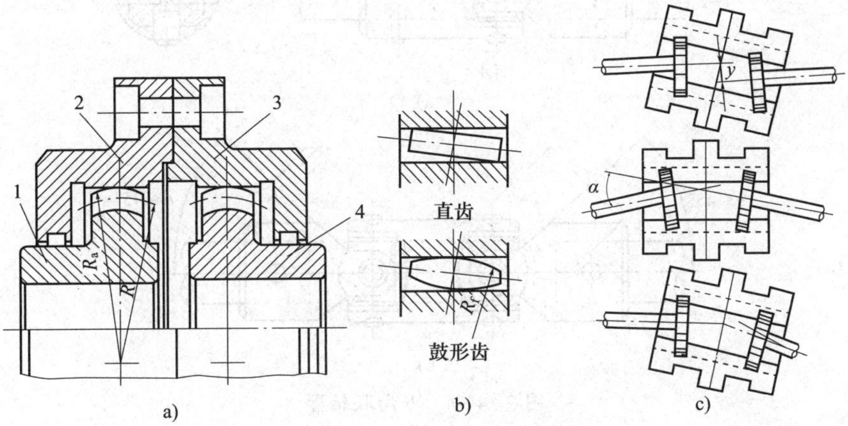

图 2-4-6　齿式联轴器

a）齿式联轴器结构；b）齿形；c）位移补偿

1，4—内套筒；2，3—外套筒

3）万向联轴器由 2 个叉形接头和 1 个十字销组成，如图 2-4-7a 所示。十字销两端分别与固定在两根轴上的叉形接头用铰链连接，从而形成一个可动的连接。这种联轴器允许两轴间有较大的夹角，而且在运转过程中夹角发生变化仍可正常工作；但当夹角 α 过大时，转动效率明显降低，所以夹角 α 一般为 35°～45°。若用单个万向联轴器连接轴线相交的两轴，则当主动轴以等角速度回转时，从动轴的角速度并不是常数，而是在一定的范围内变化，因而在传动过程中将产生附加的动载荷。为了改善这种状况，常将万向联轴器成对使用，组成双万向联轴器，如图 2-4-7b 所示。安装时，应保证主、从动轴与中间轴的夹角相等，且中间轴两端的叉形接头应在同一平面内，这样便可使主、从动轴的角速度相等。万向联轴器结构紧凑、维修方便、能补偿较大的位移，因而在汽车、拖拉机和金属切削机床中获得广泛应用。

4）滚子链联轴器由两个链轮式半联轴器和一条公用链条组成，如图 2-4-8 所示。链条可用单排或双排滚子链，常用双排的。相比于单排链，双排链的补偿性能好、链轮的齿宽大、磨损较小（但由于轴向尺寸较大，链的销轴易变形和磨损，因此影响配合件的过盈）。

滚子链联轴器结构简单、尺寸紧凑、维护方便，适用于高温、潮湿或多尘的场合；但在高速或逆转的情况下会产生较大的冲击，因此，不适合高速运转、频繁启动的场合，也不能在立轴上使用。

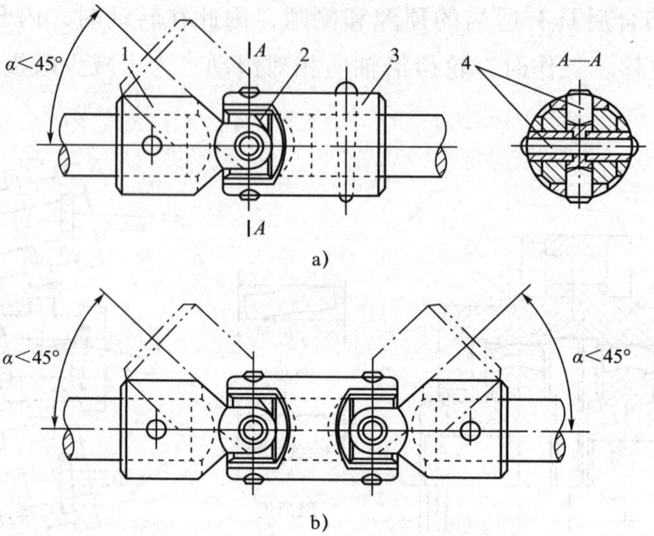

图 2-4-7　万向联轴器

a）万向联轴器；b）双万向联轴器

1，3—叉形接头；2—中间连接件；4—轴销

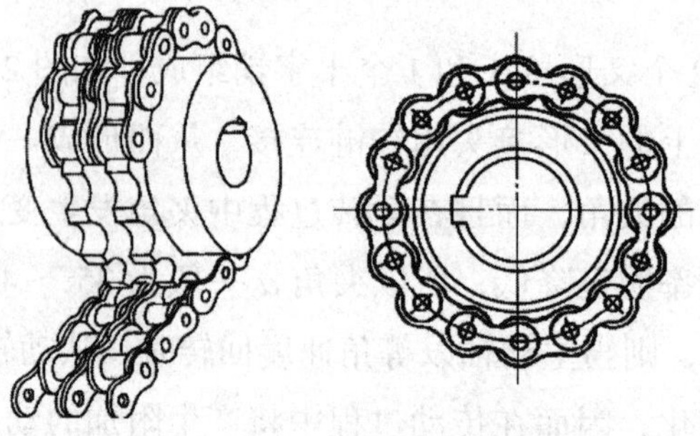

图 2-4-8　滚子链联轴器

2. 弹性联轴器

弹性联轴器由于有弹性元件，不仅可以补偿两轴间的偏移，而且具有缓冲减震的作用，因此适用于启动频繁、经常正反转、变载荷及高速运转的场合。

（1）弹性套柱销联轴器的结构与凸缘联轴器相似，只是用套有弹性套的柱销代替了连接螺栓。由于其通过弹性套传递转矩，因此可补偿两轴间的径向位移和角位移，并有缓冲和减振作用。弹性套常用耐油橡胶，制成图 2-4-9 所示形状，以提高弹性套的弹性。弹性套硬度通常为邵氏硬度（70±5）HA，抗拉强度大于 15 MPa，伸长率大于 300%。这种联轴器制造容易、拆装方便、成本较低，但弹性套易磨损，使用寿命较短。弹性套柱销联轴器适用于载荷平稳、双向运转、启动频繁和变载荷的场合。

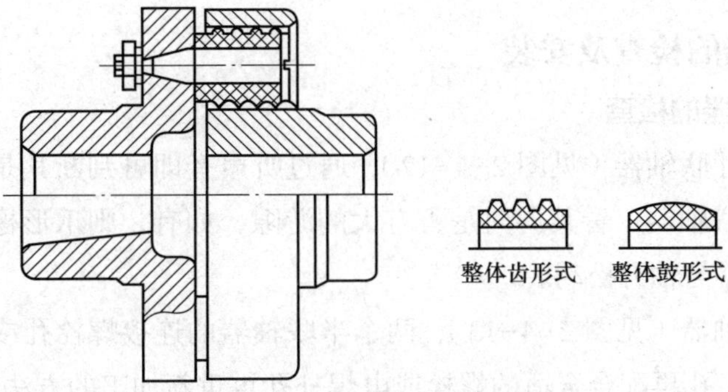

图 2-4-9　弹性套柱销联轴器

（2）弹性柱销联轴器通过若干个尼龙柱销实现两个半联轴器的连接，为防止柱销滑出，在半联轴器的外侧有用螺钉固定的挡板。这种联轴器与弹性套柱销联轴器结构类似，但传递转矩的能力较大，可补偿两轴间一定量的轴向位移及少量的径向位移、偏角位移，如图 2-4-10 所示。

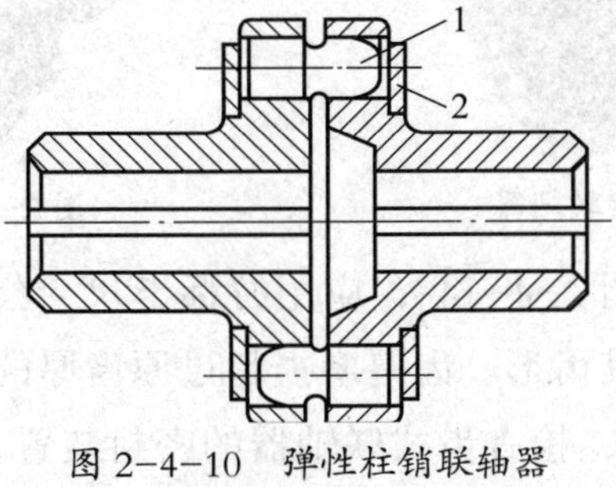

图 2-4-10　弹性柱销联轴器

1—弹性柱销；2—挡板

（3）轮胎式联轴器是利用轮胎状橡胶元件，用螺栓将两个半联轴器连接。轮胎环中的橡胶件与低碳钢制成的骨架硫化黏结在一起，骨架上的螺纹孔处焊有螺母。装配时用螺栓与两个半联轴器的凸缘连接，依靠拧紧螺栓在轮胎环与凸缘端面之间产生的摩擦力来传递转矩。这种联轴器结构简单，拆装、维修方便，弹性大，补偿能力强，具有良好的阻尼且不需要润滑，但承载能力不高，且外形尺寸较大，如图 2-4-11 所示。

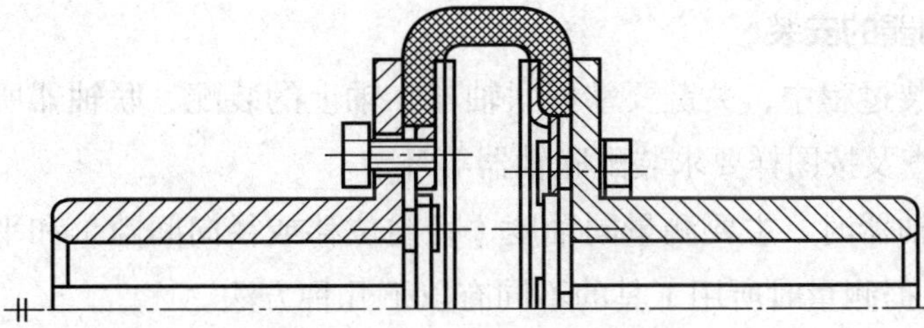

图 2-4-11　轮胎式联轴器

二、联轴器的检查及安装

1. 典型联轴器的检查

（1）梅花弹性联轴器（见图 2-4-12），通过听声音即可判断其是否有异常；或者用手转动两个半联轴器，看其周向是否有大的游隙，如有，则爪形橡胶圈可能已经损坏，或者半联轴器与轴有松动。

（2）凸缘联轴器（见图 2-4-13），两个半联轴器的连接螺栓孔或柱销孔磨损严重时，通常采用加工孔再配合合适的螺栓或电焊补孔再重新加工的方法。

图 2-4-12　梅花弹性联轴器

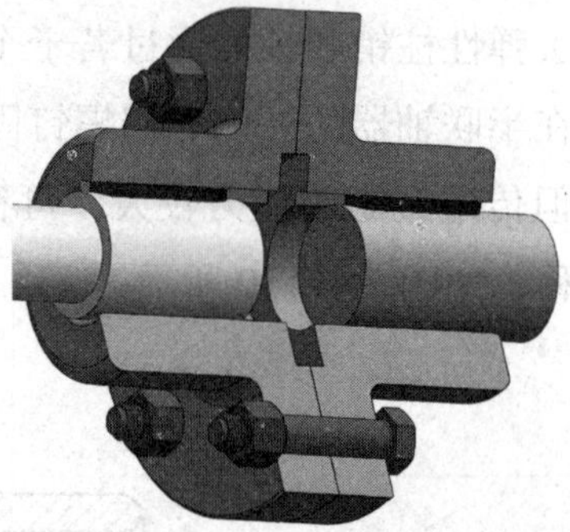

图 2-4-13　凸缘联轴器

（3）齿式联轴器（见图 2-4-14），应用游标卡尺、公法线千分尺或样板来检查其齿形。齿厚磨损超过原齿厚的 5% 时应更换新齿轮。同时，检查齿式联轴器的密封装置、挡圈、胀圈、弹簧等，如有损坏、老化等现象，应及时更换。

图 2-4-14　齿式联轴器

（4）对于半联轴器及齿式联轴器的轴套与轴的配合，如果不符合图样要求、键有松动或轴上有较大的划伤，要及时检修。一般只检修联轴器或轴套，不允许检修轴，以防止发生断轴事故。

（5）对于需要润滑的联轴器，要定期加注润滑油。滑块联轴器、万向联轴器、滚子链联轴器等都要定期加油润滑。

2. 典型联轴器的安装

在联轴器安装过程中，关键要掌握联轴器在轴上的装配、联轴器所连接两轴的对中、零部件的检查及按图样要求装配联轴器等环节。

（1）找正联轴器时，主要测量同轴度（径向位移或径向间隙）和平行度（角位移或轴向间隙），根据测量时所用工具的不同有以下几种方法。

1）利用直角尺和塞尺测量联轴器的同轴度（径向位移），如图 2-4-15a 所示。

2）利用平面规和楔形规测量联轴器的平行度（角位移），如图 2-4-15b 所示。这种方法简单，应用比较广泛，但精度不高，一般适用于低速或中速等要求不太高的运行设备。

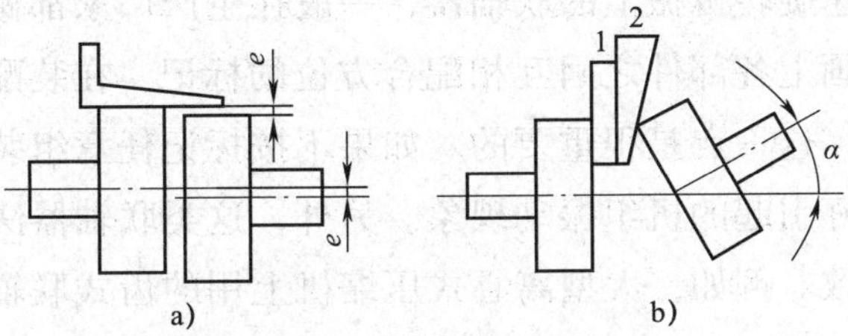

图 2-4-15　联轴器的测量

1—平面规；2—楔形规

a）测量联轴器的同轴度；b）测量联轴器的平行度

3）利用激光对中仪发射激光束并接收处理信号，得到轴线的同轴度误差，从而进行联轴器的找正。这种方法具有测量精度高、操作简便等优点。

（2）联轴器在轴上的装配是联轴器安装的关键步骤之一。联轴器与轴的配合大多为过盈配合，连接分为有键连接和无键连接，联轴器的轴孔又分为圆柱形轴孔和锥形轴孔两种形式。

联轴器在轴上的装配方法有静力压入法、动力压入法及温差装配法等。

1）静力压入法是根据装配时所需压入力的大小，采用夹钳、千斤顶、手动或机动的压力机进行装配的方法，一般适用于锥形轴孔。静力压入法由于受到压力机械的限制，因此在过盈量较大时，难以施加很大的力；同时，在压入过程中会切去联轴器与轴之间配合表面上不平的微小凸峰，使配合表面受到损坏。因此，这种方法一般应用不多。

2）动力压入法是指采用冲击工具或机械来完成装配过程，一般适用于联轴器与轴之间是过渡配合或过盈量不大的场合。在装配现场使用该方法时，通常用锤子敲打的方法，即在轮毂的端面上垫放木块或其他软材料作为缓冲件，依靠锤子的冲击力把联轴器敲入。这种方法对用铸铁、淬火钢、铸造合金等脆性材料制造的联轴器有局部损伤的危险，不宜采用。由于这种方法同样会损伤配合表面，因此经常用于低速和小型联轴器的装配。

3）温差装配法用加热的方法使联轴器受热膨胀或用冷却的方法使轴端受冷收缩，从而能方便地把联轴器装到轴上。这种方法与静力压入法、动力压入法相比有较多的优点，对于用脆性材料制造的轮毂，采用温差装配法是十分合适的。温差装配法大多采用加热的方法，冷却的方法用得比较少。加热的方法有许多种，有的将轮毂放入高闪点的油中进行油浴加热或用焊枪烘烤，也有的用烤炉加热，装配现场多采用油浴加热和焊枪烘烤的方法。

（3）联轴器安装前要把零部件清洗干净，清洗后的零部件，需把表面的水擦干。在短时间内准备运行的联轴器，擦干后可在零部件表面涂些透平油或机油，以防生锈；对于过较长时间才使用的联轴器，应涂防锈油保养。

对于应用在高速旋转机械上的联轴器，一般在生产厂家都做过动平衡试验，动平衡试验合格后，画上各部件之间互相配合方位的标记。在装配时，必须按生产厂家给定的标记组装，这一点是很重要的。如果不按标记任意组装，很可能发生由于联轴器的动平衡不好引起的机组振动现象。另外，这类联轴器法兰盘上的连接螺栓应做到质量基本一致。例如，大型离心式压缩机上用的齿式联轴器，其所用连接螺栓的质量差一般小于0.05 g。因此，各联轴器之间的螺栓不能任意互换，如果要更换联轴器连接螺栓中的某一个，必须使更换前后的连接螺栓质量一致。此外，在拧紧联轴器的连接螺栓时，应对称、逐步拧紧，使每个连接螺栓上的锁紧力基本一致，避免因为各螺栓受力不均匀而在联轴器装配后产生歪斜现象，有条件的可采用力矩扳手拧紧螺栓。

对于刚性可移式联轴器，在装配完后，应检查联轴器的刚性可移件能否进行少量的移动、有无卡涩现象。

各种联轴器在装配后均应盘车，观察转动是否良好。总之，正确安装联轴器能改善设备的运行情况、减少设备的振动、延长联轴器的使用寿命。

3. 联轴器的调整

调整联轴器时，通常采用在垂直方向加减电动机支脚下的垫片或在水平方向移动电动机位置的方法实现。对于粗糙的和小型的机器，在调整时，可根据偏移情况采取逐渐近似的经验方法进行调整（即逐次试加或试减垫片，以及左右敲打或移动电动机）；对于精密的和大型的机器，在调整时，则应通过计算确定应加减垫片的厚度和电机水平方向的移动量。

三、齿式联轴器常见故障

1. 常见故障现象

（1）联轴器齿面磨损严重。

（2）联轴器齿圈产生轴向位移量较大，甚至不能啮合。

（3）联轴器发生断齿现象。

（4）联轴器对口螺栓折断。

2. 故障产生原因

联轴器产生故障的原因主要包括以下两个方面。

（1）联轴器油量不足或油脂使用不当，造成油脂钙化，致使齿面间无法润滑或润滑不好，产生齿面磨损。

处理方法：更换新润滑脂，按期注入合格的润滑油，防止漏油，保证油量充足。

（2）两轴同轴度误差太大，超过了联轴器所能补偿的范围，使轴齿与内齿啮合不准确，造成局部接触，从而出现了附加力矩。

处理方法：这种故障处理起来比较麻烦，需停产处理，重新校正，即重新校正减速器侧或卷筒侧。查找出偏移误差较大的部位，测量联轴器向哪一侧偏移，即测量主轴的同轴度和减速器主轴的同轴度，重新按要求校正，即可消除故障。

另外，和上述联轴器齿轮磨损的原因基本相似，连接螺栓除受到正常作用力外，还受到附加弯矩，会导致螺栓折断。这多发生在减速器主轴的左右水平度相差较大的情况下。再者，螺栓直径较细、强度不够或螺栓材质较差，也会造成螺栓折断。

四、新型联轴器简介

1. 限力矩联轴器

限力矩联轴器又称安全离合器、安全联轴器、扭力联轴器，常安装在动力传动的主、被动侧之间。当发生过载故障时（扭矩超过设定值），限力矩联轴器便会分离，从而有效地保护驱动机械（如电动机、减速器、伺服马达）及负载。限力矩联轴器的常见形式为滚珠式限力矩联轴器和摩擦式限力矩联轴器。

（1）滚珠式限力矩联轴器内置精密滚珠机构，一旦产生过载，主、被动侧之间就会分离。其操作简单，应用范围广。这种联轴器有以下几个特点：分离动作准确、精度高、对负载变化反应灵敏，即使在具有反复分离动作的工作情况下，使其分离的扭矩精度都能保持在 ±10% 以内。

滚珠式限力矩联轴器的工作原理是采用精密弹簧控制临界扭矩，以达到非常精准的扭矩值。同一外形尺寸产品，可以通过更换不同的内置弹簧来确定不同的打滑扭矩。

（2）摩擦式限力矩联轴器的工作原理是当超载或机械故障导致所需扭矩超过设定值时，以打滑形式限制传动系统传动的扭矩。当过载情形消失后其自行恢复连接，这样就防止了机械损坏，避免了昂贵的停机损失。摩擦式限力矩联轴器采用弹簧负荷式摩擦表面，以螺钉或螺栓调整弹簧力，预设其滑动扭矩。

摩擦式限力矩联轴器可以用链轮、齿轮、带轮或法兰盘作为中心构件，摩擦片为不含石棉并防锈的干式摩擦片，可适用于防爆场合，且耐磨性能良好，使用寿命长，中间滑动套无须润滑。

2. 磁力联轴器

磁力联轴器就是靠磁场传动的联轴器。其通过磁场 N、S 极的耦合作用传递动力，包括同步传动器、磁滞传动器和涡流传动器三种类型。

（1）同步传动器，顾名思义，就是输出与输入同步。常见的同步传动器有平面型同步传动器和同轴（或圆筒）型同步传动器。

平面型同步传动器（见图 2-4-16）的基本原理是在两个相同直径的圆盘上，按照 N、S 极交叉的方式安装磁铁。使用时，把两个圆盘分别安装到主动轴和从动轴上，中间留有一定气隙。由于 A 磁体的 N 极吸引对面 B 磁体的 S 极，同时排斥 B 磁体的 N 极，从而保证在一定力矩范围内，从动轴与主动轴保持同步转动。

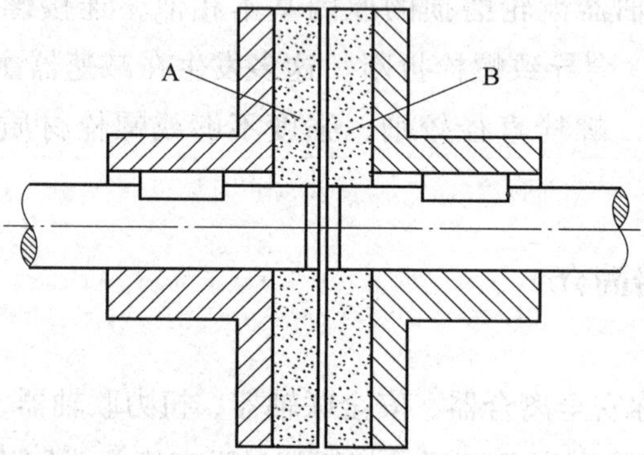

图 2-4-16　平面型同步传动器

同轴型同步传动器是目前应用最广的同步传动器。同轴型同步传动器包括外转子、内转子、隔离套和轴承系统。其中，隔离套和轴承系统主要用于磁力传动密封的结构。在内转子的外圆周部分和外转子的内圆周部分分别装上磁体，磁体为偶数极，按照 N、S 极交叉的方式圆周排列，将内、外转子的磁体工作表面对齐，即自动耦合。

（2）磁滞传动就是应用磁滞原理进行传动的方式。常见的磁滞传动器类似同步传动器的同轴结构，不同的是其内、外转子采用不同的磁性材料。一般来说，内转子（主动轴）使用高矫顽力、高剩磁的材料，如钕、铁、硼；外转子（从动轴）采用低矫顽力的磁性材料，如铝、镍、钴。主动轴上的磁铁按照 N、S 极交叉排列。当负载小于额定扭矩时，从动轴与主动轴同步旋转；当负载大于额定扭矩时，主动轴、从动轴打滑，只有额定扭矩被传递到从动轴上，多余的能量以热的方式在内磁体对外磁体的充退磁过程中释放掉。

（3）涡流传动器就是把上述任意一种传动器从动部分的永磁材料更换成导电性能良好的非铁磁性材料，如铜、铝等，以实现涡流传动。主动盘上按照 N，S 极交叉的方式安装高性能磁体，从动盘由导电性能良好的铜材制成。磁力线穿过铜盘，主动盘旋转，涡流带动从动铜盘，使其跟随转动。涡流传动，可以是同步状态，也可以是非同步状态。确切地说，同步涡流传动一般存在少量（5%）的不同步，如输入 1 000 r/min，输出 950 r/min。这种不同步，可以认为是传动损失。

第五节 制动器

制动器是利用摩擦原理实现机构制动的。制动器的摩擦零件以一定的作用力压紧机构中某一轴上的制动轮，产生制动力矩。利用这个制动力矩，使物体质量和惯性力产生的力矩逐渐减小，直至两个力矩平衡，达到调速或制动的要求。动力驱动的起重机，其起升、变幅、运行、旋转等机构都必须装设制动器。

一、制动器的作用和要求

1. 制动器的作用

（1）支持制动（包括减速、停车）；以制动力抵御外力（重力、风力等）的持续作用，从而使系统处于静止状态，如重物悬停、臂架保持固定位置、露天起重机不被大风吹走等；制动设计以保证安全系数为主；制动只能用常闭式自动动作的机械制动器实现。

（2）在机构失灵（如失电、超速）的情况下，对机构进行紧急制动。

（3）阻止已停止的机构在外力作用下发生运动。

（4）控制运动速度（如重物下降时的速度）。

（5）使运行或起升机构能够准确、可靠地停在预定位置上；停车制动（包括减速）时以制动力消耗系统能量，从而使系统以一定的减速度实现停车（机）；停车制动设计以保证相关制动性能为主，如减速度、制动时间、制动温升、制动路程等。

2. 制动器的要求

（1）安全可靠，有足够的制动力矩。

（2）反应速度快，上闸平稳、松闸迅速。

（3）散热性好，调整方便。这要求制动器摩擦片抗高温能力强，潮湿后恢复速度快，磨损后间隙能够调整，并能够防尘、防油。

为了减小制动力矩、缩小制动器尺寸，通常将制动器装在机构的高速轴上，也就是电动机轴或减速器的输入轴上。某些以保证安全为主的制动器则装在低速轴或卷筒上，以防止传动系统断轴时物体坠落。

二、制动器的分类

起重机所用的制动器多种多样，通常按照以下几个方面分类。

1. 按照制动器结构特性分类

按照结构特性，制动器可分为块式制动器、带式制动器、盘式制动器、蹄式制动器等，其中，块式制动器应用最广。

（1）块式制动器是依靠与固定机架相连的制动瓦块压紧机构传动轴上的制动轮，通过制动瓦块与制动轮之间的摩擦产生制动力矩的装置，如图 2–5–1 所示。它的构造简单、制动平稳，成对瓦块对制动轮的压力互相平衡，制动轮轴不受弯曲载荷，但制动瓦块包角和制动转矩较小，因此块式制动器整体尺寸较大。

块式制动器主要由制动轮、制动瓦块、制动臂和松闸器等组成。块式制动器的松闸器一般有电磁铁、电动液压推杆和液压电磁铁三种，在港口起重机中，主要采用的是后两种松闸器。

（2）带式制动器依靠张紧的制动钢带作用在制动轮上产生制动转矩实现制动，如图 2–5–2 所示。由于制动带包角大、制动转矩较大，因此在制动转矩相同的情况下，可以采用比块式制动器更小的制动轮，但制动带的合力会使制动轮轴受到弯曲载荷作用，这就要求制动轮轴具有足够的尺寸。带式制动器多用于要求结构尺寸紧凑的场合，也用于某些机构的低速轴制动。

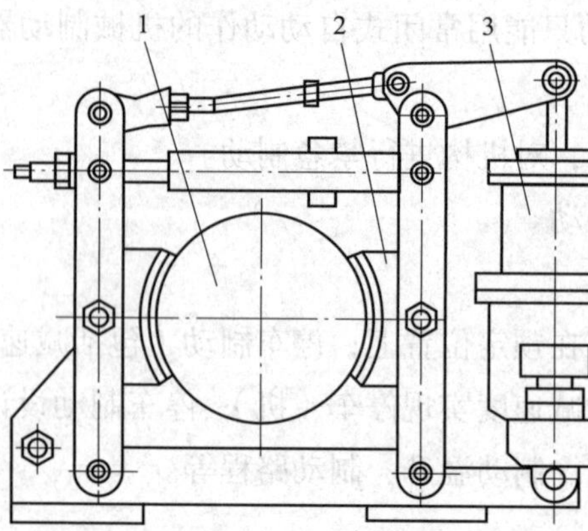

图 2–5–1　块式制动器

1—制动轮；2—制动瓦块；3—推动器

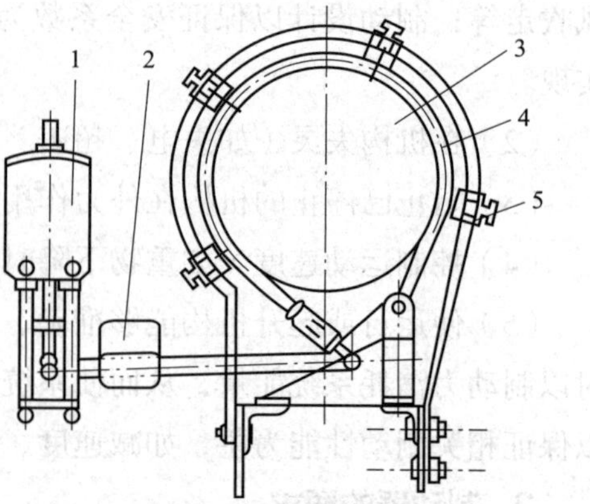

图 2–5–2　带式制动器

1—松闸装置；2—制动重锤；3—制动轮；4—制动钢带；5—限位螺钉

（3）盘式制动器利用轴向压力使圆盘或圆锥盘摩擦表面压紧实现制动，如图 2–5–3 所示。盘式制动器的制动轮轴不受弯曲载荷，能以较小的尺寸与轴向压力产生相当大的制动转矩。盘式制动器按照制动盘的形状又分为全盘式制动器和点盘式制动器。全盘式制动器结构复杂、散热性能差，不宜制成标准件。点盘式制动器具有散热性能好、无热衰退现象、转动惯量小、制动力矩大、制动平稳、振动小、结构紧凑等特点。盘式制动器常用于车辆的车轮和电动葫芦。

（4）蹄式制动器通过制动轮缸（又称制动分泵）张开或采用机械式张开，使制动蹄压紧制动毂产生制动，如图 2–5–4 所示。蹄式制动器结构紧凑、密封容易，广泛用于流动式起重机的运行机构。

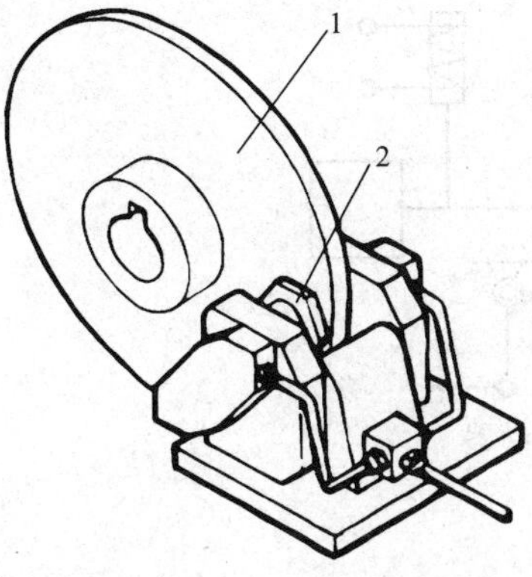

图 2–5–3　盘式制动器

1—制动盘；2—制动块

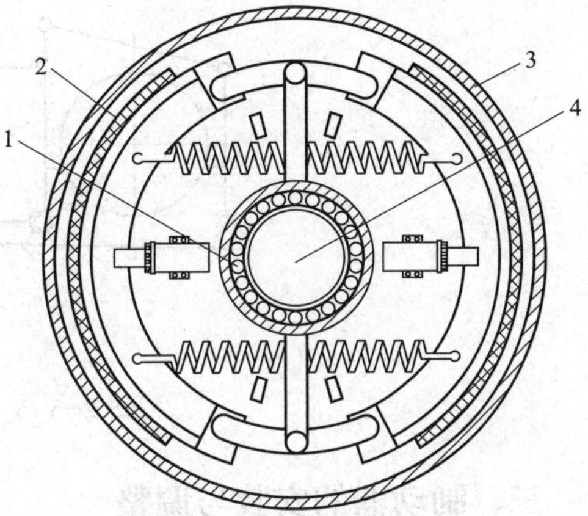

图 2–5–4　蹄式制动器

1—轴承；2—制动片；3—外壳；4—轴

块式、蹄式、带式制动器属于径向作用式制动器，盘式制动器则属于轴向作用式制动器。

2. 按照制动器工作状态分类

按照工作状态，制动器可分为常闭式制动器和常开式制动器。

（1）常闭式制动器在机构不工作时，处于合闸状态；机构运转时，由松闸装置将制动器松开。从工作安全角度出发，起重机的各工作机构都应采用常闭式制动器。

（2）常开式制动器经常处于松闸状态，只有在机构需要制动时，才会通过施加力量使制动器合闸，从而产生制动转矩进行制动。

3. 按照制动器驱动方式分类

按照驱动方式，制动器可分为自动式制动器、操纵式制动器和综合式制动器。

（1）自动式制动器的上闸与松闸都是自动的。例如，起重机上常用的制动器是由电磁铁、液压电磁铁、电动液压推杆等进行松闸的，这种制动器随着电动机的启停而自动进行松闸和上闸。

（2）操纵式制动器的制动力矩可以由人随意控制，这种制动器通常采用手柄或脚踏板进行操作，对于需要停车准确的运行机构，优先采用操纵式制动器。

（3）综合式制动器在机构工作时为常开操纵式，在机构运转和停止的全部时间内，制动器处于松闸状态，踩下踏板，产生制动转矩，机构制动。当起重机断电或出现紧急情况时，弹簧推力或重锤力使制动器自动上闸，此时，制动器转变为常闭自动式。综合式制动器如图 2–5–5 所示。

4. 按照制动器松闸器行程分类

按照松闸器行程，制动器可分为短行程制动器和长行程制动器。短行程制动器的松闸行程一般小于 5 mm，此种制动器结构紧凑，没有杠杆系统，为小型制动器。长行程制动器的松闸行程一般大于 20 mm，存在杠杆系统，一般为大型制动器。

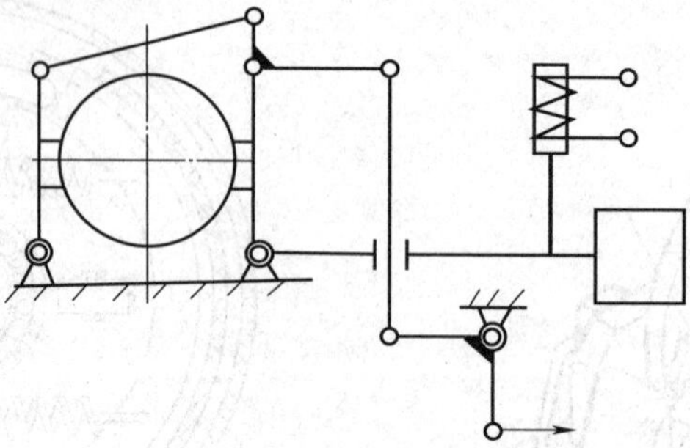

图 2-5-5 综合式制动器

三、制动器的安装与调整

1. 块式制动器的调整

（1）短行程电磁铁双块制动器的调整

1）调节电磁铁冲程。如图 2-5-6 所示，用一个扳手固定住调整螺母，用另一个扳手转动中心丝杆的方头，这样中心丝杆就可以左右移动了。

2）调整主弹簧工作长度。如图 2-5-7 所示，用一个扳手固定住中心丝杆方头，用另一个扳手转动主弹簧固定螺母，以调整弹簧长度；再用另外两个螺母进行背紧，以防止弹簧松动。

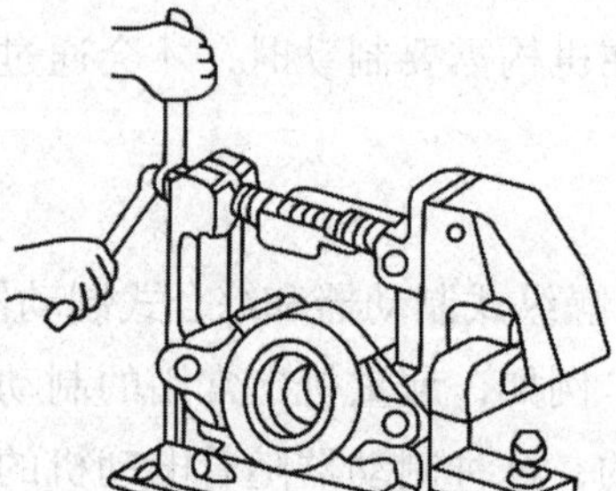

图 2-5-6 调节电磁铁冲程

图 2-5-7 调整主弹簧工作长度

调整主弹簧工作长度即可改变闸瓦抱紧制动轮的松紧程度，主弹簧工作长度越短，弹簧张力就越大，抱闸就抱得越紧；反之，则越松。

3）调整瓦块与制动轮的间隙。如图 2-5-8 所示，首先把电磁铁的衔铁推到静铁芯上，使制动瓦块松开；然后转动调整螺母，使左、右制动瓦块与制动轮的间隙适当且均匀。

（2）长行程电动液压推杆制动器的调整

如图 2-5-9 所示，转动丝杆 4 上的调整螺母 2，即可调整制动器的打开行程，从而得到所需的制动间隙，调整完毕须用锁紧螺母 3 锁紧。在运行过程中，当出现电动液压推杆损坏或其他原因导致制动器打不开的情况时，也需要调整丝杆 4 上的调整螺母 2，强制打开制动器。

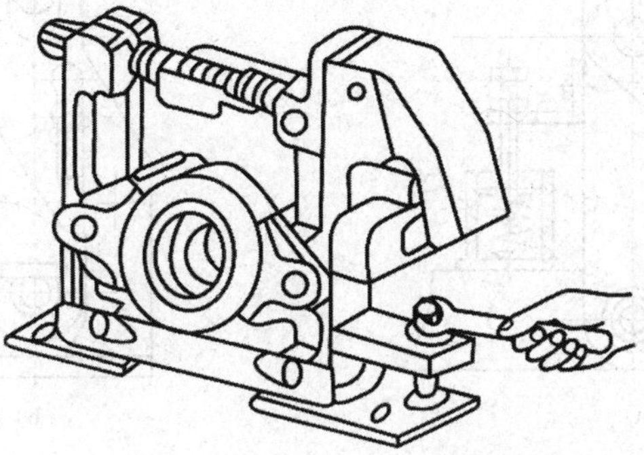

图 2-5-8　调整瓦块与制动轮的间隙

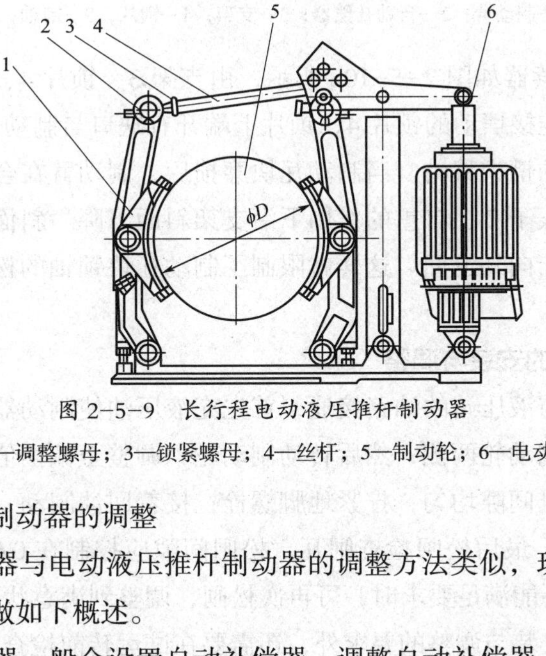

图 2-5-9　长行程电动液压推杆制动器

1—闸瓦；2—调整螺母；3—锁紧螺母；4—丝杆；5—制动轮；6—电动液压推杆

（3）液压电磁铁制动器的调整

液压电磁铁制动器与电动液压推杆制动器的调整方法类似，现以液压电磁铁制动器的调整方法为例，做如下概述。

液压电磁铁制动器一般会设置自动补偿器，调整自动补偿器，就能保证两个制动瓦块打开的间隙相等。当制动瓦块在工作中逐渐磨损时，依靠自动补偿器的作用，仍能保证打开的间隙不变。

常见的自动补偿器有弹簧式和锁片滚柱式两种，如图 2-5-10 所示。

如图 2-5-10a 所示，两个弹簧式补偿器在左、右制动臂上对称布置。通过调节螺栓可调整内部弹簧的工作长度，且使两个弹簧作用在左、右制动臂上的力矩相等。当松闸时，在这两个相等力矩的作用下，左、右制动臂向外侧转动的角度相等，从而保证左、右两个制动瓦块打开的间隙相等。

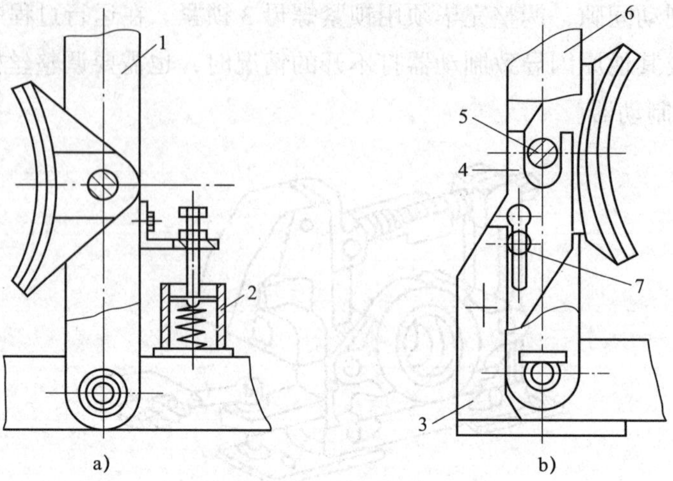

图 2-5-10　自动补偿器

a）弹簧式补偿器；b）锁片滚柱式补偿器

1，6—制动臂；2—自动补偿器；3—支架；4—锁片；5—销轴；7—滚子

锁片滚柱式补偿器如图 2-5-10b 所示，由支架 3、锁片 4、销轴 5 和滚子 7 等组成。支架通过销轴连接摆动的锁片 4，锁片上端开有缺口与制动瓦块以铰链方式相连，滚子 7 可以在锁片的槽中移动。当制动瓦块磨损后，制动臂在合闸时将锁片拉向制动轮的方向，这时，滚子 7 在自重的作用下沿支架斜面下降。斜面的斜角很小，具有自锁性能，使锁片不能向外退回。这样就限制了制动瓦块锁轴的松闸行程，从而保证松闸间隙不变。

2. 盘式制动器的安装与调整

（1）将制动器与液压站的油路接通，首先充液压油使制动器呈松闸状态，这样就能将制动器安装到制动轮两侧；然后转动制动轮，调整至偏摆值为零的位置，并确保该位置与闸瓦平行且间隙均匀，拧紧地脚螺栓；接着回油制动，检查接触面积，接触面积应不小于 60%；最后松闸检查闸瓦，松闸间隙应控制在 0.6～1.5 mm，两面压力大小应近似相等，不能满足要求时，可再次松闸，调整到满意状态为止。

（2）除了达到安装与调整的要求外，还需要在试运转前检查以下内容。

1）制动器油压装置的活塞移动应灵活，固定用零件（如螺母、螺钉等）应齐全、紧固。

2）检查液压控制系统的油泵，应运转正常。

3）调整溢流阀的压力，使整个油路系统处于额定压力范围内。

4）整个油路系统在承受 1.5 倍额定压力的条件下不得有漏油现象。

5）在额定油压条件下，液压缸装置松闸间隙为 0.6～1.5 mm。

6）电液阀等阀芯动作应灵活，不应有卡阻和漏油现象。卸压时，阀芯应能在阀座内受自重的作用平滑下降。

7）油箱中的油位要达到要求。

8）油箱中的滤油器要紧固，不得松动。

9）检查各润滑点，并确保有足够的油量。

四、制动器常见故障原因和维修方法

制动器工作的好坏与其使用、维修有直接关系，因而要求司机和维修人员能根据实际情况，机动、灵活地调整各机构制动器，使其保持正常工作状态。

1. 制动力矩逐渐减小

制动力矩逐渐减小是由制动带磨损、主弹簧逐渐放松或制动器各铰接处的孔或轴磨损过大等造成的。制动带磨损量超过原厚度的 50% 时应更换。销轴的磨损量超过原直径的 5% 时应更换。孔的磨损量超过原孔径的 5% 时，可用铰刀扩孔，并重新配置相应的销轴。如果孔磨损很大，可用先扩孔后加套或焊补后再加工孔的办法修复。

2. 制动器突然失灵

制动器突然失灵可能是由于制动带磨损严重或脱掉。例如，长行程电磁铁制动器的铁芯放置在支架或车架上，有时，连接电磁铁和牵引杆的连接板上的销轴会窜出，使一片连接板倒转下来支在车架上。还有可能是弹簧失效或制动架损坏等，致使制动带抱不住制动轮而引起制动器失灵。除更换和修复损坏的零件外，还应调整制动器的拉杆，使其尺寸不小于原规定的数值，即可恢复正常工作。

3. 制动轮温度过高、制动带冒烟

制动轮温度过高、制动带冒烟主要是由于制动器安装、调整得不好。有时，制动器虽然打开，但是有一个制动带没有离开制动轮，工作时相互摩擦，使制动轮的温度短时间内升到 300～400 ℃，导致制动带冒烟。此时，应及时调整制动架，使制动带的中心与制动轮的中心重合，打开后两边间隙应相等，并注意制动带必须与制动轮的制动面平行。夏季时，在高温车间连续工作的起升机构制动轮，也会出现高温情况，应及时冷却。起重机中所用制动轮的温升，一般不应高于环境温度 120 ℃，冬季（−20 ℃）时，其表面温度通常应保持在 50 ℃以下。

4. 制动器打不开

各铰接处卡死、不能转动，主弹簧的作用力太大，电动液压推杆或液压电磁铁油缸中缺油或空气没有放尽，线圈或整流元件烧毁，线路故障，电压过低等，都会导致制动器打不开。找出原因后，应及时修复。制动架的各铰接处应每周用稀油润滑一次。

5. 易于脱开调好的位置

电动液压推杆制动器是靠推杆中的电动机驱动叶片轮旋转，使油液产生向上的推力，把活塞杆抬起来，从而打开制动器的。断电后，在制动架上主弹簧的作用下，推

杆退回原来位置。调整推杆时，应把其行程的 1/3 留作制动带磨损后的补偿行程。推杆的正常工作位置应是垂直的，但倾斜 10°～20° 并不影响其工作性能。

6. 制动力疲软

造成制动力疲软的原因有制动片磨损、制动油液泄漏、制动盘变形、制动缸内部故障、空气进入制动系统等。解决方法如下。

（1）更换制动片：检查并更换磨损严重的制动片，确保制动片厚度符合要求。

（2）修复泄漏点：检查制动系统各处，修复泄漏点并更换密封件或管路。

（3）修正制动盘：如有变形或磨损不均的情况，可以研磨或更换制动盘。

（4）更换制动缸部件：检查制动缸密封圈及活塞状态，如果有损坏或卡死情况，则及时更换。

（5）排除空气：对制动系统进行排气处理，确保制动系统内没有空气。

第六节 减速器

减速器是一种由封闭在刚性壳体内的齿轮传动、蜗杆传动、齿轮－蜗杆传动组成的独立部件，常用作原动机与工作机之间的减速传动装置，在原动机和工作机或执行机构之间起匹配转速和传递转矩的作用，在现代机械中应用极为广泛。

一、起重机用减速器的特点

1. 载荷特点

起重机的起升、运行、回转和机械传动的变幅机构都使用减速器。起升机构和自重不完全平衡的臂架变幅机构使用的减速器中，齿轮单面受力；回转机构和运行机构使用的减速器中，齿轮双面受力，而且在启动、制动时齿轮受到的惯性力较大。

2. 安装方式

电力驱动的起升机构通常采用平行轴线布置方式，因此常用卧式平行轴减速器。该减速器的输入轴与输出轴在箱体的同一侧，减速器的中心距应考虑电动机和卷筒的平面布置尺寸。桥式起重机、门式起重机大车运行机构及起重小车运行机构大多采用立式安装的减速器。

3. 齿轮精度和制造方式

起重机用减速器的齿轮精度大多采用《圆柱齿轮 ISO 齿面公差分级制 第 2 部分：径向综合偏差的定义和允许值》（GB/T 10095.2—2023）中的 8-8-7 级或 8-7-7 级，这些齿轮主要通过滚齿或剃齿工艺进行加工。为了保证齿面和轮齿的强度，齿面应有足够的硬度，芯部要有足够的韧性，因此齿轮都要经过热处理。减速器齿轮为中硬齿面或硬齿面齿轮。

4. 润滑和密封

起重机的工作特点是周期性间歇动作，因此，齿轮经常在启动、制动状态下工作。齿轮受到的载荷大、运动不平稳、啮合处润滑情况差，容易引起齿轮早期损坏。在立式减速器和中心距较大的卧式减速器中，应对齿轮啮合处采用强制喷油润滑。

减速器的输入轴与透盖、输出轴与透盖等相对运动表面之间采用 J 形密封圈或迷宫式密封环，减速器的箱体与箱盖、放油塞与箱体等相对静止表面之间涂密封胶或用 O 形密封圈等密封。

二、减速器的种类与用途

1. QJ 型减速器

QJ 型减速器是适用于起重机和运输机械的中硬齿面减速器。该减速器采用斜齿圆柱齿轮传动，齿轮圆周速度不大于 16 m/s，高速轴转速不大于 1 000 r/min，可正、反向运转，输出轴的瞬时允许转矩为额定转矩的 2.7 倍。减速器的箱体为焊接结构，自重小。

QJ 型减速器的结构形式分为 R 型（二级）、S 型（三级）、RS 型（二级安装形式、三级速比）三种，如图 2-6-1 所示。

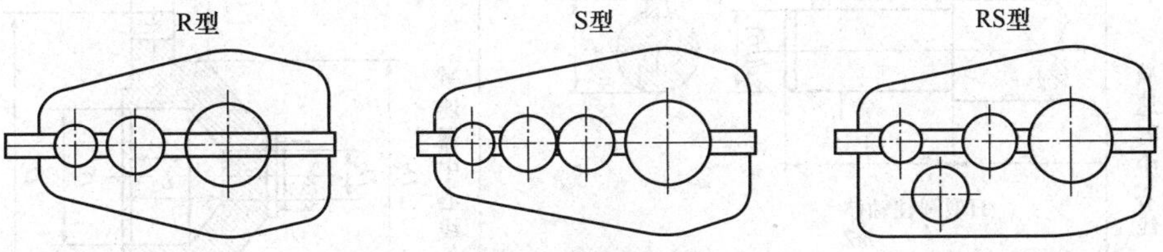

图 2-6-1 QJ 型减速器的结构形式

QJ 型减速器的输入轴和输出轴共有 9 种装配形式，如图 2-6-2 所示。

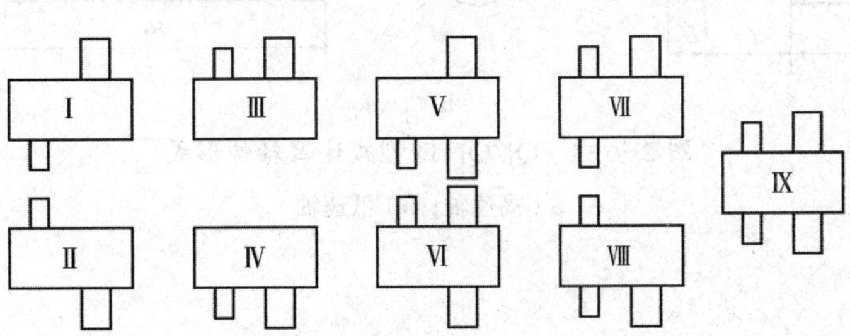

图 2-6-2 QJ 型减速器的装配形式

QJ 型减速器为三支点支承形式，可分为卧式安装（W）和立式安装（L），也可以偏转一定的角度（±α）安装，如图 2-6-3 所示。卧式减速器采用油浴润滑，立式减速器和大型卧式减速器采用喷油润滑。

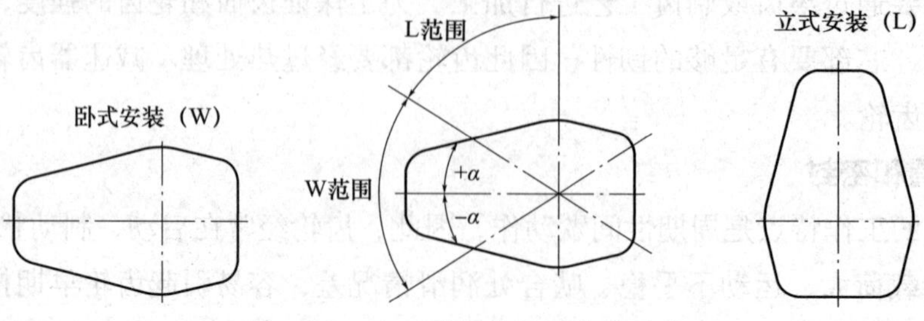

图 2-6-3　QJ 型减速器的安装形式

高速轴端采用圆柱轴伸，平键连接；低速轴端有三种类型：P 型（圆柱轴伸，平键连接）、H 型（圆柱轴伸，花键连接）、C 型（齿轮轴伸），如图 2-6-4 所示。

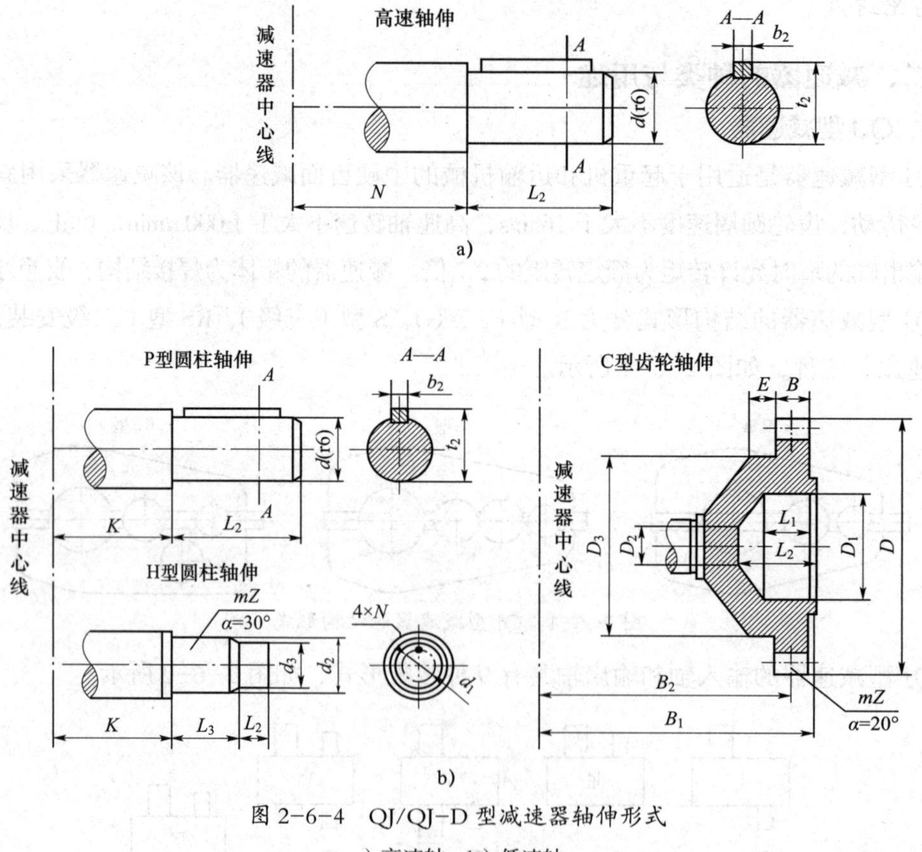

图 2-6-4　QJ/QJ-D 型减速器轴伸形式

a）高速轴；b）低速轴

2. QJ–D 型减速器

QJ–D 型减速器的齿轮参数与 QJ 型完全相同，只是采用带底座的铸铁箱体，因此减速器的刚性好。QJ–D 型减速器与传统的起重机用减速器的安装方式一样，正逐渐取代 ZQ 型减速器。QJ–D 型减速器的技术参数和承载能力、减速器输出轴最大允许径向载荷与 QJ 型减速器相同。

3. QJ–L 型、QJ–T 型减速器

QJ–L 型和 QJ–T 型减速器是起重机用立式减速器。QJ–L 型减速器为底座式，QJ–T 型减速器为套装式，主要用于桥架型起重机小车运行机构、门式起重机和门座起重机大车运行机构。

（1）QJ–L 型减速器。QJ–L 型减速器为三级传动的立式底座式减速器，共有 6 种装配形式，如图 2–6–5 所示。高速轴和低速轴都采用圆柱形轴伸，平键连接。

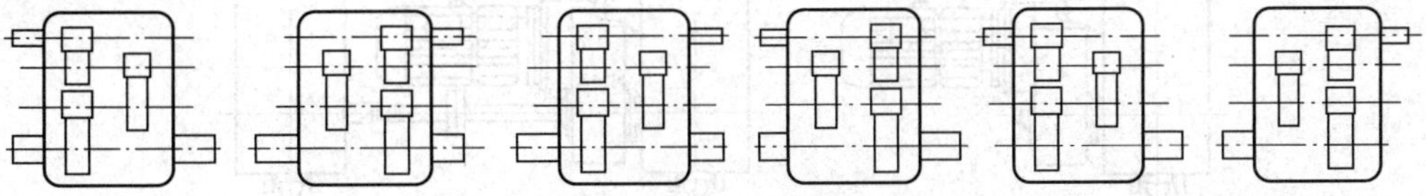

图 2–6–5　QJ–L 型减速器装配形式

（2）QJ–T 型减速器。QJ–T 型减速器是三级传动的立式套装式减速器，共有 4 种装配形式，如图 2–6–6 所示。高速轴采用圆柱形轴伸，平键连接；低速轴采用空心式轴套，锥形轴孔，平键连接。

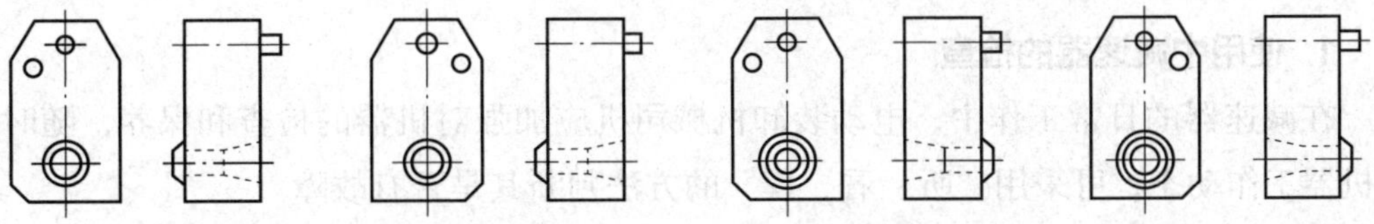

图 2–6–6　QJ–T 型减速器装配形式

4. QS 型减速器

QS 型减速器与制动电动机组成“三合一”运行机构。减速器的输出轴孔套装在车轮轴上，箱体上的支点吊挂在起重机的端梁上，从而减轻了运行中因走台和主梁的振动对齿轮啮合造成的不良影响。这种“三合一”装置结构紧凑、质量小、组装性好，在中小型起重机运行机构中得到广泛使用。

QS 型减速器是三级硬齿面圆柱齿轮减速器，全系列共有 06、08、10、12、16 五个型号，其结构如图 2–6–7 所示。

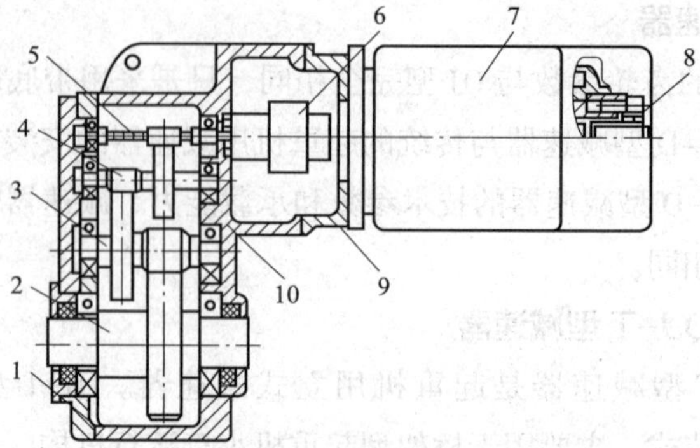

图 2-6-7　QS 型减速器结构

1—箱盖；2—低速轴总成；3—中间轴Ⅱ总成；4—中间轴Ⅰ总成；5—高速轴总成；
6—联轴器；7—电动机；8—制动片螺母；9—接圈；10—箱体

QS 型减速器用于分别驱动和集中驱动的运行机构，安装形式如图 2-6-8 所示。

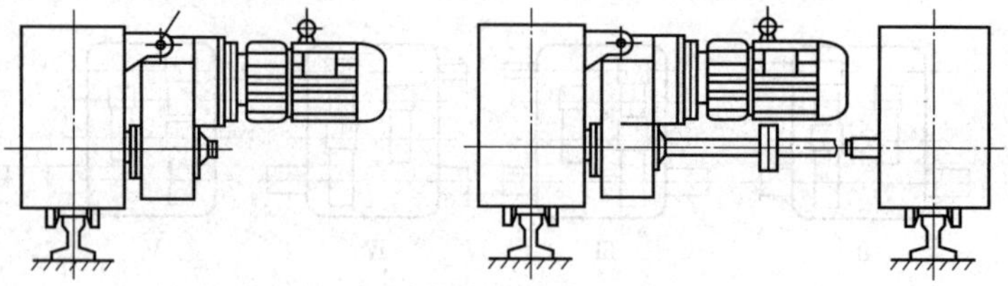

a)　　　　　　　　b)

图 2-6-8　QS 型减速器安装形式

a）分别驱动的安装形式；b）集中驱动的安装形式

三、减速器的检查与检测

1. 使用中减速器的检查

在减速器的日常工作中，电动装卸机械司机应加强对机器的检查和保养，随时掌握机器工作动态，可采用“听、看、摸”的方法判断其是否有故障。

听：减速器在正常作业中，机械的噪声应均匀，且不超过 85 dB。如果噪声增大，并伴有断断续续的冲击声，则说明齿轮啮合处有异物或齿面磨损严重或轴承损坏，应尽快检查并修复。

看：减速器一般均装有视孔，可通过视孔观察箱内齿轮磨损情况及齿轮啮合位置正确与否，尤其是异常作业后，对变幅和主起升减速器更应仔细检查。应经常清扫减速器透气帽，使其畅通；也要经常观察减速器漏油情况。漏油的原因很多，可能是箱体变形，零件接合表面的紧密性差；也可能是密封件损坏、减速器气孔不畅通或油量太多等。应根据具体的漏油部位进行检查和分析，并找出原因。

摸：起重机械由于作业时间长、使用频率高，主要机构减速器的润滑油和轴承温度都有不同程度的升高，这是正常现象。如果温度过高，则应检查轴承是否损坏、齿轮或轴承是否缺少润滑油，还应检查圆锥滚子轴承的调整螺母是否旋得太紧、轴承间隙是否适当。

2. 减速器的检测方法

（1）对噪声的检测

减速器的噪声要求为不大于 85 dB。在无其他声源干扰的环境中，开动减速器无负荷运转，并使其转速不低于工作转速，然后把声级计置于距离减速器 1 m 远处，高度与剖分面相等，此时测得的最高值即为减速器的实际噪声。

（2）对密封的检测

减速器的密封要求为不得漏油。按检查时的季节气温，加黏度合适的齿轮油，使油面达到规定的高度，然后以 1 000 r/min 的转速，空载正、反向运转各 2 h，停车后，观察减速器剖分面和减速器上盖位置处，按下列规定检测。

1）凡无润滑油渗出者，为不渗油。

2）有润滑油渗出，但尚未到达减速器底面者，为渗油。

3）渗油已到达减速器底面者，为漏油。

（3）对减速器内清洁度的检测

减速器内机油要求杂质含量不得超过表 2-6-1 的规定。

表 2-6-1　减速器内机油允许的杂质含量

减速器中心距 / mm	250	350	400	500	600	650	750	850	1 000
杂质含量不大于 / mg	70	100	150	200	350	380	500	800	1 000

测定方法是排出减速器内全部机油，用 70 目铜丝网过滤出油内杂质，再用煤油或汽油清洗减速器底壳、减速器盖内壁及减速器内的全部零件，同时，再次用 70 目铜丝网过滤出煤油或汽油内的全部杂质。最后将先后两次滤出的所有杂质烘干冷却，将其放在天平上称得的质量即为杂质含量。

（4）减速器效率的测定

减速器效率要求大于或等于 94%。在开式或闭式试验台上，用机械或液压等方式加载，在额定转速和额定载荷的条件下，用扭矩仪分别测出被测减速器输出轴和输入轴的扭矩，计算所得百分比，即为减速器的效率。

四、减速器的日常维护与保养

减速器的日常维护与保养主要是巡检有无渗油现象，及时检查油箱内油位、润滑情况是否良好，各处螺纹连接是否紧固完好，定期检查设备的温度情况，以及运行一定时间后要检测齿轮磨损情况。

1. 温度的监控

应做好减速器温度的监控工作，特别是轴承的温度要定期检查。发现温度异常应及时查明原因并排除故障。为使减速器易于散热，其外表面应保持清洁，通气孔不得堵塞。如果箱体温升过高，应检查是否为油位过高、周围散热条件不好、油质老化或冷却液量不够、冷却盘管内结垢等导致冷却效果不好。

2. 异常噪声的监控

减速器在工作过程中应声音平稳，但当轴承磨损或齿轮磨损严重时，会有较大的异常噪声。在工作中，要密切监控减速器的噪声情况，如果发现异常噪声应立刻停机，待查明原因并采取相关措施后，才可重新启动减速器。

3. 润滑油的监控

（1）日常检修中应做好润滑油油位、油质的监控工作。若发现油位不足，要查明漏油原因并及时处理；当发现油质发白、有起泡现象时，说明润滑油进水，此时应及时更换润滑油；若发现润滑油中含有铜末、铁末等杂质，则说明减速器内已有零件磨损严重，此时要立即查明原因并处理故障。此外，还应做好密封工作，密封的目的是防止润滑油流失，并防止灰尘、水分等进入轴承，污染润滑油。

（2）减速器第一次使用时，经运转 7～14 d（150～300 h）的磨合期后，必须更换新油。使用至 3 个月时，必须第二次更换新油。在以后的使用过程中，应定期检查油质，必须随时更换含有杂质、被污染、已分解或老化的变质油。一般情况下，长期连续工作的减速器可 6～8 个月更换一次油，而每天工作不超过 8 h 的减速器可 10～12 个月更换一次油。

更换的新油必须与原来使用的油品牌号相同，不应把不同牌号和不同类型的油混用。注入新油前，应先加热与运转时所用型号相同的油，并用它清洗齿轮。

（3）减速器一般采用油池润滑，自然冷却。当减速器工作平衡温度超过 90 ℃时，可采用循环油润滑，或采用加冷却管的油路润滑。当减速器连续停机超过 24 h 后再启动时，应使齿轮和轴承充分润滑后，才可带负荷运转。

（4）减速器中滚动轴承常采用的润滑剂有润滑油和润滑脂两种。选择润滑油时，应考虑轴承的载荷、转速、温度和工作环境等因素。轴承的载荷大、温度高时，应采用黏度高的润滑油；轴承的载荷小、温度低和转速高时，可用黏度低的润滑油。轴承中的润滑油过多或过少都将引起轴承过热现象。

第七节 卷筒

图 2-7-1 钢丝绳卷筒

起重机卷筒是起重机的重要组成部分之一，是用来缠绕钢丝绳或电缆并传递动力的机器部件。图 2-7-1 所示为钢丝绳卷筒。

一、卷筒的构造

卷筒与卷筒轴、法兰式内齿圈、卷筒毂、轴承和轴承座等组成卷筒组。卷筒的设计和结构一般按照起重吊装的要求可进行不同的改变和调整。

1. 卷筒的材料

卷筒一般采用灰铸铁铸造，对于重要卷筒，可以采用高强度铸铁或球墨铸铁铸造。铸钢卷筒强度高、使用寿命长，但铸造工艺复杂、加工困难、成本较高，因此实际应用中很少采用。大型卷筒通常以 A3 钢板弯卷成筒形焊接而成，这样，质量可以大大减小，一般可比铸造卷筒质量小 35%～40%；同时，卷筒直径越大，质量减小的效果越显著。焊接卷筒特别适合单件生产。铸造卷筒虽然比较笨重，但在批量生产时成本较低。门座起重机的起升卷筒大都用球墨铸铁铸造。

2. 卷筒的分类

卷筒的外形有圆柱形、圆锥形和曲线形。通常情况下，起重机采用圆柱形卷筒，只是在有特殊要求时，才采用圆锥形或曲线形卷筒。根据表面形状，卷筒可分成有槽卷筒和光面卷筒两种。

（1）有槽卷筒在卷筒表面切出螺旋槽，用来增加钢丝绳的接触面积，并防止相邻钢丝绳互相摩擦，从而提高钢丝绳的使用寿命。

绳槽分标准槽（浅槽）和深槽两种形式。一般情况下采用标准槽，它节距较小，可使机构紧凑。当有脱槽危险时，要采用深槽，如抓斗起升机构。如果以机构紧凑为主要条件时，则仍采用标准槽，再加上压绳器，以防止钢丝绳脱槽。

螺旋槽的旋向分为左旋和右旋两种，旋向可根据机构的布置情况确定。例如，在门座起重机的起升机构中，有两个单联卷筒，一个采用右旋绳槽，另一个采用左旋绳槽；在桥式起重机中，一般采用一端绳端为左旋、另一端绳端为右旋的双联卷筒。

（2）光面卷筒是表面不带绳槽的卷筒，一般用于多层卷绕。多层卷绕时钢丝绳紧密排列，各层钢丝绳互相摩擦，钢丝绳使用寿命降低。因此，只有在钢丝绳的卷绕长度很长，而且结构要求紧凑时，才采用光面卷筒（如汽车起重机）。多层卷绕层数最好不超过三层。

单层卷绕时，卷筒的两端可以不设侧边。多层卷绕时，卷筒两端必须设有侧边，以免钢丝绳滑出，其侧边凸肩高度比最外层钢丝绳高（1～1.5）d（d 为钢丝绳直径）。同时，为了使钢丝绳在光面多层卷筒上排列整齐，常常需要附设导绳装置。

应注意的是，钢丝绳在滑轮或卷筒上绕入绕出时，通常会发生偏斜，其偏斜角不能太大，否则，钢丝绳就会碰擦绳槽侧边或邻侧钢丝绳，从而引起钢丝绳擦伤或绳槽损坏，甚至发生跳槽现象，而使用光面卷筒时会因钢丝绳不能均匀排列而产生乱绕现象。

二、钢丝绳在卷筒上的固定

钢丝绳在卷筒上的固定，要求保证工作时安全可靠，便于检查、拆装及调整，且固定处不应使钢丝绳过分弯折。钢丝绳在卷筒上固定通常采用压板螺钉或楔块，利用摩擦原理来固定钢丝绳尾部。

1. 用压板固定

利用压板和螺栓固定绳尾的方法如图 2–7–2 所示。这种方法构造简单、装拆方便、便于观察和检查、安全可靠，是目前最常用的形式。在单层卷绕时，一般采用这种形式。

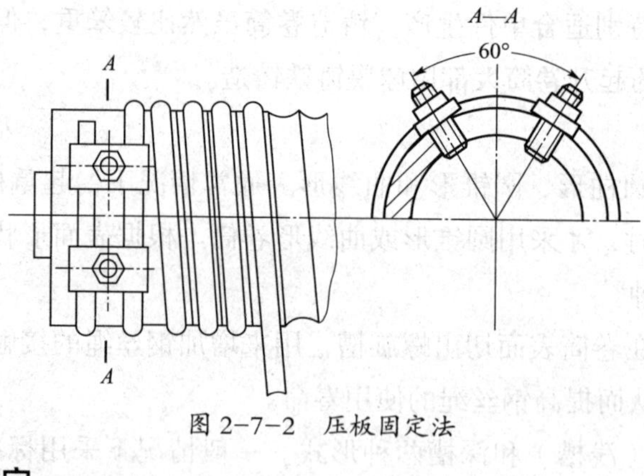

图 2–7–2　压板固定法

2. 用长板条固定

用长板条固定是指在铸造卷筒的筒体上留有固定钢丝绳绳尾用的穿孔，在孔内装上凸头板条，板条下面有纵向绳槽，板条用螺钉压紧，如图 2–7–3 所示。这种方法可使卷筒缩短，但是卷筒构造复杂。

3. 用楔子固定

用楔子固定是指钢丝绳绕在楔子上，并与楔子一起装入卷筒的楔孔内，然后在钢丝绳拉力作用下被楔紧，如图 2-7-4 所示。楔子的斜度一般为 1∶5～1∶4，以满足自锁条件。这种方法使卷筒构造复杂，不便于更换钢丝绳，但可以用于多层缠绕。

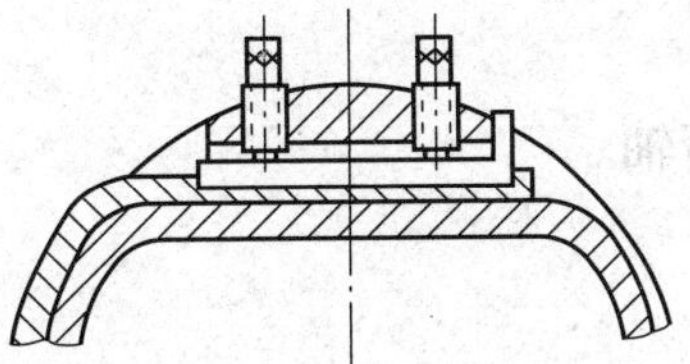

图 2-7-3　长板条固定法

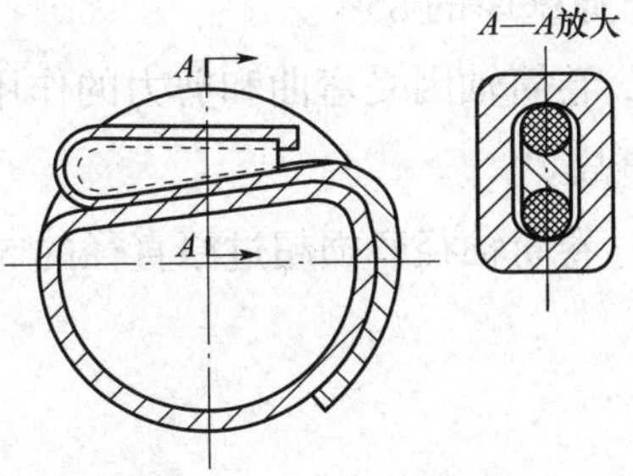

图 2-7-4　楔子固定法

三、卷筒的维修和报废

1. 卷筒是比较耐用的零件，常见的损坏是卷筒的沟槽磨损。空载时，钢丝绳在沟槽中处于松弛状态，吊载后必然会拉紧钢丝绳，从而使钢丝绳在槽中产生相对滑动，如果润滑不好，就会使卷筒槽磨损加快。另外，对于卷筒的槽峰，在缠绕中因钢丝绳对沟槽的偏斜作用而产生摩擦，从而逐渐将槽峰磨尖直至磨平。当沟槽磨损到不能控制钢丝绳在沟槽中有秩序地排列而经常跳槽时，应更换新卷筒。

2. 个别卷筒经过一定磨损后，露出了原有的内在铸造缺陷。如果是单个气孔或砂眼，其直径不超过 4 mm，深度不超过该处壁厚的 20%（绝对值不超过 4 mm），在每 100 mm 长度内（任何方向）不多于一处，在卷筒全部加工面上的总数不多于五处时，可以不焊补，继续使用。如果清理后的缺陷大小在表 2-7-1 所列范围内，则允许焊补，但同一截面上和长度 100 mm 内不得多于两处。焊补后可以不经热处理，用砂轮磨平、磨光焊补处即可。

表 2-7-1　卷筒允许焊补条件

材质	卷筒直径 /mm	单个缺陷面积 /cm^2	缺陷深度	总数量
灰铸铁 球墨铸铁	≤700	≤1	≤20% 壁厚	≤4
	>700	≤1.5		
铸钢	≤700	≤1.5	≤25% 壁厚	≤4
	>700	≤2		

3. 卷筒的横向裂纹允许有一处，长度不得大于 10 mm；纵向裂纹允许有两处，总长度不得大于 10 mm，并且两处的距离必须在 5 个槽以上。在上述范围内的裂纹，可在裂纹的两端钻小孔，用电焊修补。如果超过规定的范围，则卷筒报废。

4. 卷筒沟槽磨损深度应不超过 6 mm，当超过 6 mm，或钢丝绳在工作中经常跳槽而不能有秩序地排列时，卷筒应重新车槽。各种卷筒的壁厚不同，车后新槽的壁厚应不小于原壁厚的 85%。

5. 卷筒轴因受弯曲和剪力的作用，发现裂纹时应及时报废；否则，会发生卷筒轴断裂事故。

6. 卷筒轴径磨损超过原直径的 5% 时，应换新轴。

第八节 吊钩

吊钩是一种用于吊装和搬运重物的工具，通常与起重机一起使用。吊钩可以用来将重物吊起到高处或转移到另一个地方。在起重机械中，吊钩是一种常见的吊具，常借助滑轮组等部件悬挂在起升机构的钢丝绳上。

一、吊钩装置的形式

吊钩装置由吊钩、吊钩螺母、推力轴承、吊钩横梁、滑轮、滑轮轴及拉板等组成，其形式有短钩型吊钩组和长钩型吊钩组两种，如图 2-8-1 所示。

短钩型吊钩组采用普通短吊钩，吊钩支承在吊钩横梁上，滑轮支承在单独的滑轮轴上。这种吊钩组零件数量多，整体高度尺寸大，但横向尺寸较小，对减小钢丝绳的偏角有利。其滑轮数可为单数，也可为双数，起升滑轮组倍率为奇数或偶数的场合均适用。

长钩型吊钩组采用钩柱加长的长吊钩，吊钩、滑轮均支承在同一根芯轴上。因为它的吊钩横梁和滑轮轴合成一体，所以结构简单，整体高度尺寸小，但横向尺寸较大。长钩型吊钩组的滑轮需对称布置，滑轮数为偶数，适用于起升滑轮组倍率为偶数并且起重量不大的场合。

二、吊钩的分类

1. 按钩身外形分类

吊钩按钩身外形可分为单钩、双钩、带防护钩、C 形钩、L 形钩等，如图 2-8-2 所示。

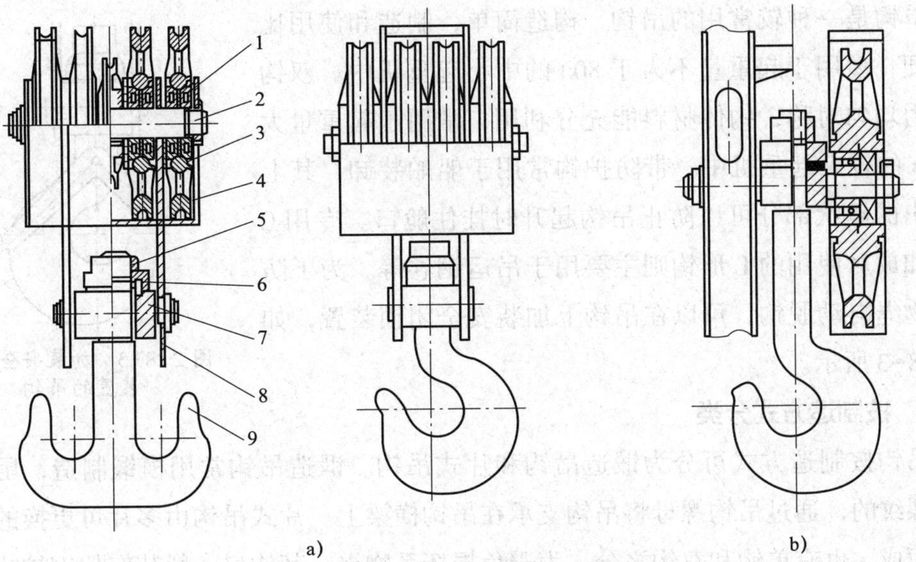

图 2-8-1　吊钩装置

a）短钩型吊钩组；b）长钩型吊钩组

1—滑轮轴承；2—滑轮轴；3—滑轮；4—罩壳；5—吊钩螺母；6—推力轴承；7—吊钩横梁；8—拉板；9—吊钩

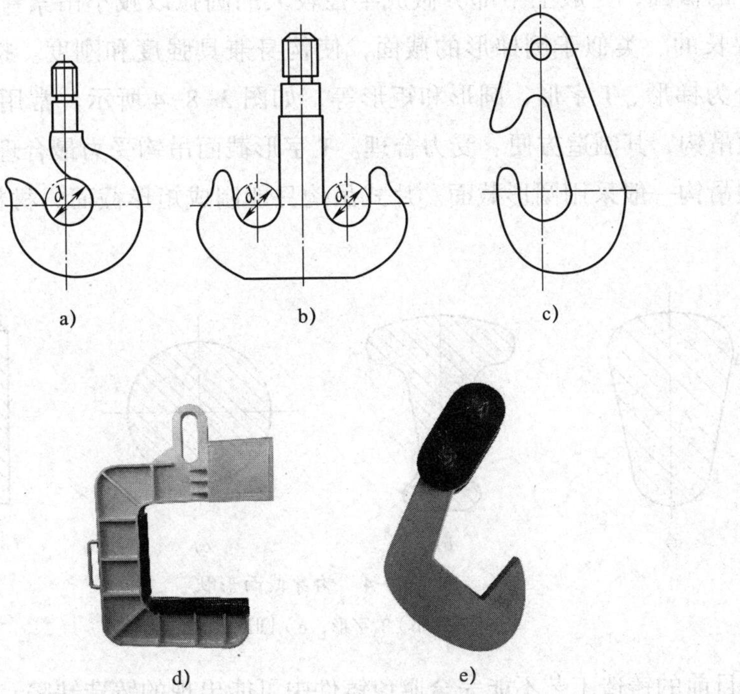

图 2-8-2　吊钩

a）单钩；b）双钩；c）带防护钩；d）C 形钩；e）L 形钩

单钩是一种较常用的吊钩，构造简单，制造和使用比较方便，多用于起重量不大于 80 t 的中小起重机中。双钩的受力均匀对称，钩体材料能充分利用，常用于起重量大于 80 t 的较大起重机中。带防护钩常用于船舶装卸，其上部突出的鼻状部分可以防止吊钩起升时挂住舱口。专用 C 形钩和成对使用的 L 形钩则主要用于吊运钢卷等。为了防止系物绳自动脱钩，可以在吊钩上加装安全闭锁装置，如图 2-8-3 所示。

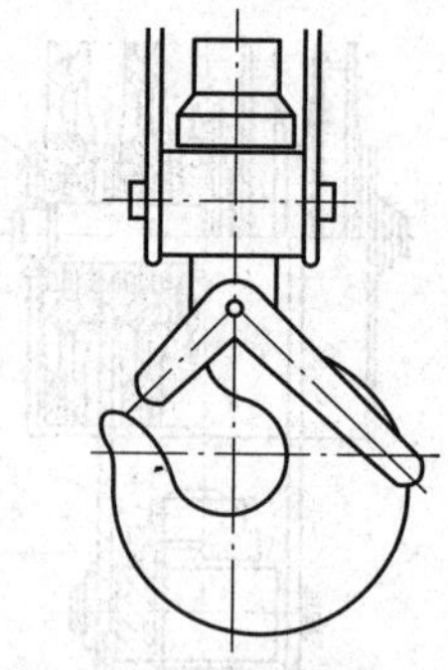

图 2-8-3　加装安全闭锁装置的吊钩

2. 按制造方式分类

吊钩按制造方式可分为锻造吊钩和片式吊钩。锻造吊钩常用模锻制造，尾部制成带螺纹的，通过吊钩螺母将吊钩支承在吊钩横梁上。片式吊钩由多片可更换的钢板铆合而成，也有单钩和双钩之分，为避免损坏系物绳，其钩口一般装有软钢护垫。片式吊钩安全性高，不会整体突然断裂破坏，即使个别钢板断裂，剩余的钢板仍能承受吊重。

3. 按钩身截面形状分类

钩身的截面，一般上半部分做成半径较大的圆弧以减小吊索弯曲程度，下半部分做成狭长的、类似于倒梯形的截面，使钩身兼具强度和刚度。按钩身截面形状，吊钩可分为梯形、T 字形、圆形和矩形等，如图 2-8-4 所示。常用的是带圆弧角的梯形截面吊钩，其制造方便、受力合理。T 字形截面吊钩受力最合理，但制造工艺复杂。小型吊钩一般采用圆形截面。片式吊钩只能制成矩形截面，材料不能充分利用，自重较大。

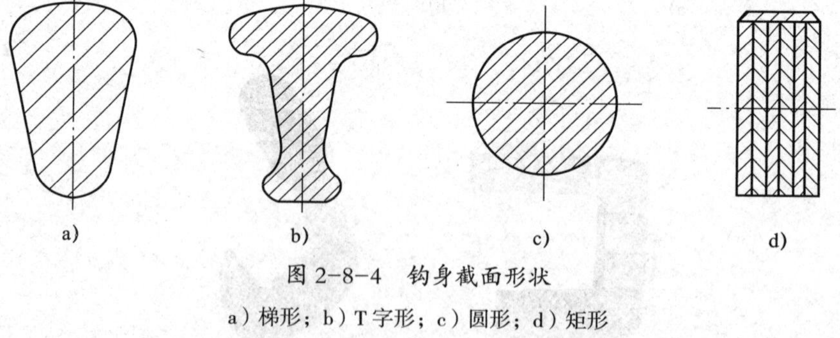

图 2-8-4　钩身截面形状

a）梯形；b）T 字形；c）圆形；d）矩形

由于目前的铸造工艺不能完全避免铸件中可能出现的铸造缺陷，因此，不允许采用铸造方法制造吊钩。钢材在焊接时，难免产生细小裂纹，因此，也不允许用焊接方法制造和修复吊钩。

三、吊钩的使用

1. 吊钩的使用要求

（1）不准超载荷使用。

（2）禁止使用铸造吊钩。

（3）不准焊接修补吊钩缺陷。

（4）钢丝绳须吊挂于钩底，防止吊钩开口变形或拉直。

（5）必须设置防意外脱钩保险装置。

2. 吊钩的检查

吊钩必须定期进行检查，以确保其安全、可靠。根据实际使用情况和相关标准，一般建议起重吊钩的定期检查周期为每年一次。检查内容主要包括以下几个方面。

（1）检查吊钩是否有明显的变形、裂纹或磨损。同时，还需检查吊钩表面是否有明显的腐蚀或锈蚀迹象，以及是否有松动的螺栓或螺母等。

（2）检查吊钩的形状、尺寸和结构是否符合设计要求。特别需要检查的是，吊钩的下颚和槽底是否有明显的磨损，以及吊钩的承载能力是否符合标准要求。

（3）检查吊钩的材质是否符合标准要求。吊钩一般由合金钢或碳钢制成，需要检查材料的硬度、冲击韧性和抗拉强度等指标是否符合标准要求。

（4）检查吊钩与起重机钢丝绳或链条之间的连接件是否牢固可靠。需要检查的连接件包括销子、销钉、销轴和销套等，确保其没有明显的损伤或磨损。

（5）检查吊钩的开合是否灵活、吊钩的承载能力是否正常。同时，还需检查吊钩的工作状态是否正常，如吊钩的自锁装置是否可靠、吊钩的旋转功能是否正常等。

（6）定期保养和维护吊钩，如定期润滑吊钩和更换磨损的零部件等，以确保其正常运行和延长其使用寿命。

3. 吊钩的报废

当起重吊钩无法再修复或达不到使用要求时，必须予以报废。报废标准一般包括以下几种情况。

（1）出现裂纹。

（2）危险截面磨损量大于或等于 10%。

（3）开口度增加 15%。

（4）扭转变形量超过 10°。

（5）危险截面和吊钩颈部有塑性变形。

（6）板钩轴套磨损量大于或等于 15%（报废轴套）。

（7）轴磨损量大于或等于 5%（报废芯轴）。

第九节 抓斗

抓斗是起重机抓取干散货物的专用工具。抓斗是由两块或多块可开闭的斗状颚板合在一起组成的容物空间；装料时，颚板在物料堆中闭合，物料被抓入容物空间；卸料时，颚板在料堆上悬空开启，物料散落在料堆上。抓斗作业减轻了繁重体力劳动，可达到较高的装卸效率，并能确保安全，是港口主要干散货装卸工具。

一、抓斗的分类

1. 按照散货容积密度分类

按照抓取物料的容积密度，抓斗可分为轻型（ρ<1.2 t/m^3）、中型（ρ=1.2～2.0 t/m^3）、重型（ρ=2.0～2.6 t/m^3）、特重型（ρ>2.6 t/m^3）4 种不同类型，为适应不同容积密度的物料，在容积相同的情况下，抓斗的自重有较大的差异。

2. 按照驱动方式分类

按照抓斗颚板闭合和张开的驱动方式，抓斗可分为绳索式抓斗和动力式抓斗。绳索式抓斗依靠钢丝绳闭合滑轮组来产生闭合力，达到抓取物料的目的，一般分为单绳、双绳和四绳抓斗。动力式抓斗通过装在抓斗上的动力装置和传动装置使颚板开闭。

3. 码头常用抓斗类型

（1）耙集式抓斗

耙集式抓斗由上承梁、下承梁、颚板、撑杆和闭合滑轮组组成，如图 2-9-1 所示。当支承绳张紧，开闭绳放松时，撑杆撑开颚板，抓斗打开。

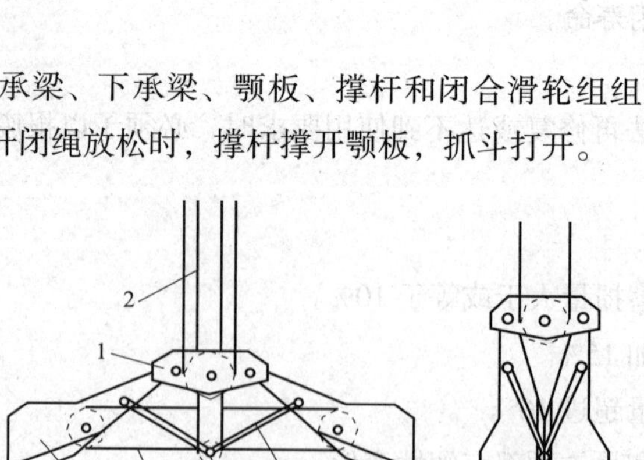

图 2-9-1　耙集式抓斗

1—上承梁；2—支承绳；3—撑杆；4—下承梁；5—开闭绳；6—颚板

耙集式抓斗的开度大，在闭合的过程中颚板刃口近似沿水平线移动，适合抓取薄层物料，供清舱底作业用。但耙集式抓斗在闭合状态时，重心较高，容易倾倒。此外，该抓斗颚板铰点与刃口之间距离较大，切入性能差。

（2）剪式抓斗

剪式抓斗是按剪刀原理设计的叉铰结构，由剪臂、平衡梁、颚板、中心铰轴和闭合滑轮组组成，如图 2-9-2 所示。

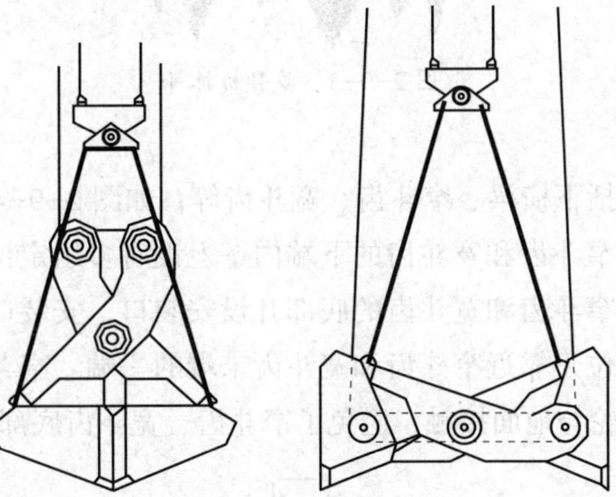

图 2-9-2　剪式抓斗

剪式抓斗的闭合滑轮组在与颚板连成一体的剪臂之间，不需要刚性撑杆，它依靠放松闭合滑轮组的钢丝绳，收紧支承绳，即可使抓斗打开。相反，收紧闭合滑轮组的钢丝绳时，钢丝绳的拉力对中心铰轴产生力矩。根据杠杆原理，颚板受到较大的闭合力矩，使抓斗闭合。

抓取物料的初始阶段，闭合滑轮组钢丝绳轴线与中心铰轴接近于一条直线，钢丝绳拉力对中心铰轴的力矩小，抓斗闭合力也小。随着抓斗逐渐闭合，抓斗闭合力矩逐渐增大。当抓斗闭合终了时，闭合滑轮组钢丝绳对中心铰轴的力矩最大，因此，抓斗的闭合力也最大。剪式抓斗特别适用于抓取矿石、砾石等大容积高密度的物料。

（3）多颚板抓斗

多颚板抓斗的颚板数有 4 个、6 个、8 个，通常为 6 个，如图 2-9-3 所示。颚板刃口呈尖爪形荷花瓣状。多颚板抓斗也有单绳、双绳和四绳等形式。

多颚板抓斗有刚性结构和挠性结构两种。刚性多颚板抓斗的颚板与下承梁铰接在一起，随着下承梁的升降，每块颚板的闭合和张开程度都相同，所以又称同步开闭多颚板抓斗。这种结构形式的抓斗在抓取不规则物料时，容易出现颚板闭合不严实、有的颚板不受力的情况。其可用于抓取粒度尺寸大但差异不大的物料，如生铁、矿石等块状物料。

图 2-9-3　多颚板抓斗

（4）木材抓斗

木材抓斗主要包括下横梁、窄斗齿、宽斗齿等，如图 2-9-4 所示。下横梁两侧铰接窄斗齿和宽斗齿，窄斗齿和宽斗齿的下端内壁上设有多组定位座，每组定位座上端之间均设有滑动轮。窄斗齿和宽斗齿的底部开设安装口，安装口两侧内壁上设有大滚轮和小滚轮，小滚轮位于靠近窄斗齿和宽斗齿末端的一端。窄斗齿和宽斗齿的下端底部通过大滚轮和小滚轮与地面接触，避免了窄斗齿、宽斗齿底部与地面的磨损。

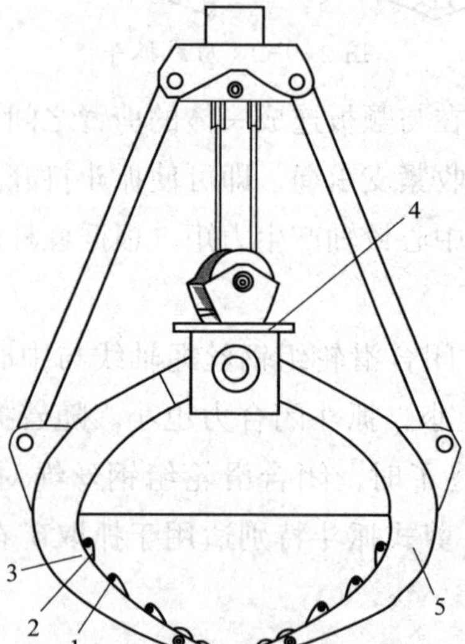

图 2-9-4　木材抓斗

1—滑动轮；2—定位座；3—窄斗齿；4—下横梁；
5—宽斗齿；6—大滚轮；7—小滚轮

木材抓斗主要用于各种规格的原木、木材、管道、圆桶等物体的抓取和装卸，可以单根抓取也可以多根抓取，配合塔吊、门机等起重机使用，适用于原木堆场、码头卸货等场合。

二、抓斗的工作原理

1. 双绳抓斗的工作原理

双绳抓斗的四个工作过程是由两根绳索操纵的，这两根绳索分别由两个单独的单联卷筒驱动。若采用两组双联卷筒，则开闭绳和支承绳各为两根，称为四绳抓斗。四绳抓斗由于开闭绳与支承绳呈双布置，因此抓斗工作时不易打转、工作稳定。四绳抓斗与双绳抓斗的工作原理相同，在港口装卸作业中也获得广泛应用。

长撑杆双颚双绳抓斗是最常用的结构形式，其工作过程如图 2-9-5 所示。它主要由上承梁 3、撑杆 4、下承梁 5 和左右对称的两块颚板 6 组成。

长撑杆双颚双绳抓斗的工作过程如下。

（1）降斗。抓斗处于张开状态，支承绳和开闭绳同步下降，抓斗保持张开的状态降落在货堆上，如图 2-9-5a 所示。

（2）抓货。抓斗在自重的作用下插入货堆，上升开闭绳，抓斗逐渐关闭并抓取货物，如图 2-9-5b 所示。

（3）升斗。抓斗关闭后，支承绳和开闭绳同步上升，抓斗载货上升，如图 2-9-5c 所示。

（4）卸货。抓斗到卸料地点后，放松开闭绳，抓斗在下承梁、颚板和货物重量的作用下自动张开并将货物卸出，如图 2-9-5d 所示。

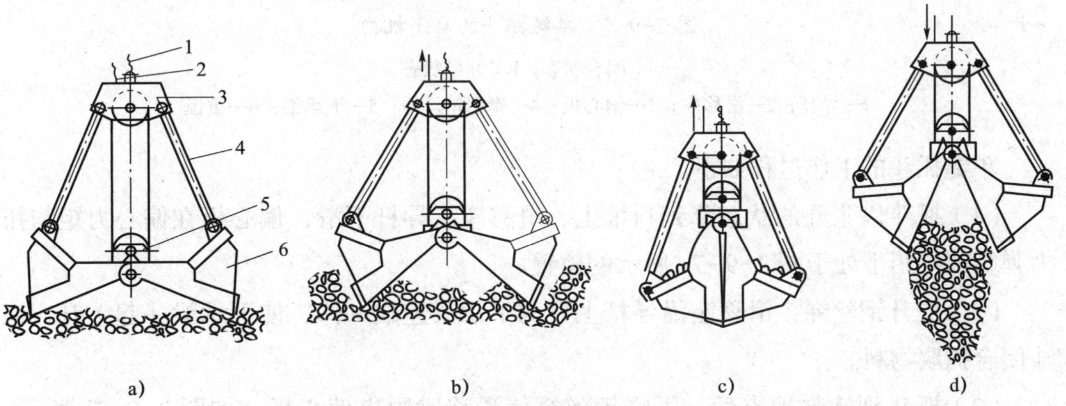

图 2-9-5　长撑杆双颚双绳抓斗工作过程

a）降斗；b）抓货；c）升斗；d）卸货

1—支承绳；2—开闭绳；3—上承梁；4—撑杆；5—下承梁；6—颚板

2. 单绳抓斗的工作原理

单绳抓斗的结构与双绳抓斗相似，也主要由上承梁、撑杆、颚板、下承梁等组成，如图 2-9-6 所示。但单绳抓斗只有一根钢丝绳，所以需要通过特殊的启闭机构，使钢丝绳能起到支承绳和开闭绳的作用。

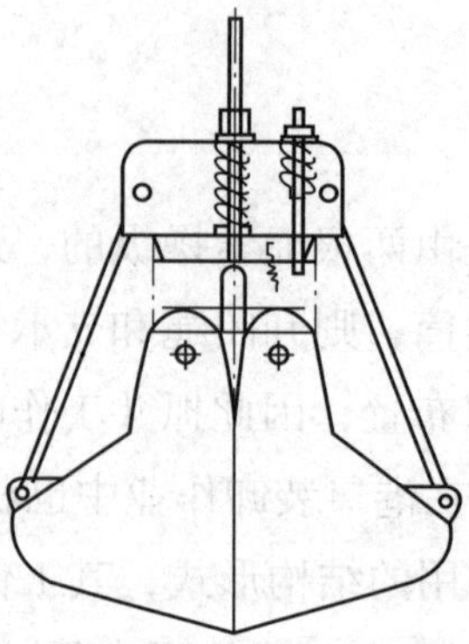

图 2-9-6　单绳抓斗的结构

单绳抓斗的启闭机构如图 2-9-7 所示，由导杆 1、滑移座 2、偏心板 3、牵引钢丝绳 4、下承梁 5、重锤 6 等组成。导杆连接在上承梁与下承梁之间，滑移座套在导杆上，钢丝绳绳端在滑移座上，升降钢丝绳可使滑移座沿导杆上下移动。

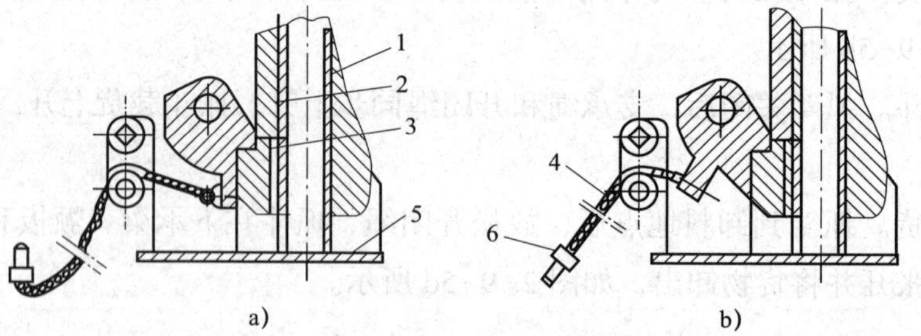

图 2-9-7　单绳抓斗的启闭机构

a）闭合状态；b）开启状态

1—导杆；2—滑移座；3—偏心板；4—牵引钢丝绳；5—下承梁；6—重锤

单绳抓斗的工作过程如下。

（1）抓斗以张开的状态降到料堆上，滑移座沿导杆下滑，偏心板在偏心力矩与扭力弹簧的作用下处于图 2-9-7a 所示的位置。

（2）提升钢丝绳，滑移座沿导杆上升与下承梁连成一体，使下承梁一起上升，抓斗闭合抓取物料。

（3）抓斗到卸料地点后，下降钢丝绳使滑移座脱离偏心板，如图 2-9-7b 所示。然后提升钢丝绳，使滑移座沿导杆上升至上承梁，并将抓斗提起，抓斗在下承梁、物料重量的作用下张开并将货物卸出。

单绳抓斗的卸料时间长，生产效率较低。因此，单绳抓斗只适用于散粒物料装卸量不大的货场或无法采用其他类型抓斗的场合。

3. 动力式抓斗的工作原理

动力式抓斗本身带有启闭机构，所以起升机构中只需要一套驱动装置便可完成抓斗的升降运动。由于动力式抓斗的开闭是由抓斗内的启闭机构实现的，在抓取物料时，抓斗向下插入物料的作用力会随着抓斗抓取物料的增多而不断增加，因此，动力式抓斗有很好的抓取性能。

动力式抓斗通常作为吊钩起重机的辅助取料装置，可以在任意高度卸料，生产效率比单绳抓斗高。但是动力式抓斗自重较大，特别是上承梁质量大，因而抓斗的重心高，作业时容易翻倒。另外，还要安装供给启闭机构能量的设备，如电缆、电缆卷筒或压缩气管等。按照启闭机构的形式，动力式抓斗可分为机械传动、液压传动、气压传动三种。

三、抓斗的使用

1. 抓斗的操作

首先根据生产效率、物料的容重和起重机的起重量，选择相应的抓斗；然后根据物料的抓取难易程度，确定抓斗是否带抓齿，以及合适的滑轮组倍率。

抓斗上的支承绳与抓斗吊板连接，开闭绳与抓斗内的启闭机构连接。对于用梨形接头连接的开闭绳，其抓斗内开闭绳和上部启闭机构所用卷物绳的捻向要一致。抓斗的支承绳和开闭绳最好采用不扭转钢丝绳；若做不到，则支承绳和开闭绳可分别采用捻向相反的绳，以免抓斗在使用中绕垂直轴旋转。

在操作中，为了保护撑杆的启闭机构，保证机构对称和同步，在抓取物料时，必须保证颚板完全张开，即颚板上的定位块必须相靠，使颚板的底刃口垂直落向物料表面，否则，抓斗将不能正常工作，甚至过早损坏。

抓斗的损坏，往往是由于司机动作过猛，使抓斗重重地摔向货堆，或者抓斗与舱口、车厢及其他建筑物发生碰撞等，因此，要求司机操作要稳、要准，避免抓斗在空中打转。

2. 抓斗的检查

为了保证起重机抓斗的安全性和可靠性，要进行日常维护和保养操作，并且在使用时应遵守安全操作规程。

（1）抓斗刃口板磨损严重或有较大变形时，应及时修理或更换。在换装新刃口板时，要选用能保证焊接质量的焊条进行焊接，并对焊缝进行严格的质量检验。

（2）抓斗闭合时，水平刃口和垂直刃口的错位差及斗口接触处的间隙不得大于 3 mm，最大间隙处的长度不得大于 20 mm。

（3）抓斗张开后，斗口不平行度不得超过 20 mm。

（4）抓斗起升后，在抓斗张开或闭合时，斗口对称中心线及抓斗垂直中心线都应在同一铅垂平面内，偏差不得超过 20 mm。

（5）抓斗铰接部的轴、销、钢丝绳套环等必须经常检查，如果发现裂纹、松动应及时更换。

第十节 集装箱吊具

集装箱吊具是装卸集装箱的专用工具，通常与岸边集装箱起重机、轮胎式集装箱龙门起重机、轨道式集装箱龙门起重机、集装箱跨式运输车和门座起重机等装卸设备配合使用。它具有与集装箱箱体相匹配的结构，通过转销与箱体的角配件连接进行快速起吊作业。集装箱吊具如图 2-10-1 所示。

图 2-10-1 集装箱吊具

一、吊具分类

集装箱吊具的分类比较复杂，主要按照以下几种方式进行分类。

1. 按照集装箱标准分类

集装箱吊具按照集装箱标准，可分为以下三种。

（1）国际标准集装箱吊具：用以起吊按照 ISO 标准制造的集装箱。

（2）铁路标准集装箱吊具：用以起吊按照我国铁路标准制造的集装箱。

（3）非标准集装箱吊具：用以起吊按照特殊标准制造的集装箱。

2. 按照动力源分类

集装箱吊具按照有无动力源，可分为机械自动集装箱吊具和有动力集装箱吊具两种。

（1）机械自动集装箱吊具的所有动作均由机械动作实现，不依靠电动、液压等动力源。

（2）有动力集装箱吊具的动作需要通过电动、液压等外部动力实现，按照动力类型，又可分为电动集装箱吊具和液压集装箱吊具。

电动集装箱吊具的伸缩、转销开闭等动作均由电动动力源驱动；液压集装箱吊具的伸缩、转销开闭等动作均由液压动力驱动，该吊具上一般装有集成的液压动力站。

3. 按照结构特点分类

集装箱吊具按照其结构特点，可分为固定式吊具和伸缩式吊具两种。

（1）固定式吊具又称整体式吊具，是针对特定规格尺寸的集装箱设计的专用吊具。该吊具的转销间距是固定值，无法更改，仅适用于一种规格的集装箱。固定式吊具无专用动力装置，通过钢丝绳的升降带动棘轮机构驱动旋锁转动，从而以钢丝绳机械运动的方式实现自动开闭转销。

（2）伸缩式吊具是指吊具长度方向或宽度方向上的转销间距可以改变的吊具。目前，码头使用的吊具主要是长度方向伸缩的吊具。

伸缩式吊具通过动力装置驱动伸缩链条或液压缸，使吊具的伸缩梁伸缩，从而改变吊具长度方向或宽度方向转销的间距，以适应装卸不同规格的集装箱。伸缩式吊具虽然质量较大，但长度调节方便、操作灵活、通用性强、生产效率高，因此，目前世界上的集装箱专用机械大都采用这种吊具，如图 2-10-2 所示。

图 2-10-2　伸缩式吊具

伸缩式吊具按照其功能，又可分为单箱吊具、旋转吊具、固定双箱吊具和移动双箱吊具。

二、单箱吊具

单箱吊具，即每次只能装卸 1 个集装箱的伸缩式吊具，如图 2-10-3 所示。其主要由钢结构、转销机构、伸缩驱动机构、导板机构等组成。

图 2-10-3　单箱吊具

1. 钢结构

单箱吊具的钢结构是承载构件，主要由主梁和伸缩梁两部分构成。伸缩梁嵌套在主梁的两根Ⅲ形梁中，在伸缩驱动力的作用下，可以在Ⅲ形梁中滑动。伸缩梁与端部横梁用焊接方式代替传统的螺栓连接方式，这样就可避免因螺栓松动而引起的螺栓断裂现象。Ⅲ形梁和端部横梁采用薄板冷弯成两个“[”形后再对接拼焊。这种结构能大大减少焊缝，薄板冷弯成型后能提高材料的屈服强度，进而提高梁的强度和刚度。为了提高起重量并减小自重，单箱吊具的结构件广泛采用国际先进的特高强度焊接钢板。

2. 转销机构

单箱吊具有 4 个转销，采用悬挂方式支承，通过转销螺母支承在推力关节轴承上，如图 2-10-4 所示。其中推力关节轴承由轴承钢制造，能承受较大的轴向冲击载荷，完全适应集装箱吊具大载荷、频冲击、露天作业的恶劣工况。轴承座上开有润滑油槽，以保证支承面能得到良好的润滑。推力关节轴承的上半部球形支承面作用在凹球面上，允许在较大范围内摆动，从而使单箱吊具转销机构在空间实现全方位的“浮动”。这样，单箱吊具转销机构在工作时仅承受纯拉力，使转销更容易插入集装箱上的角配件孔中。这种“浮动”转销还能装卸略有变形的集装箱。位于吊具四角的顶销用来检查吊具是否完全着箱。

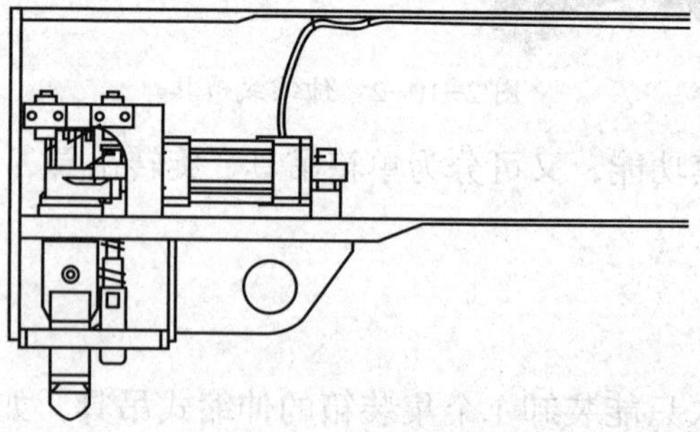

图 2-10-4　转销机构

为了确保作业安全，转销除了电气联锁外，还装有机械联锁装置。当单箱吊具将集装箱吊至空中时，若电气联锁失灵或司机误操作，机械联锁装置能保证转销机构绝对不发生转动。其工作原理如下：在转销机构的转柄上开有两个半圆形缺口，当单箱吊具与集装箱脱离或吊着集装箱时，顶销上的圆柱体正好卡在转柄的缺口处，阻止转柄转动，防止转销机构在吊着集装箱时误转动；当单箱吊具落在集装箱上时，顶销上的圆柱体在高度方向上离开了转柄的缺口，转柄转动，实现开锁、闭锁动作。单箱吊具两端的端梁内各有一套由液压缸推动的曲柄连杆机构，每套机构驱动两个转销动作，它们安装在箱形端部横梁内，不会受到外力破坏，具有很高的可靠性。

开（闭）锁限位开关也安装在端部横梁内，通过检测连杆上感应块的两个位置来检测开（闭）锁状态。箱形端梁的内侧设有安装检修孔，并用耐油橡胶板遮盖，用于防水、防尘。另外，装在转销机构液压回路中的减压阀可减小工作压力，从而减小液压缸的推力。在正常工况下，单箱吊具下的集装箱产生的摩擦阻力大于液压缸的驱动力，从而保证空中吊箱时不会出现开锁现象。

3. 伸缩驱动机构

伸缩驱动机构如图 2–10–5 所示，其伸缩动作通过液压马达和减速器驱动链轮链条传动实现。当伸缩梁在伸缩运动过程中遇到限位开关时，会发出信号并切断伸缩电磁阀电源，使液压马达停止转动。单箱吊具定位于设定的 20 ft[①]、40 ft 或 45 ft 位置，并在司机室的显示屏上显示吊具的伸缩长度。伸缩链条的两边各有一套张紧和缓冲装置，该装置中有专用碟形弹簧，用于吸收一部分来自伸缩方向的冲击能量。

图 2–10–5　伸缩驱动机构

在液压系统中除了有过压卸荷保护外，还采用摩擦式驱动链轮来保护单箱吊具的伸缩机构。当单箱吊具所受的外力大于摩擦链轮的设计力矩时，该链轮产生滑转，吸收冲击能量，达到保护机械和液压部件的目的。

在伸缩梁和主梁的滑动表面之间装有特制的减摩垫块，以减小伸缩梁动作时产生的摩擦阻力。用于制作垫块的减摩材料具有较高的强度，能够承受伸缩梁传递到主梁的挤压和冲击载荷。

4. 导板机构

导板机构是单箱吊具作业的辅助工具，能帮助司机快速将转销插入集装箱的角配件孔中，以提高装卸效率。导板分活动导板和固定导板两大类。活动导板主要用于与岸边集装箱起重机相匹配的吊具上，如图 2–10–6 所示。固定导板多用于与堆场轮胎

① 1 ft=0.304 8 m。

式龙门起重机相匹配的吊具上。活动导板有两种驱动形式，一种是用往复式液压缸推动扇形齿轮实现导板的摆动，另一种是用摆动式液压缸实现导板的摆动。导板的摆动幅度为 180°。下压时，其扭矩不小于 1 200 N·m，抬起后，其外形尺寸不得超出转销箱的边界。由于每组导板具有独立的驱动装置，因此，它们可按司机的操纵指令，或同时动作，或成对动作，或单独动作。

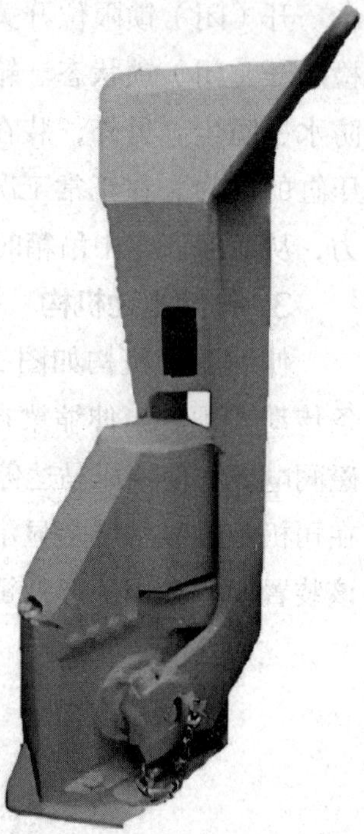

图 2-10-6　活动导板

5. 伸缩定位装置

当单箱吊具受到较大外力冲击时，其伸缩位置会发生微小移动，从而影响正常装卸作业，因此，岸边集装箱起重机在单箱吊具底梁主结构上安装了一套伸缩定位装置，如图 2-10-7 所示。伸缩定位装置由液压缸、定位销轴、限位开关等组成。其工作原理如下：当单箱吊具伸缩至 20 ft、40 ft、45 ft 位置时，定位液压缸推动活塞杆插入焊于伸缩推杆相应位置的定位孔中，并由限位开关提供其动作的信号。伸缩动作开始前，首先将定位销退出并触动限位开关，发出定位销退出到位的信号，然后才开始伸缩动作；伸缩到位后，伸缩位置限位开关发出伸缩到位信号，延时若干秒，定位销插入推杆定位孔中，锁定单箱吊具伸缩梁，从而确保 4 个转销吊点均处于正确位置。

图 2-10-7　伸缩定位装置

6. 安全联锁装置

为加强单箱吊具的安全性，避免单箱吊具损坏和摔箱事故，在单箱吊具不同位置装有不同的检测限位开关，其作用如下。

（1）着箱检测：检测单箱吊具的每个转销是否进入集装箱锁孔，并与转销动作联锁。仅当 4 个转销全部正确地插入箱孔时，才能进行转销的开锁或闭锁动作；当单箱吊具将集装箱吊离地面时，转销不能有任何动作。

（2）开 / 闭锁检测：检测单箱吊具的转销是否到达全开锁或全闭锁位置，并与起升机构联锁。仅当 4 个转销全部处于全开锁或全闭锁位置时，起升机构才允许动作。

（3）伸缩位置检测：检测伸缩梁是否在要求的 20 ft、40 ft、45 ft 位置，并与转销动作联锁。起吊集装箱时，伸缩梁不允许有伸缩动作。

（4）伸缩定位销状态检测：检测定位销是否插入定位孔中，并可与伸缩动作联锁。

以上限位开关与起重机的操作系统构成一套完备的安全联锁保护机构。

三、旋转吊具

可实现平面旋转运动的吊具称为旋转吊具（见图 2-10-8）。旋转吊具的下部为 1 个单箱吊具，在其上部配置了 1 个调心小车和旋转装置。

图 2-10-8　旋转吊具

旋转装置由旋转支承装置和驱动机构组成。在旋转装置上装有均力平衡梁，以保证起重机的 4 根钢丝绳均衡受力。旋转吊具的旋转部分与非旋转部分通过旋转支承相连。电动机或液压马达驱动减速器和主动小齿轮，带动吊具做旋转运动。采用起重机上的可编程控制器（PLC）控制吊具的旋转角度（如采用编码器测速及变频调速等技术），能够使吊具的旋转角度严格跟随起重机的旋转角度，保证集装箱始终做平行移动，从而提高吊具的装卸效率。限位开关可发出左右零位、左右终点位置信号，用来提示司机吊具的旋转方向和位置。旋转部分的电缆和液压软管通过输缆拖链与吊具相连。

当旋转吊具由于旋转运动而发生重心偏移时，调心小车的调平系统能够自动或按司机的操纵指令进行行程为 ±800 mm 的调心运动，以保持旋转吊具的水平状态。这个运动由液压缸驱动调心小车的移动来实现。调心小车上的 4 个车轮（也可用 4 块抗磨板）拉住吊具底梁结构，承受来自吊具的拉力。

四、固定双箱吊具

固定双箱吊具是指单次可起吊两个 20 ft 集装箱、中间吊点位置不可移动的伸缩式吊具（见图 2–10–9）。该吊具在单箱吊具的基础上，在主框架的中部增加 4 套独立的转销机构及相应的结构件，从而在保留单箱吊具原有全部功能的基础上，增加了同时装卸两个 20 ft 集装箱的功能。

图 2–10–9　固定双箱吊具

中部转销装置又称双箱吊点装置，由 4 个转销箱、4 套独立的转销机构和 2 套垂直提升装置组成，如图 2–10–10 所示。每套提升装置装有 6 块减摩块，起导向和减摩作用。由于中间 4 个转销箱分别由液压缸驱动并做垂直升降运动，因此，中间 4 个转销吊点能始终保持准确的位置。在中间转销箱的销轴连接处，有 60 mm 的垂直浮动间隙，因此能将两个吊点高度落差多达 60 mm 的 20 ft 集装箱同时起吊。中间转销箱的支点处采用关节轴承，提供了自由浮动的条件，能有效保证中间 4 个转销准确地插入集装箱的角配件孔中。另外，中间转销箱的垂直提升高度可达 420 mm，当提升至最高处时，可以使中部转销装置处于底梁主结构的上部，保证吊具在吊单个集装箱时避免与中间转销装置发生干涉，从而更好地保护中部转销装置和集装箱。

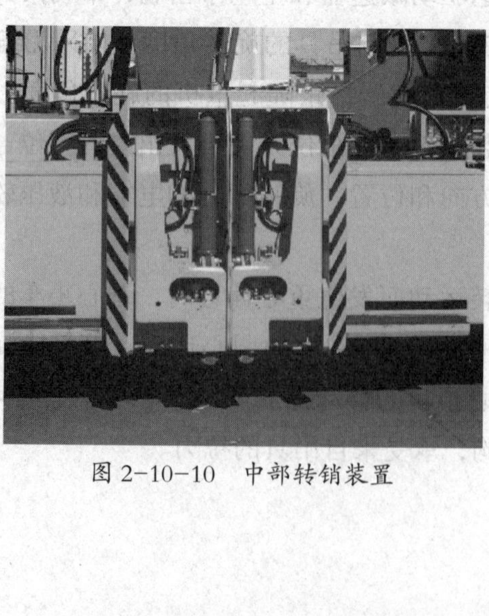

图 2–10–10　中部转销装置

为了正确区分吊具下是 2 个 20 ft 集装箱还是 1 个 40 ft 集装箱，固定双箱吊具上装有 1 套由红外线光电感应开关组成的双箱检测装置，如图 2-10-11 所示。该装置除了能发出信号使司机能正确判断即将起吊的集装箱是双箱还是单箱外，还与起重机的控制系统共同组成 1 套电气安全联锁保护程序。当吊具下是 40 ft 单箱且吊具中间的 4 个转销箱全部处于下降位置时，吊具下降到安全高度时会自动停止动作，以防损坏集装箱和转销；当吊具下是两个 20 ft 集装箱且吊具中间的 4 个转销箱未下降到位时，除了停机外，还发出信号警示司机发生了误动作，从而能有效避免事故的发生。装卸双箱时，中间 4 个转销与两端 4 个转销动作是联锁的，即只有当 8 个转销全部插入集装箱的角配件孔后，8 个顶销限位开关发出信号，才允许做开锁、闭锁动作。

图 2-10-11　双箱检测装置

五、移动双箱吊具

移动双箱吊具的结构与固定双箱吊具基本相同，只是在其基础上增加了一套中部转销装置的平移机构，如图 2-10-12 所示。它既能装卸单个集装箱，又能装卸两个间距在一定范围内变动的 20 ft 集装箱。

图 2-10-12　移动双箱吊具

移动双箱吊具的一对伸缩梁嵌套在中部底梁内，并可在特制的抗磨块上自由滑动。为了减小带载伸缩摩擦力，在伸缩梁的末端上部装有支承滚轮，在吊具的主梁滑道上装有 4 个中间移动架，每个中间移动架内装有一套可上下运动的中间转销箱，每个中间转销箱均与 1 个升降液压缸相连。一对强力液压缸分别与左、右两个下推杆相连，而这两个下推杆又通过连接板分别与左、右两对中间转销箱相连。在液压缸的驱动下，中间转销箱既可做向外和向内的相对运动（这样，吊具就能在设计范围内装卸任意位置的两个 20 ft 集装箱），同时，又实现了带载的平移运动。

另外，在正常的伸缩系统中均装有定位编码器装置，因此，在 40～45 ft 范围内任意位置，双箱控制器具有控制和位置记忆功能。

六、电动吊具

吊具作为集装箱起重机的关键部件，其可靠性将直接影响起重机的使用。在集装箱起重机全部故障中，吊具的故障占了很大比例。为了减少吊具在恶劣工况下的故障，提高起重机的整体可靠性，近年来，出现了性能良好、可靠性高、能适应频繁作业的电动吊具。

电动吊具和传统液压型吊具在结构上基本一致，不同之处在于，电动吊具的所有动作均由电力驱动。电动吊具和传统液压型吊具相比，具有以下几个优点。

1. 降低了维修和保养的成本。因为没有液压油和过滤器，所以电动吊具不必像传统液压型吊具那样经常检查和保养，保养的时间间隔变长。最重要的是电动吊具的维修和保养大大简化，从而降低了使用成本。

2. 电动吊具有更高的工作可靠性。简单的维修和保养使电动吊具的工作更为可靠。

3. 电动吊具的能耗是传统液压型吊具的 1/10。在传统液压型吊具上，由于液压动力站一直处于工作状态，因此相当耗电。而在电动吊具上，电动机只在需要工作时才通电，平常是不耗电的，低能耗降低了电动吊具的使用成本。

4. 电动吊具结构紧凑、质量小。电动吊具的质量比传统液压型吊具小得多，这样，在吊具起重量不变的情况下，可以降低对起重机起重量的要求。

5. 电动吊具对其使用环境要求低，而且绿色环保。电动吊具因为没有液压系统，所以不存在液压油的泄漏问题，也无须进行加热，因此，对使用环境的要求不像传统液压型吊具那样高。

第三章 电动装卸机械主要工作机构

电动装卸机械虽然五花八门，但是作为码头装卸机械且多数用于起重运输作业，决定了其基本动作主要包括升降、移动、变幅、伸缩等，因此，电动装卸机械的主要工作机构包括起升机构、运行机构（包括大车机构、小车机构）、俯仰机构、伸缩机构、变幅机构、旋转机构、摆动机构等。本章将介绍几种电动装卸机械的常用机构。

第一节 起升机构

起升机构用来使货物提升或下降，是起重类电动装卸机械最重要和最基本的机构。起升机构工作的好坏将直接影响整台起重机的工作性能。

一、起升机构的任务

起升机构通常有以下几个方面的任务。

1. 从地面起升重物及把重物从空中放回地面，与其他机构配合实现货物的位移。
2. 能够以不同的速度起升和下降重物。
3. 能够在起升运动状态和下降运动状态下制动，使货物停留在空中任意位置。
4. 在电动机突然断电的情况下，能够使重物悬吊在空中。

5. 当电动机通电后，能够使悬空状态下的重物继续起升或下降，整个机构恢复正常工作状态。

二、起升机构的工作原理

起升机构的工作原理是电动机通过联轴器与减速器的高速轴相连，使减速器的低速轴带动卷筒，将钢丝绳卷入或放出，再经过滑轮组系统，使吊钩实现上升或下降。起升机构停止工作时，制动器使吊钩连同货物悬吊在空中。吊钩的上升、下降靠电动机改变转向来实现。

三、起升机构的布置

起升机构一般由驱动装置、钢丝绳卷绕系统、取物装置和安全保护装置等组成。

起升机构的总体布置受其工作特点、使用环境和使用要求制约。比如，在港口装卸生产中，杂货码头要求必须有吊钩、抓斗两用起升机构，散货码头要求有抓斗起升机构。此外，起升机构的总体布置在很大程度上取决于驱动装置的形式。

下面将介绍一些常见的起重机起升机构的布置方式。

1. 岸桥起升机构

（1）驱动装置

全绳索牵引式小车和半绳索牵引式小车的岸桥，其起升机构的驱动装置安装在机房内，主要由电动机、减速器、卷筒和制动器等组成，通常由左右对称布置的两组驱动装置实现吊具的升降，如图 3-1-1 所示。为了保持两组驱动装置同步运行，必须在高速轴（电动机轴）和低速轴（卷筒轴）之间装设机械同步装置；如果采用电驱动技术能确保同步，则可以不装设机械同步装置。

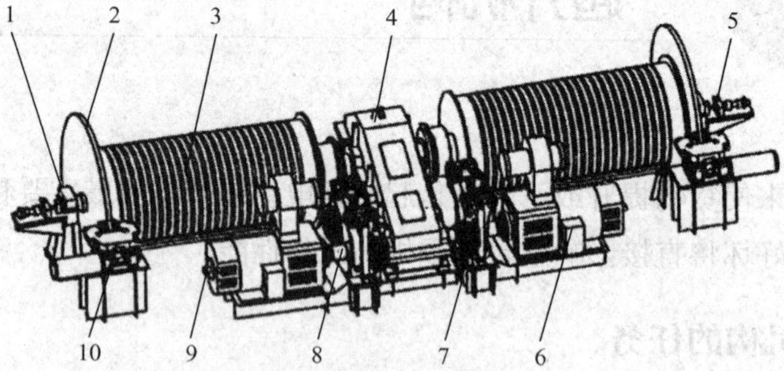

图 3-1-1　岸桥起升机构驱动装置的布置方式

1—卷筒支座；2—低速制动盘；3—卷筒；4—减速器；5—凸轮限位开关 / 超速开关；6—电动机；7—高速级制动器；8—制动盘联轴器；9—测速开关；10—低速级制动器

（2）钢丝绳卷绕系统

起升钢丝绳的卷绕分为自行小车式卷绕和牵引小车式卷绕，受小车自重的限制，自行小车式卷绕已经完全被淘汰，这里只介绍牵引小车式起升钢丝绳卷绕系统的布置方式。

牵引小车式岸桥起升钢丝绳卷绕系统一般由尾部滑轮组、小车滑轮组、头部滑轮组、吊具上架滑轮组及钢丝绳挡块、抗磨块、托辊、调整接头等组成，如图 3–1–2 所示。

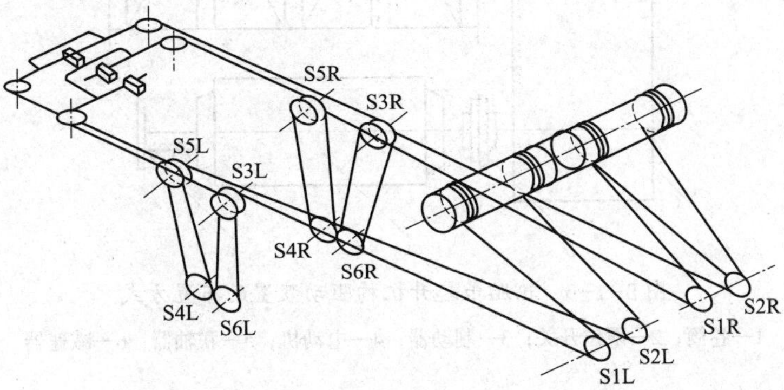

图 3–1–2 牵引小车式岸桥起升钢丝绳卷绕系统

设在机房起升卷筒上的四根钢丝绳，穿过机房后壁的出绳罩，直达后大梁尾部的改向滑轮（S1R、S1L、S2R、S2L），然后绕入运行小车车架一侧的起升滑轮组（S3R、S3L、S5R、S5L）和吊具上架滑轮组（S4R、S4L、S6R、S6L），最后抵达前大梁端部倾转装置滑轮组后固接在螺杆上。调整好吊具的水平位置后，将钢丝绳夹紧，固定在前大梁端部倾转装置螺杆头部。

（3）安全限位开关和超负荷限制器

凸轮式行程限位开关、脉冲编码器以及离心式超速开关，一般直接连接到卷筒输出轴上，或者安装在减速器低速轴端，提供起升卷筒速度控制和停止信号，以及行程的上限、下限和超速保护，并连续输出起升高度位置信号。近年来，部分岸桥电动机尾端轴上装有脉冲编码器，这样使机构更为紧凑，反应更加灵敏。

在起升钢丝绳卷绕系统中，还设置超负荷限制器。超负荷限制器通常采用压力传感器，并且在大多数情况下，设置在前大梁头部或尾部倾转装置的钢丝绳接头或导向滑轮上，也有放置在小车架起升滑轮轴或支承座上的。为防止货物落地后起升绳过度松弛，还必须设有起升松绳限位装置。

2. 轮胎吊起升机构

轮胎吊起升机构的驱动装置设在小车后部。该装置由交流电动机、高速轴齿形联轴器、圆柱齿轮减速器、低速轴渐开线齿形花键、卷筒、制动器、超速保护器、限位保护器等组成。其电动机与起升卷筒呈平行布置，如图 3–1–3 所示。电动机 4 通过减速器 6 驱动起升卷筒 1。当电动机驱动卷筒逆时针方向回转时，起升机构卷绕钢丝绳将吊具上架升起；而当电动机驱动卷筒顺时针方向回转时，吊具上架下降。在卷筒一端装有限位开关 2，以控制其起升最高位置和下降最低位置。

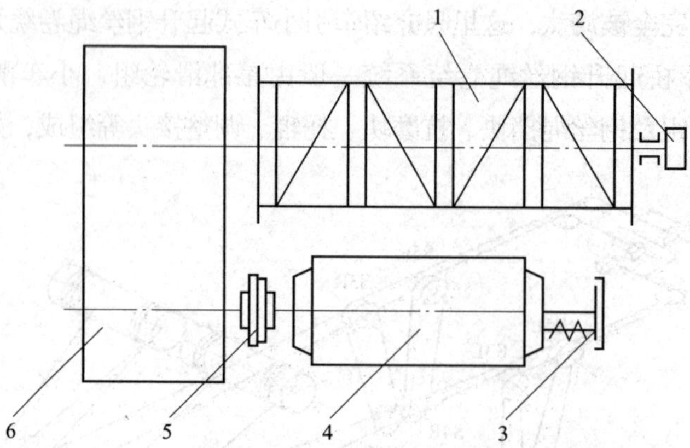

图 3-1-3 轮胎吊起升机构驱动装置的布置方式

1—卷筒；2—限位开关；3—制动器；4—电动机；5—联轴器；6—减速器

轮胎吊起升钢丝绳卷绕系统如图 3-1-4 所示。起升钢丝绳共有四根，四根钢丝绳的四个端头分别通过各自的三个压板固定在卷筒上。两根钢丝绳从卷筒出来直接向下通过吊具上架上的相应滑轮，返回运行小车后部工字梁下端。另两根钢丝绳从卷筒出来经小车上部的滑轮组后，向下通过吊具上架的相应滑轮，返回运行小车前部工字梁下端。

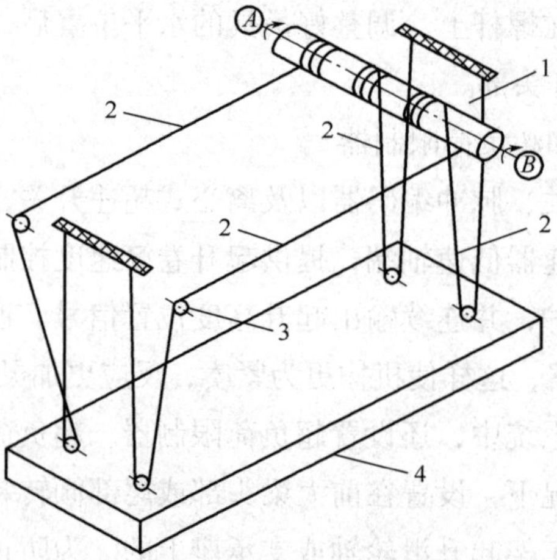

图 3-1-4 轮胎吊起升钢丝绳卷绕系统

1—卷筒；2—钢丝绳；3—小车上部滑轮；4—吊具上架

3. 桥式抓斗卸船机“三合一”机构

起升、开闭及小车牵引机构是桥式抓斗卸船机的核心工作机构，分别负责抓斗的起升、开闭及小车的横向位移，这套机构设置在机械电器房内，共同完成差动系统“三合一”的全部工作。

本机构由五台交流电动机驱动，由高速轴齿形联轴器、圆盘制动器、行星差动减速机、卷筒轴联轴器、单层卷筒、滚动轴承座及底架等主要部件组成，如图 3-1-5 所

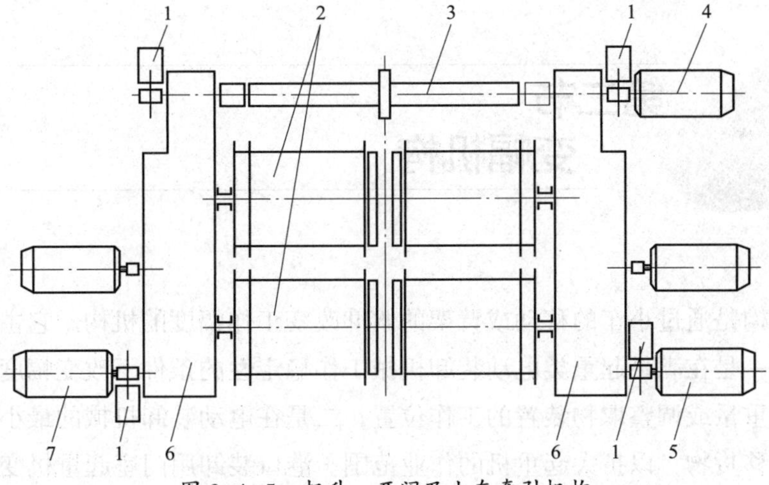

图 3-1-5　起升、开闭及小车牵引机构

1—制动器；2—卷筒；3—小车驱动浮动轴承；4—小车运行驱动电动机；
5—抓斗开闭驱动电动机；6—行星差动减速机；7—抓斗提升驱动电动机

示。四根钢丝绳的端头由压板分别固定在卷筒上。其中，两根钢丝绳向海侧伸出，两根钢丝绳向陆侧伸出，它们的另外两端分别经海、陆侧端梁上的改向滑轮组，再经主小车的起升、开闭滑轮组，绕向抓斗头部，与抓斗的起升绳绳套和开闭绳梨形可快卸接头相连。本机构经过电动机驱动行星差动减速机带动四只独立的卷筒，输入两组对应的不同旋向的组合运动，使抓斗起升、开闭及小车既可以独立运动，又可以复合运动，实现了“三合一”组合运动。此机构还装有主令控制器，脉冲编码器，测速、超速开关等装置，可以对抓斗、小车的位置进行检测和控制。

4. 门座起重机吊钩、抓斗两用起升机构

这种起升机构既适用于吊钩又适用于抓斗。最常用的是独立驱动的双电动机起升机构，由两套完全相同的普通起升机构组成。使用吊钩时，两套独立的起升机构同时升降，并带动吊钩。使用抓斗时，其中一套起升机构作为起升绞车带动起升卷筒；另一套作为闭合绞车带动闭合卷筒。图 3-1-6 所示为吊钩、抓斗两用的 M40-40 型门座起重机起升机构布置简图。

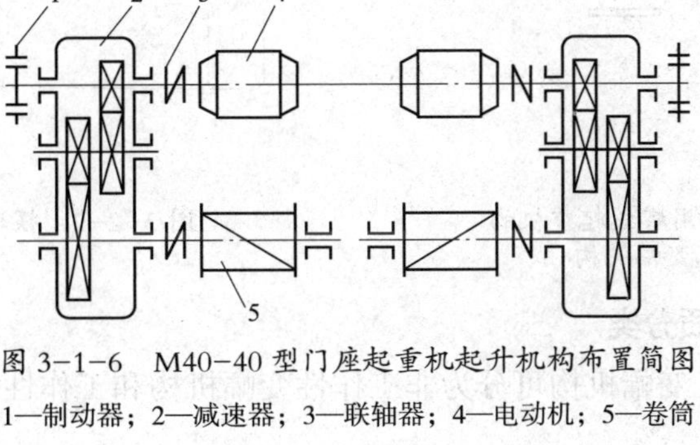

图 3-1-6　M40-40 型门座起重机起升机构布置简图

1—制动器；2—减速器；3—联轴器；4—电动机；5—卷筒

第二节 变幅机构

变幅机构是通过小车的移动或臂架的俯仰改变工作幅度的机构。它主要有两个方面的作用：一是在满足起重类电动装卸机械工作稳定性的条件下改变幅度，以调整起重机有效起重量或调整取物装置的工作位置；二是在电动装卸机械的最小幅度与最大幅度之间运移货物，以扩大起重机的作业范围。港口装卸用门座起重机变幅机构的作用主要是后者，它与其他机构联合作业，实现货物的运移。

一、变幅机构的分类

1. 按照变幅方法分类

按照变幅方法，变幅机构可分为运行小车式和摆动臂架式两种基本形式。运行小车式变幅机构依靠起重小车沿水平臂轨道运行实现变幅。建筑用塔式起重机的运行小车式变幅机构如图 3-2-1 所示。

摆动臂架式变幅机构依靠臂架在垂直平面绕其铰轴的摆动实现变幅，是港口起重机中最常见的变幅方式，如图 3-2-2 所示。摆动臂架式变幅机构主要由摆动臂架、驱动装置、传动装置、制动装置组成，另外，还有操纵设备、安全保护装置等。

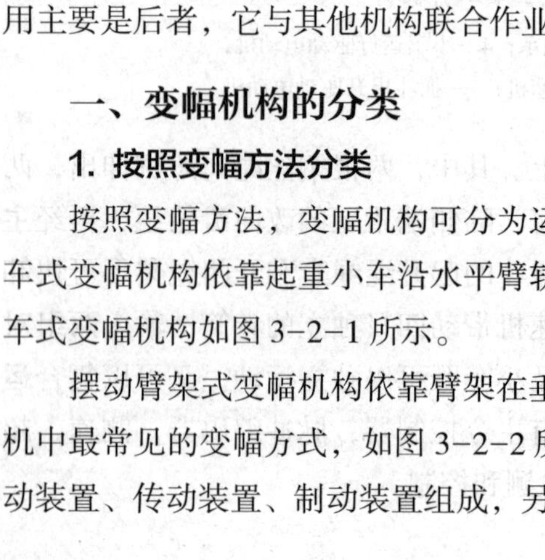

图 3-2-1　建筑用塔式起重机的运行小车式变幅机构

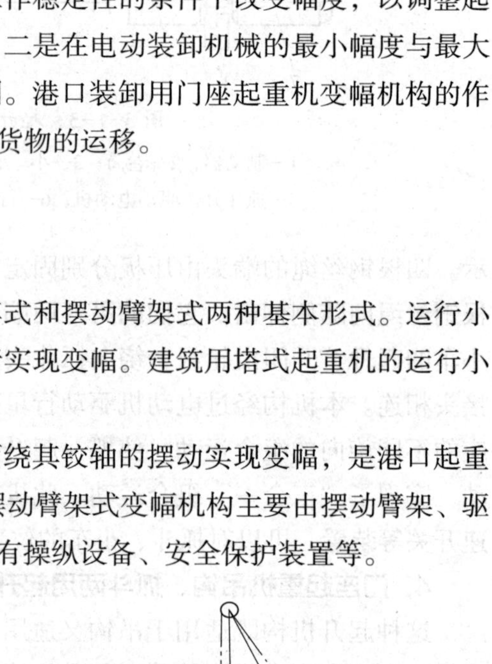

图 3-2-2　摆动臂架式变幅机构

2. 按照工作性质分类

按照工作性质，变幅机构可分为非工作性变幅机构和工作性变幅机构。非工作性变幅机构只用来调整幅度，在装卸作业中幅度不变。其主要特征是工作次数少，幅度调整后作业时不变，且变幅速度对装卸生产效率的影响小。由于非工作性变幅机构均为不带载变幅，因此，一般都采用较低的变幅速度。

非工作性变幅机构的摆动臂架通常为铰接在电动装卸机械旋转平台上的直臂架，臂架结构简单，因此又称简单摆动臂架式变幅机构。直臂架通过变幅卷筒及变幅滑轮组的牵引，绕其铰轴在铅垂面内摆动，改变倾角，从而实现变幅。由于简单摆动臂架式变幅机构结构简单、质量小，臂架可以放到最低位置，使得起重机在运行时，外形高度较低，通过性能好，因此广泛用于流动式起重机，如轮胎起重机、汽车起重机等。

图 3-2-3 所示为简单摆动臂架式变幅机构臂架处于不同幅度时的工作状况。由该图可见，在变幅过程中，取物装置除在幅度方向发生水平位移外，还发生竖向位移（图中为距离 H），同时，臂架重心位置也发生竖向位移（图中为距离 h）。

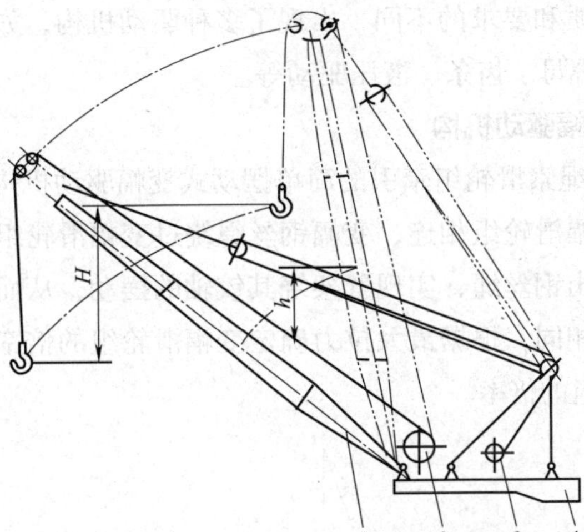

图 3-2-3　简单摆动臂架式变幅机构臂架处于不同幅度时的工作状况

1—回转平台；2—变幅卷筒；3—起升卷筒；4—臂架

工作性变幅机构在装卸作业时，通过改变幅度来运移货物，以扩大电动装卸机械的服务面积和提高工作机动性。对于电动装卸机械，为提高装卸效率，要求变幅机构能够实现工作性变幅。其特征如下：变幅在带载条件下进行且变幅频繁，变幅过程成为起重机每个工作循环的主要工序之一；变幅速度对装卸生产效率有直接影响，因此在这类变幅机构中，一般都采用较高的变幅速度，以提高装卸生产效率。此时，如果采用简单摆动臂架式变幅机构，则在变幅过程中，取物装置、所吊货载和臂架重心将均有升降现象，这不仅大大增加了变幅驱动功率，而且在变幅的同时，载重自动升降现象还会给装卸作业的安全性带来不利的影响，因此简单摆动臂架一般不能作为电动装卸机械工作性变幅机构。

二、对工作性变幅机构的要求

为了适应工作性变幅的需要，变幅机构应满足下面两个要求。

1. 载重水平位移，是指使载重在变幅过程中沿水平线或接近于水平线的轨迹移动。

2. 臂架自重平衡，是指使臂架系统的总重心高度在变幅过程中保持不变或变化很小。

对于具有载重升降补偿和臂架自重平衡系统的摆动臂架式变幅机构，虽然比简单摆动臂架式变幅机构复杂，但能满足工作性变幅的要求，其所具备的优点足以弥补构造复杂、自重较大等缺点，因此广泛应用于电动装卸机械，如门座起重机、浮式起重机等。

三、变幅机构的传动方案

为使臂架绕其铰轴摆动来改变起吊货物的位置，就必须有一套专门的驱动机构。根据变幅机构工作性质和要求的不同，出现了多种驱动机构，如绳索滑轮组、曲柄连杆、扇形齿轮、螺杆螺母、齿条、液压驱动等。

1. 绳索滑轮组变幅驱动机构

图 3-2-4 所示为绳索滑轮组牵引的简单摆动式变幅驱动机构，其原理如下：臂架顶端的变幅拉索与变幅滑轮组相连，变幅钢丝绳绕过变幅滑轮组后引入变幅卷筒，依靠变幅卷筒收进或放出钢丝绳，实现臂架绕其铰轴的摆动，从而达到变幅的目的。变幅绳的规格与起升绳相同，根据最大拉力确定变幅滑轮组的倍率。通常，变幅滑轮组的倍率大于起升滑轮组的倍率。

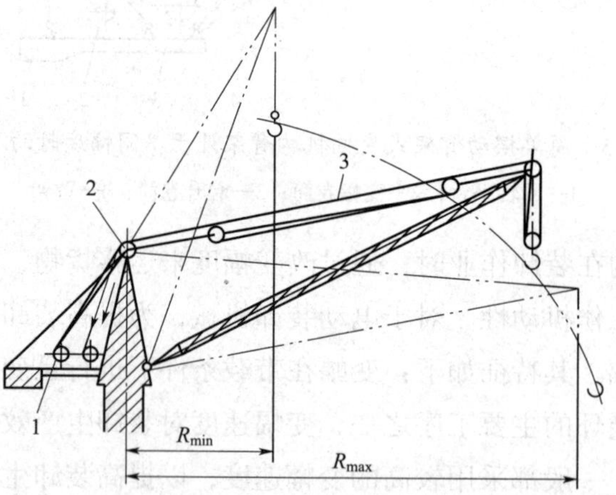

图 3-2-4　绳索滑轮组牵引的简单摆动式变幅驱动机构

1—变幅卷筒；2—变幅滑轮组；3—变幅拉索

这种传动方式的主要优点是构造简单、自重小、布置方便、臂架受力好；主要缺点是效率低，工作时绳索易磨损。由于钢丝绳为挠性件，只能单向受力，即只能承受拉力，不能承受压力，因此在小幅度时，臂架有后倾的可能。例如，受到向后的风力或货物突然落下时，臂架会向后弹回。因此，这种传动形式只能适用于非工作性变幅机构，即简单摆动臂架式变幅机构。

2. 曲柄连杆变幅驱动机构

图 3-2-5 所示为曲柄连杆变幅驱动机构。该机构通过曲柄连杆驱动配重杠杆，然后通过拉杆使臂架摆动。

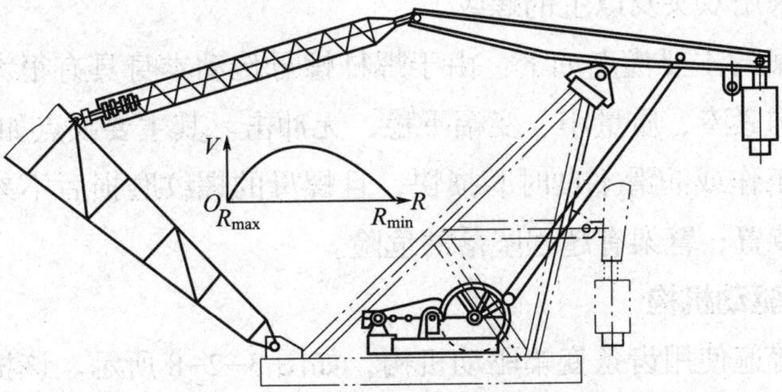

图 3-2-5　曲柄连杆变幅驱动机构

这种传动方案的优点如下：能自动限制变幅极限位置，保证臂架不会超程坠落，增加了工作的可靠性；驱动装置可以直接安置在机房内，使安装、维修工作较为方便。其主要缺点如下：变幅速度很不均匀，电动机与曲柄间所需传动比大，因而使驱动装置的尺寸和自重显著增大。虽然它有自动限幅的性能，但一般仍需装设行程开关，以免曲柄越过死点后，使变幅运动方向与控制器方向不符，造成操作失误。

3. 扇形齿轮变幅驱动机构

图 3-2-6 所示为扇形齿轮变幅驱动机构。该机构通过扇形齿轮直接驱动配重杠杆，然后通过拉杆使臂架摆动。虽然这种方案的传动比比曲柄连杆变幅驱动机构略小，但是仍然很大，减速机构比较笨重，现已较少采用。在过去生产的 5 t 门座起重机上采用此种传动形式。

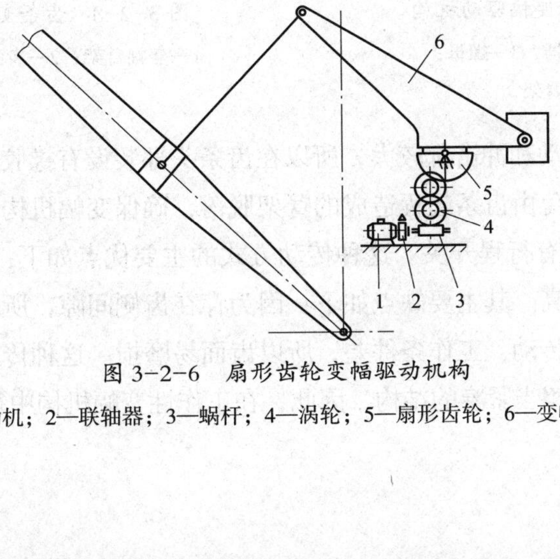

图 3-2-6　扇形齿轮变幅驱动机构

1—电动机；2—联轴器；3—蜗杆；4—涡轮；5—扇形齿轮；6—变幅钢结构

4. 螺杆螺母变幅驱动机构

图 3–2–7 所示为螺杆螺母变幅驱动机构。该机构依靠不转的螺杆在转动的螺母中移动，从而达到改变臂架倾角的目的。采用这种传动方式，一般可以得到较紧凑的结构，而且螺纹的润滑也较为方便。

螺杆螺母变幅驱动机构的螺纹可以是单头、双头、三头或四头。采用单头螺纹可以使结构紧凑、质量更小，但传动效率低，因此仅用于非工作性变幅机构。在工作性变幅机构中，多采用双头及以上的螺纹。

这种传动方案的主要优点如下：由于螺杆螺母传动本身具有很大的传动比，因此整个传动装置结构紧凑、质量小、变幅平稳、无冲击。其主要缺点如下：传动效率低，在非密封条件下工作或润滑不良时磨损快，且螺母的螺纹磨损后不易检查；如果没有可靠的安全保护装置，臂架有超程坠落的危险。

5. 齿条变幅驱动机构

门座起重机普遍使用齿条变幅驱动机构，如图 3–2–8 所示。该机构的臂架直接由齿条推动，装设在机房顶上的电动机通过一个封闭式的三级圆柱齿轮减速器减速后，带动一个小齿轮驱使齿条做直线运动，从而推动臂架绕其轴线摆动。对于较大型的电动装卸机械，齿条常制成针齿的形状，以便制造和维修。

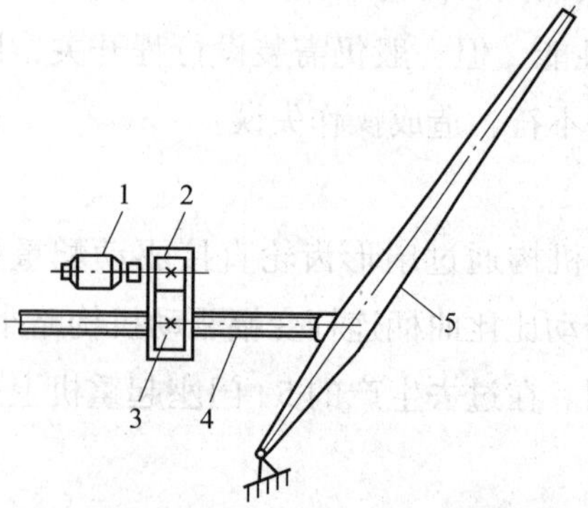

图 3–2–7　螺杆螺母变幅驱动机构

1—电动机；2—减速器；3—螺母；4—螺杆；5—臂架

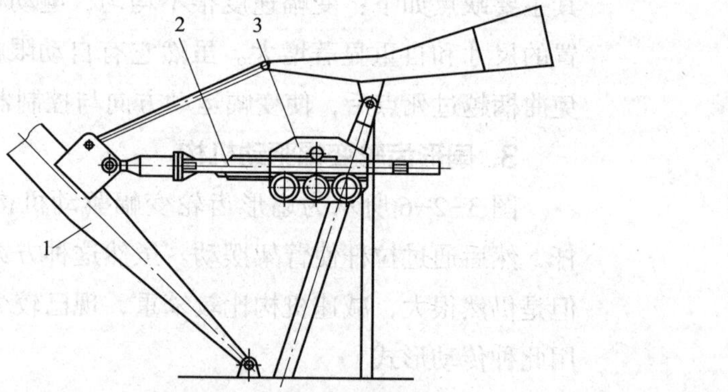

图 3–2–8　齿条变幅驱动机构

1—变幅臂架；2—齿条；3—减速器

因为在变幅时振动和冲击都较大，所以在齿条头部装设有橡胶缓冲装置或液压缓冲装置。另外，为了避免由齿条超程造成的臂架脱落，确保变幅机构安全工作，齿条在变幅有效区段两端都设有行程开关。这种传动方式的主要优点如下：结构紧凑、质量小、可以双向受力、效率高。其主要缺点如下：因为存在齿侧间隙，所以启动、制动时有冲击；齿条传动是开式传动，工作条件差，所以齿面易磨损。这种传动方式由于可以在效率较高的前提下获得相当紧凑的结构，因此，在工作性变幅机构中得到广泛应用。

6. 液压驱动变幅机构

图 3-2-9 所示为液压驱动变幅机构。该机构通过液压油推动液压缸活塞，当活塞杆上下运动时，推动配重平衡杠杆绕轴摆动，从而通过连杆带动主臂架摆动，达到变幅的目的。

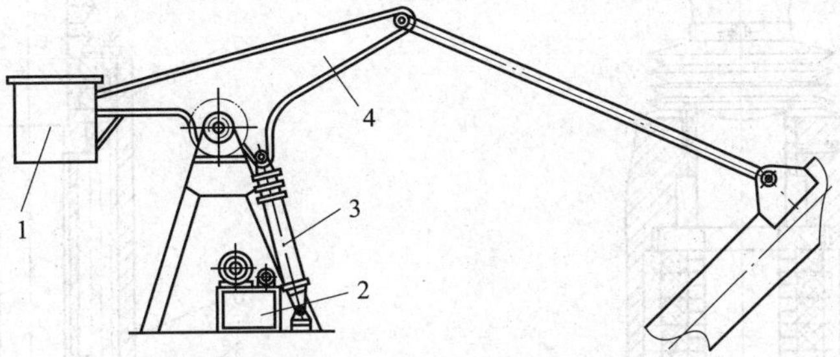

图 3-2-9　液压驱动变幅机构

1—配重；2—液压站；3—液压缸；4—变幅臂架

为使变幅工作安全，在臂架支座旁装有两个变幅行程限位器，保证臂架在规定幅度范围内摆动。液压驱动变幅机构的主要优点是结构最紧凑、自重最小、布置方便、运动平稳。其缺点是制造精度与密封要求高。目前，该机构主要用于煤炭作业堆料机、取料机及结构要求紧凑的电动装卸机械，如汽车起重机和轮胎起重机等。在港口用的 M10-25 型门座起重机上也采用了这种变幅驱动机构。

四、变幅缓冲装置

在臂架类起重机中，由于臂架系统自重和起吊货物的质量，变幅机构在启动、制动时会产生很大的冲击，为了减缓冲击和振动，必须在变幅机构中安装缓冲装置。常用的缓冲装置有橡胶缓冲器、弹簧缓冲器、气囊式缓冲器、液压弹簧缓冲器。

如图 3-2-10 所示，橡胶缓冲器内部有一组特制的橡胶垫，每两块橡胶垫之间由一块金属垫片相隔，其目的是延长橡胶垫的使用寿命。虽然这种缓冲器缓冲效果好，但其对橡胶质量要求高、结构复杂、修理麻烦。其工作原理是橡胶垫受压缩变形吸收能量，以减少冲击。

如图 3-2-11 所示，弹簧缓冲器内部弹簧为螺旋式压力弹簧。这种缓冲器构造简单、维护及修理方便、使用寿命长。其工作原理是弹簧受压吸收能量，以减少冲击。

气囊式缓冲器外观是一个封闭容器，里面有一个充填一定压力惰性气体的气囊。其工作原理是依靠压缩气囊中的惰性气体吸收能量，以减少冲击。这种缓冲器构造简单、保养方便，一般应用在液压驱动变幅机构中。

液压弹簧缓冲器由阻尼液压缸和缓冲弹簧制成。阻尼液压缸的阻尼大小可通过调整活塞两侧节流阀的开度改变。它的工作原理是依靠节流阀控制阻尼液压缸的工作油液流量和弹簧压缩变形来吸收能量，以减少冲击。

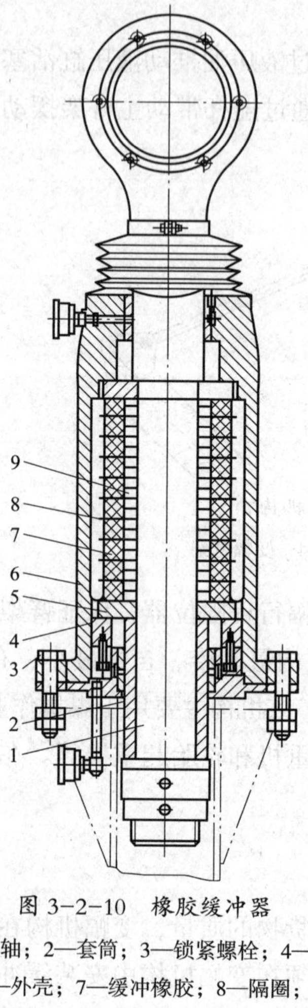

图 3-2-10　橡胶缓冲器

1—缓冲器芯轴；2—套筒；3—锁紧螺栓；4—调节螺母；5—压板；6—外壳；7—缓冲橡胶；8—隔圈；9—支持板

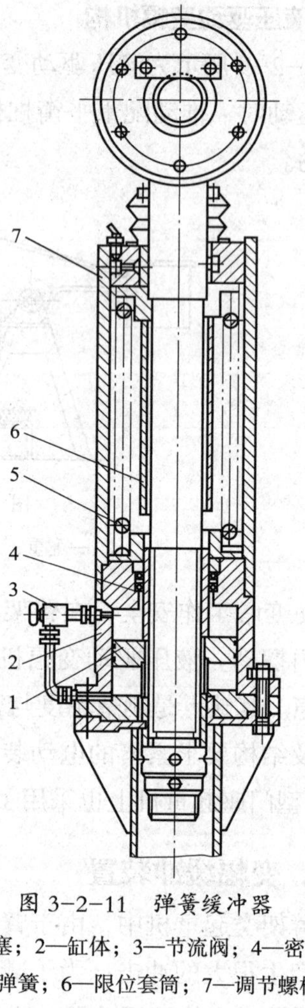

图 3-2-11　弹簧缓冲器

1—活塞；2—缸体；3—节流阀；4—密封圈；5—弹簧；6—限位套筒；7—调节螺栓

第三节 旋转机构

电动装卸机械的旋转机构由旋转支承装置和旋转驱动装置两部分组成。旋转支承装置用来保证起重机的旋转部分和不旋转部分对中，并把旋转部分的力（包括垂直载荷、水平载荷和倾覆力矩）传递给机械设备的不旋转部分。旋转驱动装置是实现起重机旋转部分相对于不旋转部分转动的执行机构。

一、旋转机构的分类

根据旋转机构结构的不同，门座起重机分为转盘式旋转机构门座起重机和转柱式旋转机构门座起重机。

1. 转盘式旋转机构门座起重机

图 3-3-1 所示为转盘式旋转机构门座起重机的结构。它的旋转部分是机房上面的所有部件，不旋转部分为门架，旋转部分依靠支承滚子支承在门架的圆形轨道上。旋转部分相对于不旋转部分的对中、防止倾覆及承受水平载荷是依靠固定在门架圆形轨道中心的中心轴枢实现的。旋转部分相对于不旋转部分的旋转是依靠安装在机房内的旋转驱动机构，驱使与固定在门架上的大齿圈啮合的小齿轮绕大齿圈做行星式转动实现的。

2. 转柱式旋转机构门座起重机

图 3-3-2 所示为转柱式旋转机构门座起重机的结构。它的旋转部分由臂架系统、机房和转柱等组成，与转盘式旋转机构的旋转部分相比多了一个转柱；不旋转部分是由上支承环、下十字横梁和门腿组成的门座结构。转柱上部与上支承环相应的位置设有滚轮，滚轮与装在不旋转部分上支承环内的滚道组成转柱的上支承装置。转柱下部与下十字横梁连接的地方装有向心轴承和推力轴承，组成转柱的下支承装置。旋转部分依靠上、下支承装置支承在门座上。垂直载荷由下支承装置的推力轴承承受，倾覆力矩和水平载荷由上支承装置的水平滚轮和下支承装置的向心轴承承受。旋转部分相对于不旋转部分的旋转，同样是依靠安装在机房内的旋转驱动机构，驱使与固定在门架上的大齿圈啮合的小齿轮绕大齿圈做行星式转动实现的。

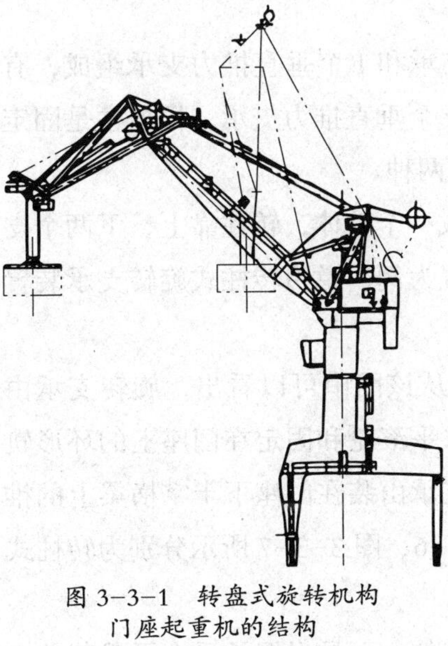

图 3-3-1 转盘式旋转机构门座起重机的结构

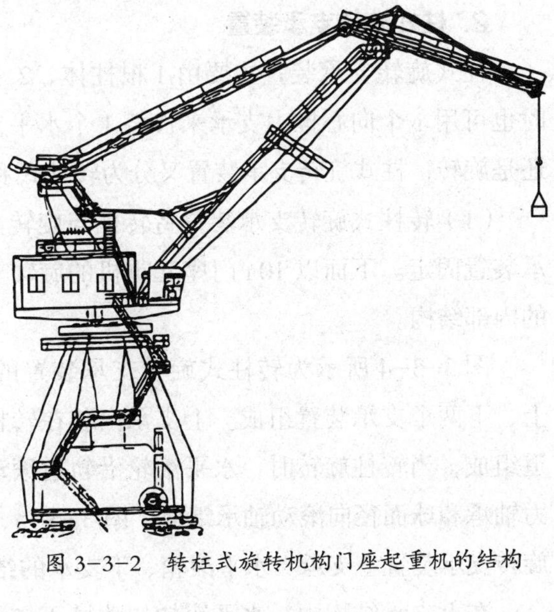

图 3-3-2 转柱式旋转机构门座起重机的结构

二、旋转支承装置的结构形式

对于不同的使用环境、不同的使用要求、不同种类的电动装卸机械，其旋转机构支承装置的结构形式及外形尺寸的差别是很大的。随着生产力的发展，为了适应不同的生产条件，创造了多种旋转支承装置形式，概括起来，可以分为轴承式回转支承装置和柱式旋转支承装置两大类。

1. 轴承式回转支承装置

轴承式回转支承装置（简称回转轴承）是由专业轴承厂制造的带齿圈的滚动轴承。它能同时承受垂直载荷、水平载荷和倾覆力矩，具有结构紧凑、回转精度高、运转平稳、回转阻力小、密封及润滑性能良好、装配和维护简单的特点，是目前使用最广泛的旋转支承装置。回转轴承如图 3-3-3 所示。

图 3-3-3　回转轴承

回转轴承的内圈和外圈各有一个螺栓孔，通过高强度螺栓分别与门座起重机的回转部分和非回转部分连接。其结构类型多样，按滚动体排列方向可分为单排四点接触球式回转轴承、双排球式回转轴承、单排交叉滚柱式回转轴承、双排滚柱式回转轴承和三排滚柱式回转轴承五种形式。回转驱动装置由电动机、联轴器、常开式卧式液压制动器、立式行星减速器、输出轴、开式小齿轮、回转轴承外齿圈（外啮合）组成。回转部分与门架之间安装插销式回转锚定装置，圆筒上设置有防转锚定插孔。

2. 柱式旋转支承装置

柱式旋转支承装置主要由 1 根柱体、2 个水平支承和 1 个垂直推力支承组成，有时也可用 1 个向心推力支承来代替 1 个水平支承和 1 个垂直推力支承。根据柱是固定还是旋转，柱式旋转支承装置又分为转柱式和定柱式两种。

（1）转柱式旋转支承装置将转柱与旋转部分连成一个整体，转柱靠上、下两个支承装置固定。下面以 10 t 门座起重机的旋转支承装置为例，说明转柱式旋转支承装置的内部结构。

图 3-3-4 所示为转柱式旋转支承装置的构造。从该图中可以看出，旋转支承由上、下两个支承装置组成。上支承由装在转柱上的水平滚轮和固定在门座上的环形轨道组成，当转柱旋转时，水平滚轮沿轨道滚动。下支承由装在门座下十字横梁上的推力轴承和球面径向滚动轴承组成。图 3-3-5、图 3-3-6、图 3-3-7 所示分别为转柱式旋转支承装置上支承、水平滚轮、下支承的结构。

在上支承结构中，水平滚轮的数量不是固定不变的，而是根据承受水平载荷的大小决定的，通常取 3～8 个水平滚轮。装有 3 个水平滚轮时，其布置为臂架方向 2 个，后面 1 个；装有 5 个水平滚轮时，其布置为臂架方向 2 个，后面 1 个，左右各 1 个；装有 8 个水平滚轮时，其布置则为转柱的四角上各 2 个，此时，为了保证同一支承点上 2 个水平滚轮受力均衡，2 个水平滚轮应以均衡架相连。在安装或维修时，为了便于调整水平滚轮与滚道之间的间隙，在水平滚轮上装有偏心轴套（见图 3-3-6）。

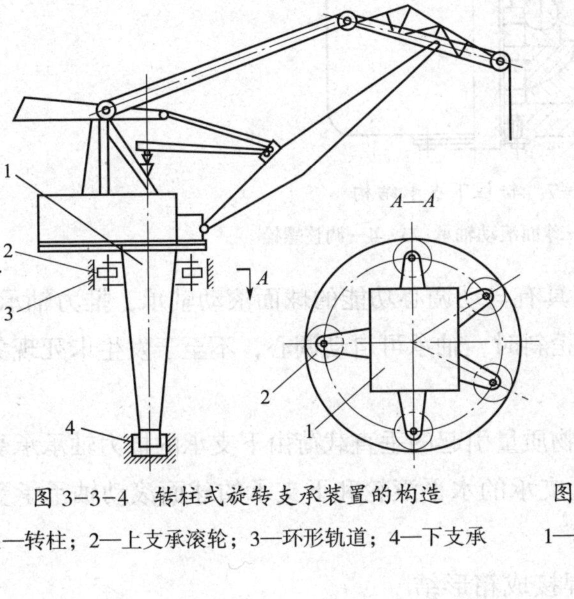

图 3-3-4　转柱式旋转支承装置的构造

1—转柱；2—上支承滚轮；3—环形轨道；4—下支承

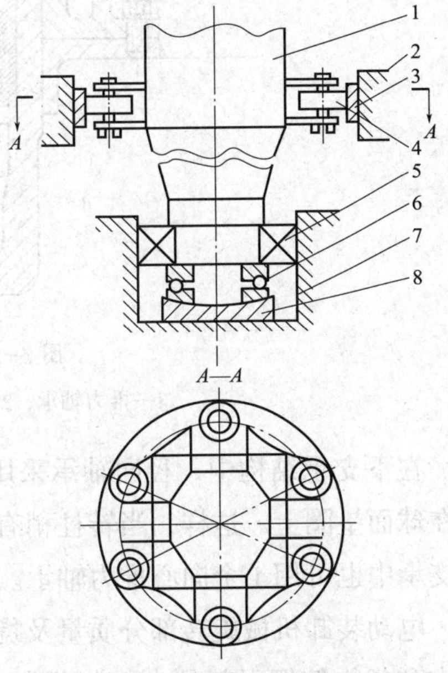

图 3-3-5　转柱式旋转支承装置上支承结构

1—转柱；2—上支承环；3—滚轮轨道；4—水平滚轮；5—球面径向轴承；6—上推轴承；7—十字横梁；8—球面垫

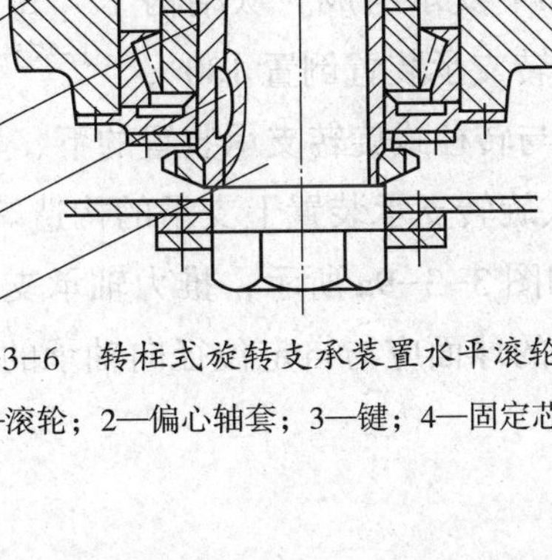

图 3-3-6　转柱式旋转支承装置水平滚轮结构

1—滚轮；2—偏心轴套；3—键；4—固定芯轴

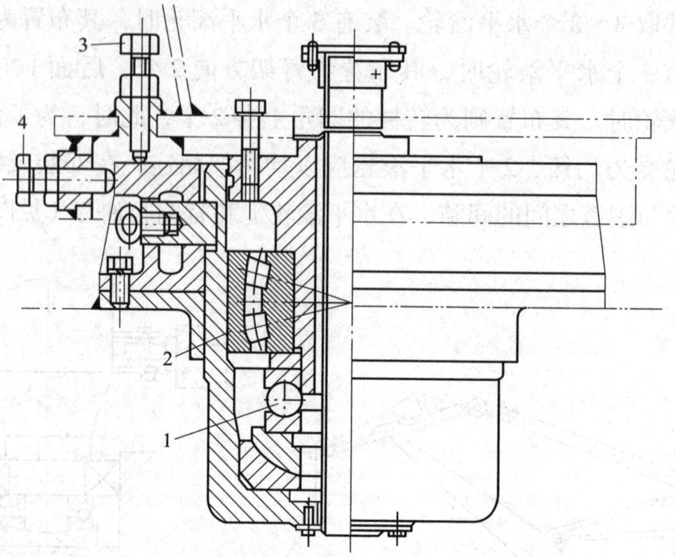

图 3-3-7 转柱下支承结构

1—推力轴承；2—球面滚动轴承；3，4—调整螺栓

在下支承结构中，径向轴承采用具有自动调心功能的球面滚动轴承，推力轴承安装在球面垫圈上。这样，当转柱稍有歪斜时，轴承可自动调心，不至于发生卡死现象。下支承中也可用 1 个向心推力轴承。

电动装卸机械旋转部分质量及货物质量引起的垂直载荷由下支承的推力轴承承受。风力和货物偏摆引起的水平载荷由上支承的水平滚轮和下支承的球面滚动轴承承受，而且这 2 个载荷大小相等，方向相反。

转柱一般用 Q235 或 Q345 钢板焊接成箱形结构，使其具有一定的强度和刚度。转柱式旋转支承装置由于具有结构简单、制造方便、精度要求不高等优点，因此，广泛应用于门座起重机及浮式起重机。

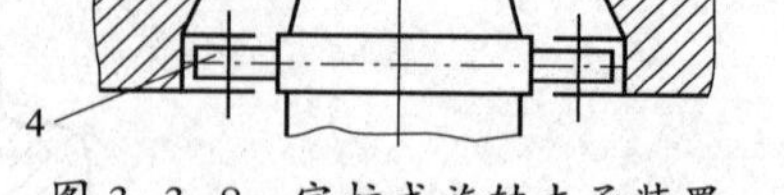

图 3-3-8 定柱式旋转支承装置

1—定柱；2—钟罩；3—上支承；4—下支承

（2）定柱式旋转支承装置是指柱体固定不动，旋转部分套在定柱上的装置，如图 3-3-8 所示，它由定柱、钟罩、上支承和下支承组成。从结构上看，它相当于把转柱式旋转支承装置倒置 180°，即它的上、下支承结构分别与转柱式旋转支承装置的下、上支承结构相同。

图 3-3-9 所示为定柱式旋转支承装置上支承的构造。上支承由 1 个推力轴承和 1 个自定位径向轴承组成。如图 3-3-9a 所示，推力轴承支承在 1 个球面垫圈上，从而具有自定位功能，球面垫圈的球面应与自定位径向轴承的球面同心。采用这种结构时

要注意，它承受水平载荷的能力是受限制的，即水平载荷与垂直载荷的比值必须小于 $\tan\beta$，如图 3-3-9b 所示。

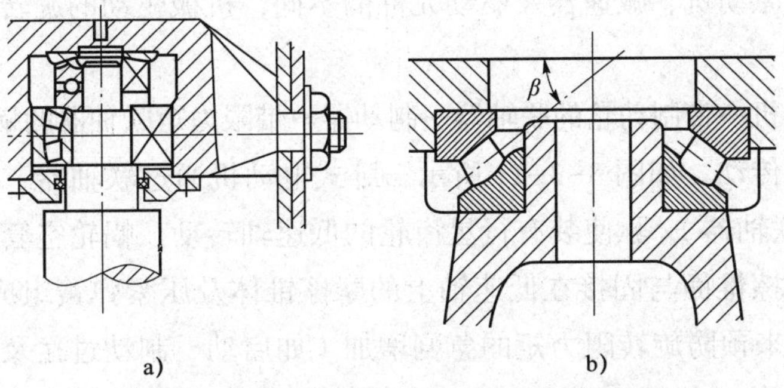

图 3-3-9　定柱式旋转支承装置上支承的构造

a）推力轴承的布置；b）水平载荷与垂直载荷的关系

由于定柱的下部直径较大，因此下支承通常制成滚轮式，如图 3-3-10a 所示。滚轮一般装在旋转部分，这样可以使滚轮的布置适应倾覆力矩的方向。当向前、向后的倾覆力矩不相等时，可采用图 3-3-10b 所示的布置方式，其中每个支点有两个滚轮，装在均衡架上，适用于支承载荷较大的情况。

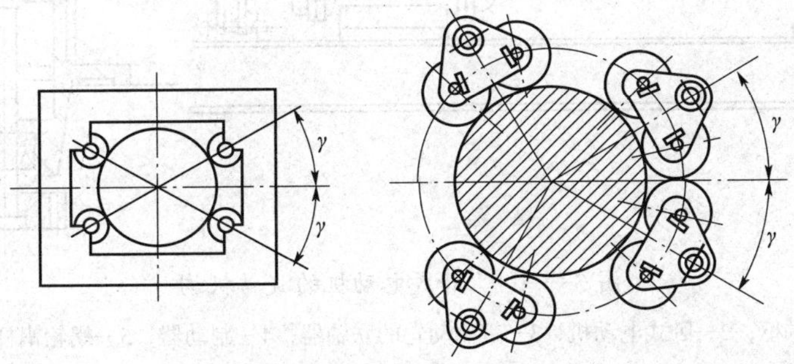

图 3-3-10　定柱式旋转支承装置下支承的构造（滚轮式）

a）下支承滚轮的布置；b）倾翻力矩不等时下支承滚轮的布置

三、旋转驱动装置的结构形式

旋转驱动装置是用来实现电动装卸机械旋转部分相对于不旋转部分转动的执行机构。这种装置应能满足电动装卸机械低速正反转、制动平稳、安全可靠的要求。从受力方面考虑，旋转驱动装置必须克服以下阻力矩：一是旋转支承装置中的摩擦阻力矩；二是风阻力矩；三是由道路坡度或浮船倾斜造成的旋转阻力矩。

旋转驱动装置的形式和构造主要是根据电动装卸机械的用途、工作特点、起重量的大小确定的。在实际工作中，机械驱动应用最广泛，它由原动机、联轴器、制动器、减速器和最后一级齿轮传动等部分组成。为了保证旋转机构可靠工作和防止过载，在传动系统中，一般还会装设限力矩联轴器。原动机大多采用电动机，但移动式旋转起重机多数采用内燃机。

根据采用的原动机、减速器及驱动元件的不同，机械驱动的旋转机构有下列几种主要传动形式。

1. 卧式电动机→带制动轮的联轴器→制动器→带限力矩联轴器的蜗轮蜗杆减速器→最后一级大齿轮传动。如图 3-3-11 所示，卧式电动机通过联轴器、蜗轮蜗杆减速器（内部有限力矩联轴器），驱使装有行星齿轮的低速轴转动。蜗轮空套在低速轴上，蜗轮轮缘内侧的摩擦锥面与固接在低速轴上的摩擦锥体及压紧弹簧组成限力矩联轴器。限力矩联轴器用来预防旋转阻力矩的急剧增加（如启动、制动过猛及臂架碰到障碍物等），使电动机、传动装置或旋转驱动元件甚至臂架因过载而损坏。

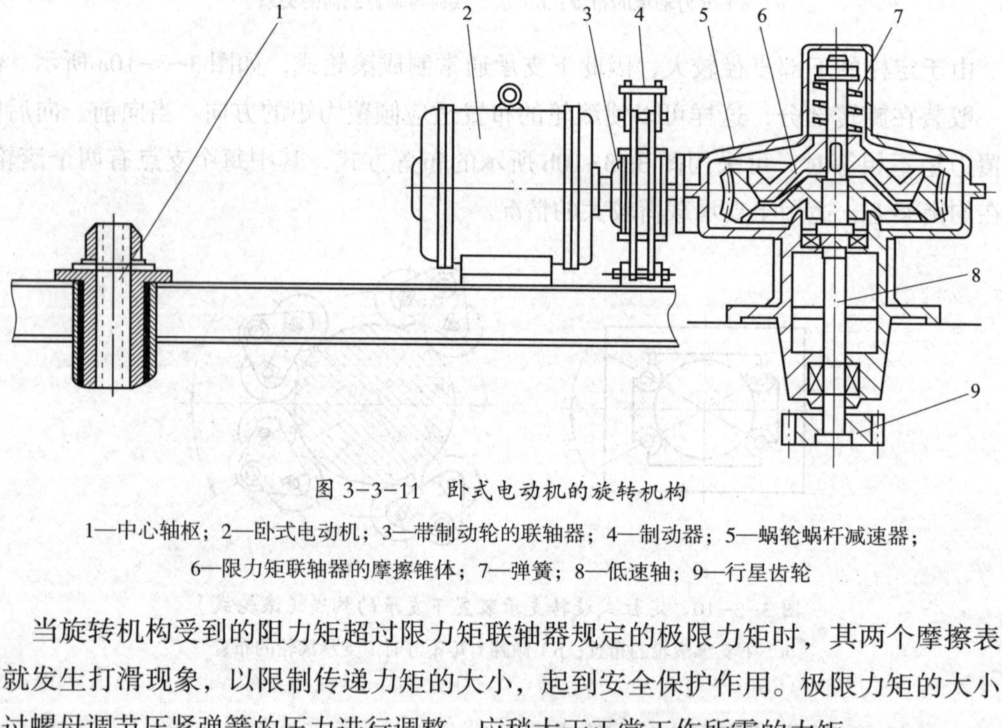

图 3-3-11　卧式电动机的旋转机构

1—中心轴枢；2—卧式电动机；3—带制动轮的联轴器；4—制动器；5—蜗轮蜗杆减速器；6—限力矩联轴器的摩擦锥体；7—弹簧；8—低速轴；9—行星齿轮

当旋转机构受到的阻力矩超过限力矩联轴器规定的极限力矩时，其两个摩擦表面间就发生打滑现象，以限制传递力矩的大小，起到安全保护作用。极限力矩的大小可通过螺母调节压紧弹簧的压力进行调整，应稍大于正常工作所需的力矩。

这种限力矩联轴器对于采用蜗轮蜗杆减速器的旋转机构是尤其必要的，因为蜗轮蜗杆传动具有近似自锁的特性，很容易产生启动、制动过猛的现象。在蜗轮蜗杆传动时，限力矩联轴器必须装在蜗轮蜗杆传动之后，才能起到应有的保护作用。

这种传动形式的优点是结构紧凑，传动比大，但传动效率低。

2. 立式电动机→带制动轮的联轴器→水平安装的制动器→轴线垂直布置的立式减速器（可带限力矩联轴器）→最后一级大齿轮传动，图 3-3-12 所示即为具有这种形式的传动机构。采用这种形式的优点是平面布置紧凑，占据机房平面面积小且传动效率高。立式减速器可以采用二级或三级圆柱齿轮传动、圆柱行星齿轮传动、摆线针轮行星传动、少齿差行星传动或谐波齿轮传动等新型传动装置。限力矩联轴器设在第一级齿轮传动的大齿轮上，为保证足够的摩擦力矩，且不使中间轴的轴承受过大的轴向载荷，上、下摩擦锥体应安装在第一级齿轮传动的大齿轮齿圈内侧。

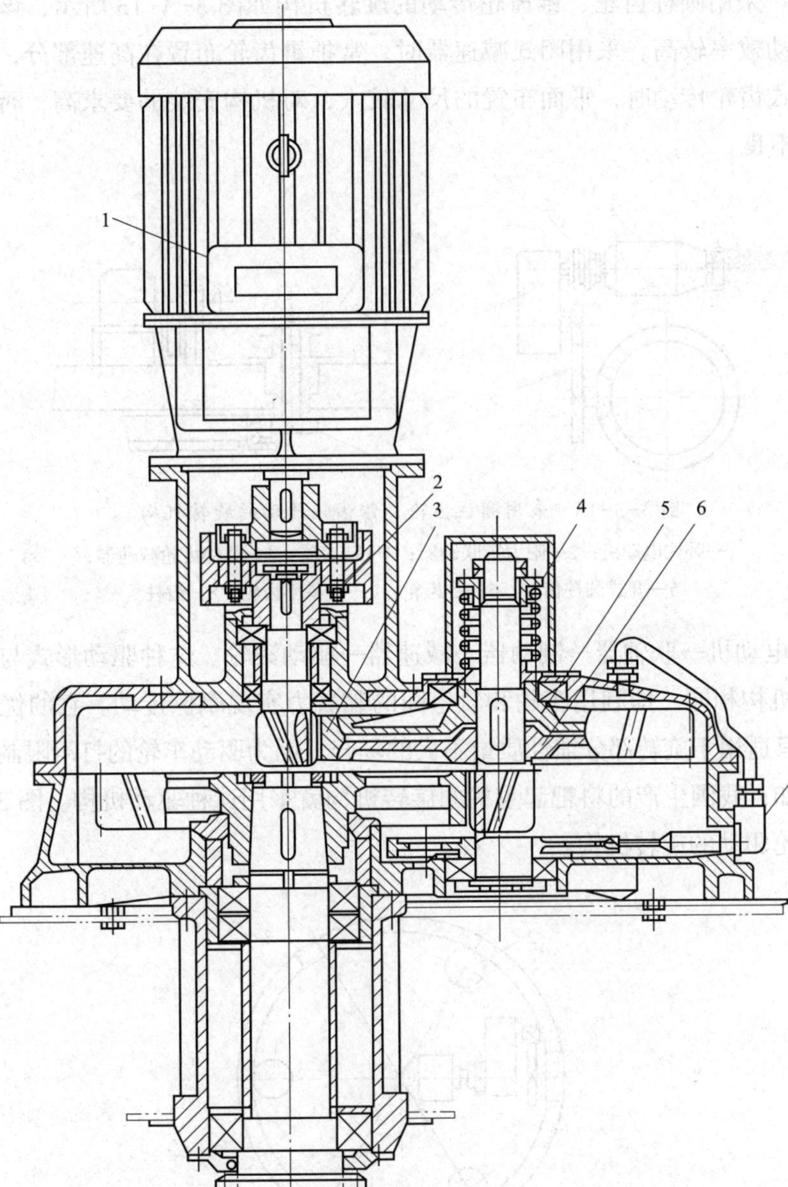

图 3-3-12　立式电动机的旋转机构

1—立式电动机；2—带制动轮的联轴器；3—限力矩联轴器的齿圈；4—压紧弹簧；
5，6—限力矩联轴器上、下摩擦锥体；7—柱塞式润滑油泵；8—与大齿轮啮合的小齿轮

这种传动形式是电动装卸机械旋转机构比较理想的驱动方式，在大型电动装卸机械中已得到广泛应用。为了使传动元件受力合理、降低尺寸，常采用两套驱动机构，用两个行星齿轮驱动。

3. 卧式电动机→限力矩联轴器→制动器→圆柱齿轮、锥齿轮减速器→最后一级齿轮齿柱传动。采用圆柱齿轮、锥齿轮传动的旋转机构如图 3–3–13 所示，该传动形式的优点是传动效率较高。采用闭式减速器时，常把锥齿轮布置在高速部分，以便于制造。采用开式齿轮传动时，平面布置的尺寸较大，对机构安装的要求高，否则，会造成齿轮啮合不良。

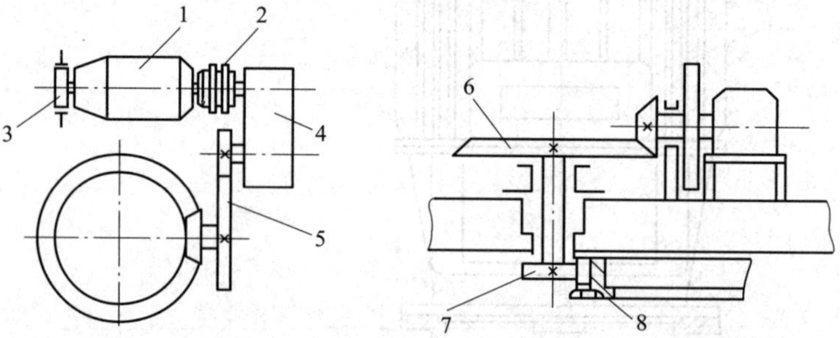

图 3–3–13　采用圆柱齿轮、锥齿轮传动的旋转机构

1—卧式电动机；2—限力矩联轴器；3—制动器；4—圆柱齿轮减速器；
5—开式圆柱齿轮；6—锥齿轮；7—行星小齿轮；8—齿柱

4. 卧式电动机→联轴器→制动器→减速器→驱动滚轮。这种驱动形式与单独驱动的轮式运行机构相同，即利用车轮和轨道间的黏着力实现摩擦传动。它的优点是构造较简单，但只适用于旋转部分惯性质量不大的场合，因为驱动车轮的打滑限制了它的驱动能力。例如，我国生产的料耙起重机的旋转机构就采用这种驱动机构。图 3–3–14 所示为采用滚轮驱动的旋转机构。

图 3–3–14　采用滚轮驱动的旋转机构

1—带驱动滚轮的旋转驱动机构；2—水平轮；3—从动轮

5. 绳索牵引式旋转机构。这种旋转机构是由卷筒绞车、曳引绳和特种转盘三个基

本部分组成的，如图 3-3-15 所示。特种转盘是 1 个大直径的绳索滑轮，固装在电动装卸机械的旋转部分；在滑轮槽中按相反方向卷绕着两根曳引绳，曳引绳的一端通过张紧装置固定在特种转盘上，另一端则按相反方向卷绕在卷筒绞车的卷筒上。这样，当卷筒绞车按不同转向驱动卷筒时，两根曳引绳就会交替地绕上卷筒或自卷筒放出，从而使特种转盘经曳引绳的牵动而旋转。根据所需的转向改变曳引绳的牵引方向，即可实现电动装卸机械的旋转运动。

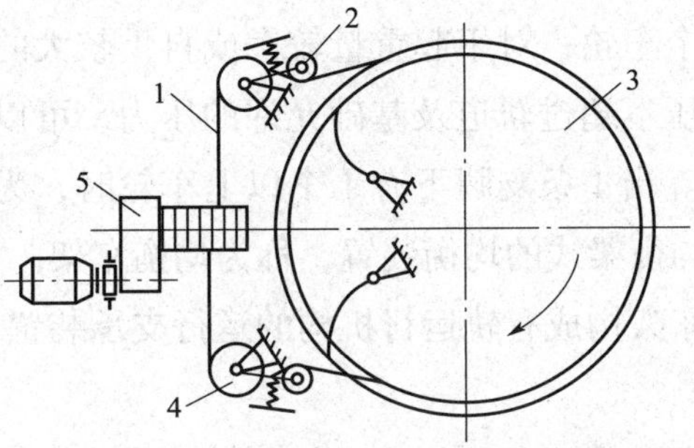

图 3-3-15 绳索牵引式旋转机构

1—曳引绳；2—张紧装置；3—特种转盘；4—导向滑轮；5—卷筒绞车

这种旋转机构的优点是构造简单，制造和拆装容易。它的缺点是旋转角受绕在特种转盘上曳引绳的长度限制，通常不超过 400°，因此，它只适用于不要求连续多周旋转的电动装卸机械，特别适用于建筑用的桅杆动臂起重机，因为这种机械在进行建筑安装工作时一般不要求多周旋转，却需要经常拆装。

第四节 运行机构

运行机构按照结构特点分为无轨运行机构和有轨运行机构两大类。电动装卸机械大多采用有轨运行机构，可沿着铺设的钢轨运行。这种运行机构的车轮和轨道都是由钢铁制成的，因此其运行阻力小、承载能力大、结构紧凑。与无轨运行机构相比，尽管其工作范围受到轨道的限制，但仍是电动装卸机械的主要运行形式。

不论何种结构的运行机构，都是由运行支承装置和运行驱动装置两大主要部分组成的。对于有轨运行机构电动装卸机械，运行支承装置的机械部分主要是均衡梁、车轮和轨道；对于无轨运行机构电动装卸机械，则为轮胎或履带装置。运行驱动装置主要包括电动机（或内燃机）、减速器与制动器等，对于无轨运行机构电动装卸机械，还有转向装置。

一、有轨式运行支承装置

有轨运行机构电动装卸机械和起重小车一般都采用四腿支承，以钢轮支承在钢轨上，并在钢轨上运行。对于起重量较小的电动装卸机械和起重小车，在轮压许可的条件下，每条支腿采用 1 个车轮；对于起重量较大或自重较大的电动装卸机械和起重小车，为使每个车轮的轮压不超过轨道及基础允许的压力，可以用增加每条支腿下车轮数量的方法来降低轮压。当 1 条支腿下有 1 个以上车轮时，为使每条支腿下的多个车轮受力均衡，通常采用均衡梁式的均衡装置，称为均衡车架。

钢轨、车轮、均衡车架构成有轨运行机构的运行支承装置。

1. 钢轨

电动装卸机械和起重小车用的钢轨有方钢、铁路钢轨和起重机专用钢轨三种，如图 3-4-1 所示。对于轨道的主要要求如下：顶面能承受车轮的挤压应力；底面具有足够的宽度以减轻基础的挤压应力；截面应有良好的抗弯强度。

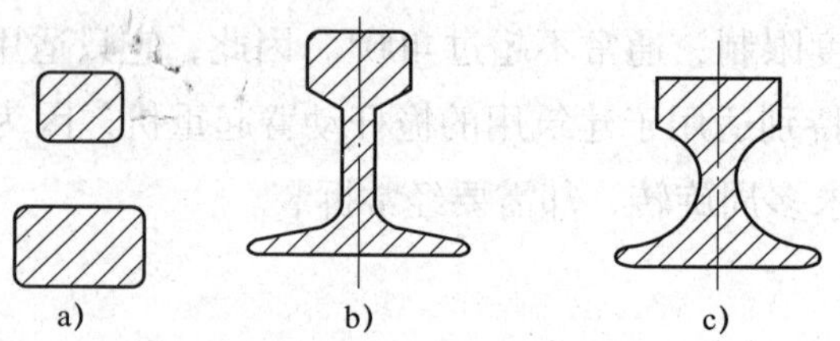

图 3-4-1　钢轨种类

a）方钢；b）铁路钢轨；c）起重机专用钢轨

轨道顶面有平顶和凸顶两种。凸顶与车轮滚道踏面在一点上接触，称为点接触；平顶与圆柱形车轮踏面可以在一条直线上接触，称为线接触。理论上，线接触时可以有较大的承载能力。但实际上，由于制造、安装及工作承载后车轮的偏斜，往往会出现车轮踏面与轨道之间只在轨道边缘上一点接触的现象，从而产生很大的挤压应力，而凸顶轨道可以适应车轮的倾斜。经验证明，采用凸顶轨道比采用平顶轨道的车轮使用寿命长，因此，轨道大多制成凸顶的。电动装卸机械上大量采用凸顶的铁路钢轨，当轮压较大时，采用凸顶的起重机专用钢轨。

钢轨的材料通常是含碳量、含锰量较高的材料（含碳量为 0.5%～0.8%，含锰量为 0.6%～1.0%），并已实现标准化、系列化。需要时，按标准选用即可。

对于用方钢或扁钢制成的电动装卸机械轨道，钢材通常用 Q275 钢，轨道顶面通常是平顶的。

2. 车轮

电动装卸机械的车轮多用铸钢制造，一般采用 ZG340-640 钢；载荷大的车轮用合金钢制造，如 ZG55Cr 钢或 ZG50MnMo 钢等；小尺寸的车轮可用锻钢制造，如 45 Mn 钢、65 Mn 钢等。为了提高车轮的承载能力，延长其使用寿命，车轮踏面要进行淬火，使踏面硬度达到 300～350 HBW。对于轮压不大、速度不高的车轮，如轮压≤50 kN、运行速度≤30 m/min 的车轮，可以采用铸铁制造。此外，随着塑料工业的发展，已开始采用耐磨塑料车轮。

车轮踏面一般制成圆柱形。为了防止车轮在轨道上运行时脱轨，车轮通常带有轮缘。除轨距较小时采用单轮缘外，电动装卸机械一般都采用双轮缘车轮。

电动装卸机械的车轮大多支承在滚动轴承上，运行阻力小，尤其在启动期间阻力仍然很小，不像滑动轴承那样，运动阻力随滑动速度的增加而变大。滚动轴承的装配、维护与检修都很方便。车轮轴承应优先选用自动调心的球面滚子轴承，这种轴承可以承受一定的安装误差和车架变形，并能承受冲击载荷。也有采用圆锥滚子轴承的，采用这种轴承时，必须保证间隙合适。

车轮的结构尺寸已标准化、系列化。桥式起重机车轮一般以转动芯轴支承在角形轴承箱中的方式形成一个组合件（见图 3-4-2），以便装配、维修。角形轴承箱的箱体通常用 ZG35Ⅱ钢浇铸而成。

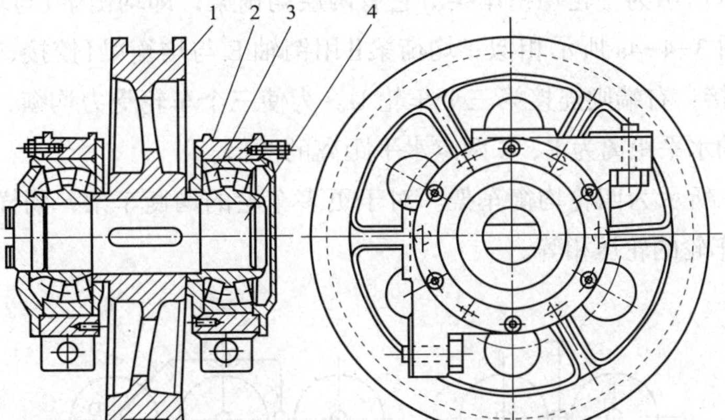

图 3-4-2 桥式起重机车轮组合件的结构

1—车轮；2—角形轴承箱；3—滚动轴承；4—转动芯轴

门座起重机的车轮装在不转动的芯轴上，与轴承、端盖等零件组成一体，并安装在运行台车上，如图 3-4-3 所示。

3. 均衡车架

当起重机的起重量不断增大时，作用在每条支腿上的压力也相应增大。但是对于一定的轨道和基础来说，其所能承受的压力是一定的。为了不超过轨道和基础的许用轮压数值，必须增加每条支腿下车轮的数量。

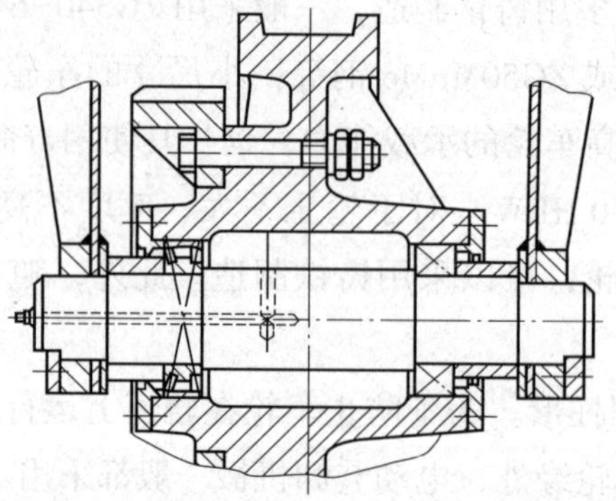

图 3-4-3　门座起重机车轮组合件的结构

当每条支腿下所需的车轮数量多于 1 个时，为了保证每条支腿下的车轮能够均匀承受载荷，必须采用与支腿铰接的均衡车架。

均衡车架实际上就是一个杠杆系统，其作用是保证同一条支腿下各车轮承受的轮压相等。图 3-4-4 所示为均衡车架的结构和工作原理简图。

图 3-4-4a 所示为两轮均衡车架，由支承架、销轴和均衡梁组成。支承架用螺栓与电动装卸机械的支腿连接；均衡梁与支承架用销轴铰接，使均衡梁可绕销轴摆动；销轴中心与两轮轴心的水平距离相等，以保证两轮轮压相等。

图 3-4-4b 所示为三轮均衡车架。它有两层均衡梁，即均衡梁Ⅰ与均衡梁Ⅱ。均衡梁Ⅰ的结构与图 3-4-4a 所示相似。均衡梁Ⅱ用销轴 E 与均衡梁Ⅰ铰接，其左端与支承架用销轴 C 铰接，右端则连接第三个车轮 D。为使三个车轮受力均衡，销轴的位置应使 D、E 两点的水平距离为 E、C 两点水平距离的两倍。

图 3-4-4c 所示为四轮均衡车架。对于更多车轮的均衡车架，同样是按照杠杆原理来保证每个车轮的轮压相等。

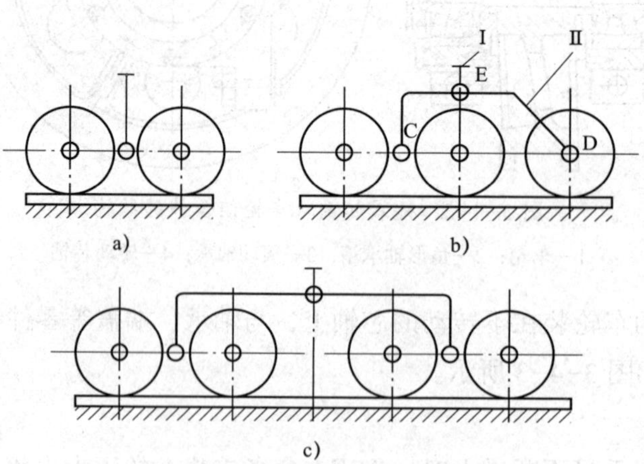

图 3-4-4　均衡车架的结构和工作原理简图

a）两轮均衡车架；b）三轮均衡车架；c）四轮均衡车架

二、运行驱动装置

1. 运行驱动装置的组成

有轨式运行驱动装置主要包括原动机、制动器、联轴器、传动装置等。

（1）有轨运行电动装卸机械的运行机构大多数采用电动机驱动。为适应电动装卸机械运行机构重复、短暂、周期性工作的特点，与其他机构一样，对于交流电驱动的电动装卸机械，其原动机也采用起重和冶金机械专用的三相交流异步电动机，型号为绕线式异步电动机 JZR 或鼠笼式异步电动机。前者由于其转子电阻可以调节，因此，启动电流不大且便于调速，获得广泛应用。后者构造简单、价格低廉，但启动电流大、不便于调速，且不能承受较多的启动次数，因此，一般仅在功率不大或工作不十分繁重的情况下使用。

（2）为使电动装卸机械迅速、准确地停车，运行机构中必须安装制动器。常用的制动器为 JWZ 型交流短行程双磁双块制动器，该制动器靠弹簧上闸、电磁铁松闸。YWZ 型电动液压推杆双瓦块制动器也得到广泛应用，它是靠弹簧上闸、电动液压推杆松闸的。与前者相比，后者具有制动平稳、工作可靠、制动力矩大、外形尺寸小等突出优点，因此，广泛应用在各种电动装卸机械中。

（3）门座起重机运行机构联轴器大多使用弹性柱销联轴器，且与制动轮制成一体，这样大大缩小了整体尺寸，使结构紧凑。制动轮一般安装在电动机的高速轴上，因为高速轴所需的制动力矩小，制动器可得到较小的尺寸。

（4）传动装置主要采用圆柱齿轮减速器加开式齿轮传动、蜗轮蜗杆减速器加开式齿轮传动、“三合一”减速器传动等。门座起重机上常用的传动装置为蜗轮蜗杆减速器加开式齿轮传动。图 3-4-5 所示为港口常见的门座起重机运行机构布置。这种驱动形式由于采用蜗轮蜗杆传动，因此，传动效率较低，且沿轨道方向的尺寸较大。为了获得结构紧凑、传动效率更高的驱动形式，如今，多在门座起重机的运行机构中使用“三合一”减速器，即将电动机、减速器、制动器三件合为一体，如图 3-4-6 所示。其优点是体积小、质量小、结构紧凑、安装方便、外形美观。这种减速器采用立式电动机驱动，通过带有一级锥齿轮传动的减速器，再经过一级开式齿轮传动来实现驱动。

2. 主动轮的布置方式

电动装卸机械运行机构的车轮通常并非全都受到原动机驱动。与驱动机构直接相连的称为主动轮（驱动轮），其余的称为从动轮。为了保证足够的驱动力，电动装卸机械和起重小车应当具有足够数量的主动轮，通常约为总轮数的 1/2；速度低的起重机，也可采用 1/4 总轮数的主动轮；速度高的电动装卸机械，如装卸桥的小车（运行速度可达 3.33 m/s），则需要全部车轮均为主动轮。

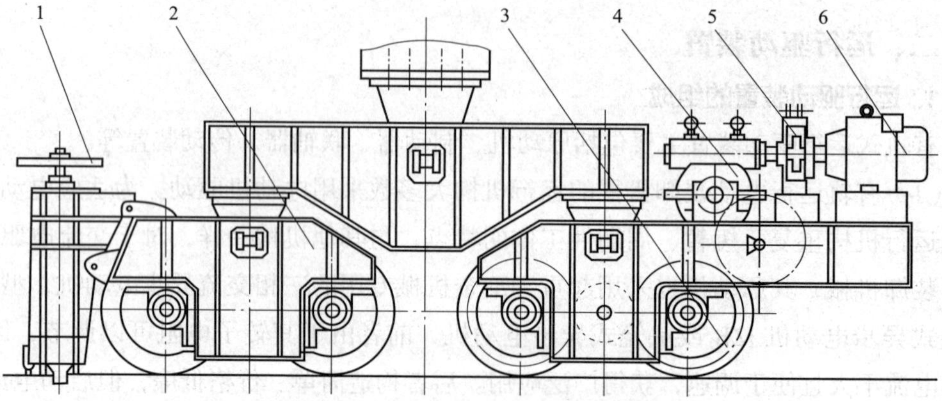

图 3-4-5　门座起重机运行机构布置

1—防风夹轨器；2—从动轮均衡架；3—主动轮；4—蜗轮蜗杆减速器；5—制动器；6—电动机

图 3-4-6　立式电动机驱动的“三合一”减速器

主动轮的布置方式根据电动装卸机械的种类不同而不同。合理的布置方式对保证电动装卸机械的正常工作是至关重要的。下面以半数驱动的主动轮布置方式为例进行说明。

半数驱动的主动轮布置方式有以下几种（见图 3-4-7）。

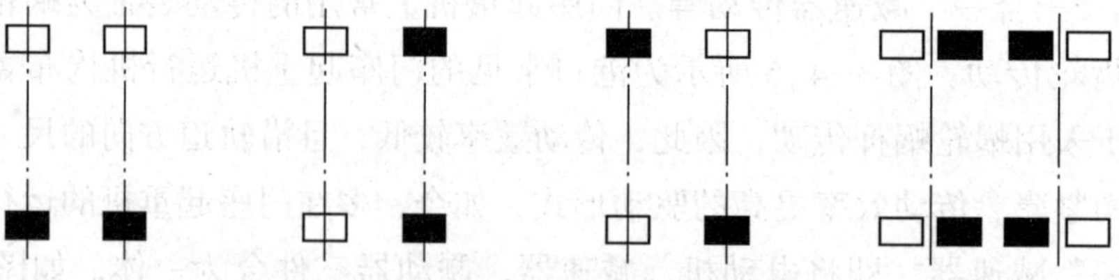

图 3-4-7　半数驱动的主动轮布置方式

a）单边布置；b）对面布置；c）对角布置；d）四角布置

（1）单边布置：驱动力不对称，只用于轮压本身不对称的电动装卸机械，如半门座起重机等。

（2）对面布置：用于桥式起重机及龙门起重机。采用这种布置方式能够保证主动轮轮压之和与小车的位置无关。这种布置方式不宜用于旋转类电动装卸机械，因为臂架转到从动轮一侧时，主动轮的轮压很小。

（3）对角布置：用于中小型旋转类电动装卸机械，如起重量不大的门座起重机。这种布置方式能够保证主动轮轮压之和基本上不随臂架位置的改变而发生变化。

（4）四角布置：用于大型电动装卸机械，可以保证主动轮总轮压不变。门座起重机多采用这种布置方式。

3. 主动轮的驱动方式

主动轮的驱动方式有集中驱动与分别驱动两种。集中驱动就是由一台电动机驱动所有的主动轮；分别驱动就是由几台电动机分别驱动，即 1 台电动机驱动 1 个主动轮或 1 条支腿下的多个主动轮。集中驱动虽可减少电动机与减速器的数量，但需要复杂、笨重的传动系统（包括轴、轴承和联轴器）。分别驱动的运行机构具有布置、安装、维修方便及自重较小的优点，在现代电动装卸机械中得到广泛应用。

（1）图 3-4-8 所示为起重机集中驱动运行机构。绝大多数集中驱动都采用低速传动轴，在跨度中央有电动机与减速器，减速器输出轴分两侧经低速传动轴带动车轮，如图 3-4-8a 所示。图 3-4-8b 所示为带有开式齿轮的中速轴传动，传动轴转速较高、转矩较小、直径较细，因而减小了传动机件的质量，比较经济。但由开式齿轮驱动的运行机构，维护麻烦、使用寿命较短，这种方案仅用于单梁起重机。若改用图 3-4-8c 所示的方案，则运行机构比较耐用，但需采用 3 个减速器，因此只有在大功率时才有价值。

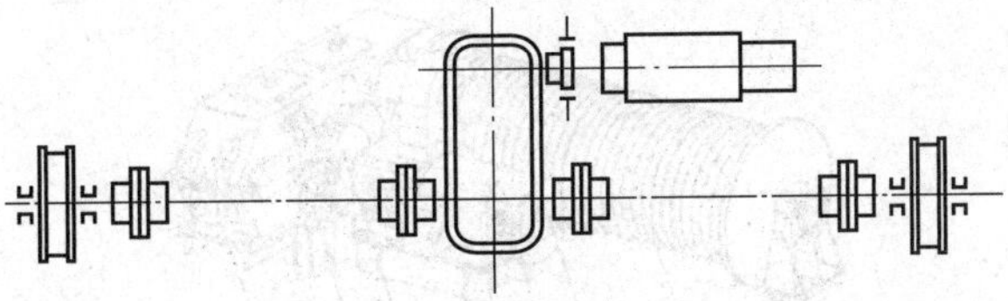
a)

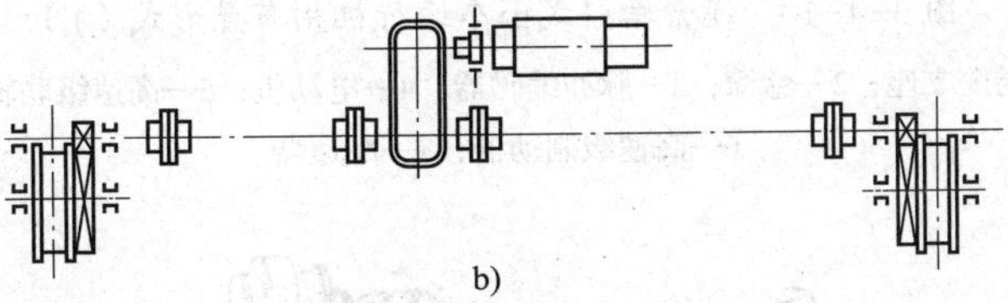
b)

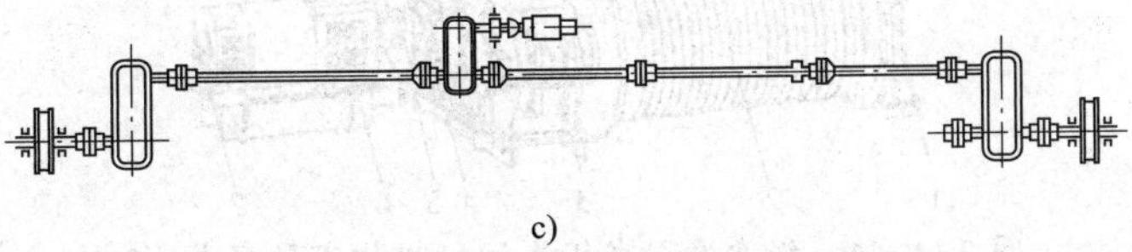
c)

图 3-4-8　起重机集中驱动运行机构

a）起重机集中驱动运行机构（低速传动轴）；b）带有开式齿轮的中速轴传动运行机构；
c）多减速器驱动的运行机构（大功率方案）

（2）图 3-4-9 所示为起重机分别驱动运行机构。起重量较小的起重机分别用两台规格相同的电动机，通过齿形联轴器、减速器与车轮连接，左、右端梁上的主动轮左右对称布置。起重量较大的起重机则用 4 台规格相同的电动机分别驱动 4 个行走轮。车轮通常制成双轮缘，以防止运行时脱轨，其转动芯轴支承在角形轴承箱中，形成 1 个车轮组合件，以便装配、维修。

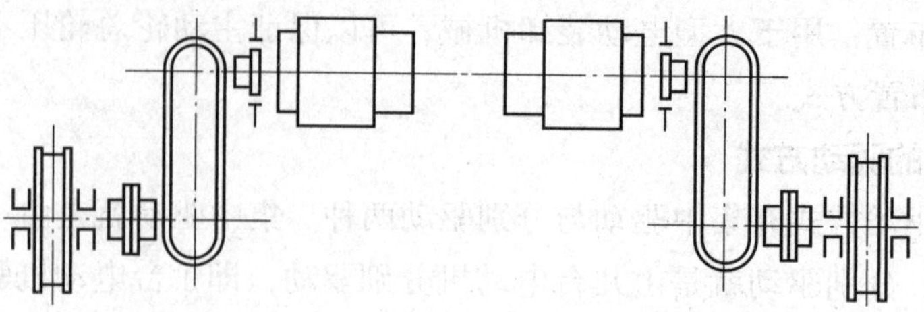

图 3-4-9　起重机分别驱动运行机构

三、小车运行机构

起重机械的运行小车根据动力来源的不同，分为绳索牵引式小车运行机构和自行式小车运行机构。

1. 绳索牵引式小车运行机构

绳索牵引式小车运行机构由电动机、联轴器、制动器、减速器、卷筒、支承座及安全限位开关等组成。电动机经减速器驱动卷筒，再经过小车钢丝绳缠绕系统，由卷筒牵引小车沿着大梁轨道做平移运动。其典型的布置形式如图 3-4-10、图 3-4-11 所示。

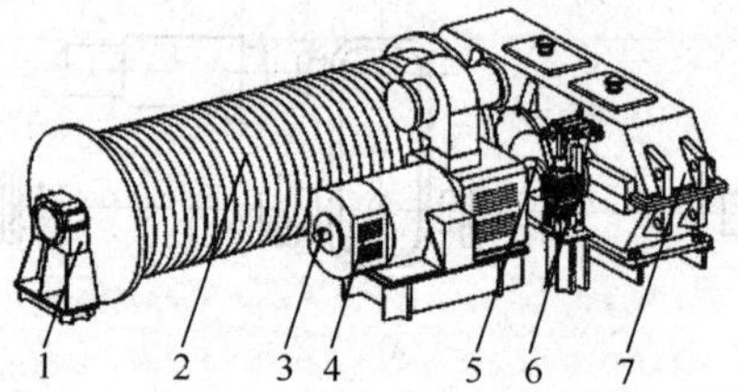

图 3-4-10　绳索牵引式小车运行机构布置形式（1）

1—卷筒支座；2—卷筒；3—脉冲编码器；4—电动机；5—高速级联轴器；6—高速级制动器；7—减速器

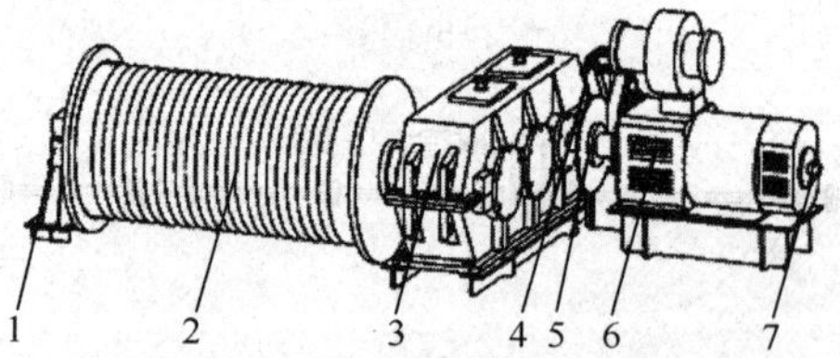

图 3-4-11　绳索牵引式小车运行机构布置形式（2）

1—卷筒支座；2—卷筒；3—减速器；4—高速级制动器；5—高速级联轴器；6—电动机；7—脉冲编码器

绳索牵引式小车钢丝绳卷绕系统如图 3-4-12 所示。设在机房中部的小车卷筒外侧的一根钢丝绳，穿过机房底盘出绳口，经过前大梁端部滑轮，经改向后穿过运行小车海侧的均衡滑轮，转向 180° 后，此钢丝绳按相反缠绕路径回到小车卷筒上固定。小车卷筒内侧的另一根钢丝绳，穿过机房底盘出绳口，直通后大梁尾部的张紧装置，经改向后绕入运行小车陆侧的均衡滑轮，转向 180° 后，此钢丝绳按相反缠绕路径回到卷筒上固定。

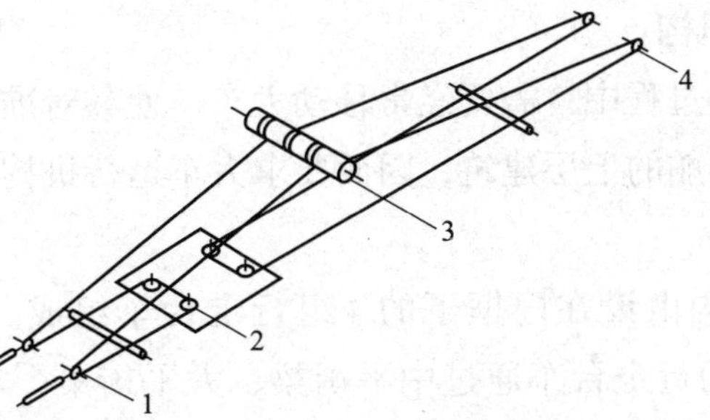

图 3-4-12　绳索牵引式小车钢丝绳卷绕系统

1—尾部张紧油缸滑轮；2—小车均衡滑轮；3—小车卷筒；4—头部动滑轮

在绳索牵引式小车钢丝绳卷绕系统中，设有钢丝绳张紧装置，其作用是使钢丝绳始终处于张紧状态，以减少启动、制动时小车的弹动和急剧抖动。此外，在岸桥大梁俯仰过程中，它还能起到补偿钢丝绳绳长变化的作用。

2. 自行式小车运行机构

自行式小车运行机构（见图 3-4-13）采用一台电动机通过减速器驱动两个行走轮，结构较轻。两个行走轮之间采用一根长轴连接。长轴两端装有半齿形联轴器，以解决不同心的问题。为了增加功率，共采用两组这种装置。小车驱动装置是小车的核心驱动组件，由两个电动机通过蛇形联轴节驱动减速器，再由减速器通过万向传动轴驱动车轮，使小车沿轨道运行。

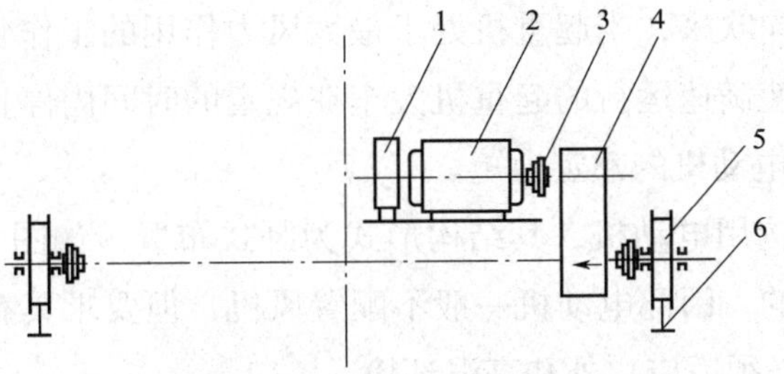

图 3-4-13　自行式小车运行机构

1—制动器；2—电动机；3—联轴器；4—齿轮减速器；5—主动轮；6—轨道

在小车轨道两端装有限速开关、限位开关和极限开关。在大梁的两端装有聚酯缓冲器，当小车运行到端部时起缓冲保护作用。小车在轨道中间段可以全速行走，而到达距轨道两端 2 m 处，通过限速开关即自动减速，行至限位开关处，即自动停止行走。一般情况下，小车前、后极限保护是不动作的，如果动作，应检查原因。在小车停车位置，装有停车锚定装置，在恶劣天气情况下，可以将小车锚定。

四、大车运行机构

起重机械的大车运行机构分为有轨运行和无轨运行两种方式。下面以岸桥大车运行机构和轮胎吊大车运行机构为例，分别介绍有轨运行大车机构和无轨运行大车机构。

1. 岸桥大车运行机构

岸桥在装卸船作业过程中，需要经常移动大车，使其对准船上的箱位，确保不会碰撞邻近的集装箱和船舶的上层建筑，因而要求大车运行机构具有较好的调速、微动和制动性能。

岸桥大车运行机构由设在门框下的 4 组行走台车组成。为使每个行走轮受力均匀，装有两个车轮的行走台车通过中平衡梁、大平衡梁，与门框下横梁铰接，如图 3-4-14 所示。整个岸桥的重量通过 4 个支座法兰或铰轴耳板传给大平衡梁，再通过中平衡梁，使重量均分到行走台车上。

图 3-4-14　岸桥大车运行机构

每台行走装置都配有驱动机构，其驱动能力为 50%，从交流电动机输出的转矩，经减速箱增大，驱动主动轮。海、陆侧行走装置两端设有液压缓冲器。

无论风从任何方向吹来，当起重机处于最大风力作用的工作状态时，岸桥的大车运行机构制动器都能使满速运行的起重机大车在规定的时间内停止。此时，其制动力矩应不小于 2～2.5 倍电动机的额定力矩。

岸桥大车运行机构用电动机，其结构形式为卧式布置，如图 3-4-15 所示。由于大车行走是间歇工作的，因此电动机一般不配置风机，但要求具有良好的启动性能和较大的过载能力，且必须适应户外和高温环境。

2. 轮胎吊大车运行机构

轮胎吊大车运行机构共有 4 组，其中，对角的 2 组装有大车驱动装置，每组机构有两个无内胎充气轮胎，如图 3-4-16 所示。

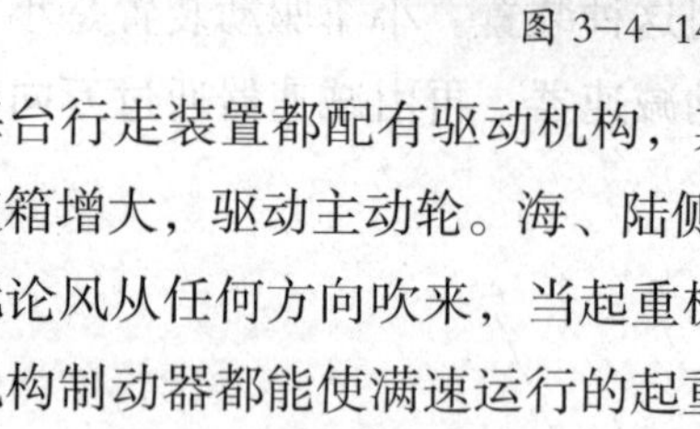

图 3-4-15　岸桥大车运行机构用电动机布置形式

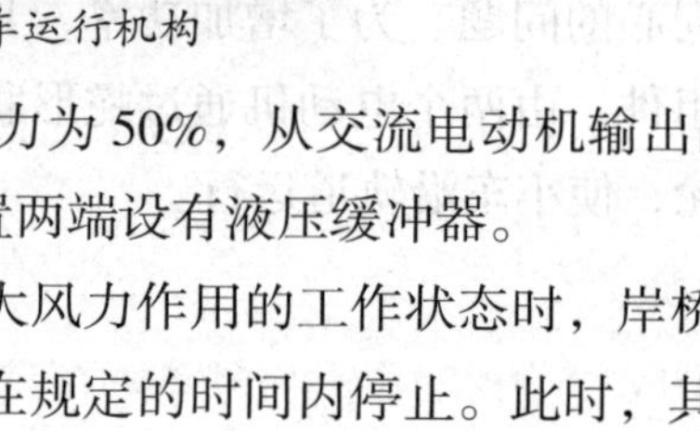

图 3-4-16　轮胎吊大车运行机构

轮胎吊大车运行机构采用交流变频控制。为防止起重机之间及起重机与集装箱之间的相互碰撞，在起重机上设有手动纠偏系统以及防碰撞装置。采用柴油发电机组驱动的轮胎吊大车运行机构，由2台电动机分别通过减速器、小链轮、滚子链条和大链轮驱动起重机两侧车轮中的1个行走，如图3-4-17所示。大链轮固定在车轮上，车轮随大链轮一起转动。轮胎吊大车的行走方向，随电动机的回转方向而变化。

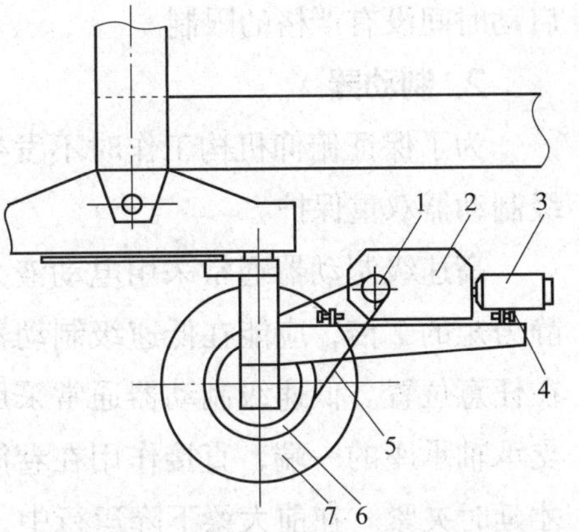

图3-4-17　轮胎吊大车运行机构结构

1—小链轮；2—减速器；3—电动机；4—螺栓；5—滚子链条；6—大链轮；7—车轮

为了使轮胎吊能从一个堆场转移到另一个堆场工作，需要装设转向装置。轮胎吊由于跨距大，因此在国际集装箱专用码头和中转站，均采用90°转向方式。在堆场两头转向处，可铺设转向垫板以防止转向时车轮变形和磨损。当起重机开到堆场一头需要转向时，可将车轮转动90°，然后纵行到另一个堆场，再转向90°，即可在另一个堆场进行装卸作业。

第五节　俯仰机构

俯仰机构是桥式起重机用于实现前大梁绕大梁铰点做俯仰运动的机构。当船舶停靠或离开码头及起重机移动舱位时，俯仰机构使前大梁仰起；作业时，俯仰机构可放下前大梁。

俯仰机构由驱动装置、安全钩装置、钢丝绳卷绕系统及安全保护装置等组成。

一、驱动装置

俯仰机构的驱动装置设置在机房内，由电动机、制动器、减速器、联轴器等组成。

1. 电动机

俯仰电动机是短时工作制，一般选用30 min工作制。考虑到俯仰机构的工作特点，要求电动机有较大的过载能力，一般为静态载荷力矩的1.8～2倍，但对电动机的启动时间没有严格的限制。

2. 制动器

为了保证俯仰机构工作时不发生前大梁坠落事故，必须设有高速级制动器和低速级制动器双重保护。

高速级制动器通常采用电动液力推杆盘式制动器制动，力矩一般至少为最大俯仰静力矩的2倍，应能在低速级制动器释放的情况下，独立实现紧急制动，将前大梁停在任意位置。低速级制动器通常采用液压盘式制动器制动，一般设置在俯仰卷筒靠近支承轴承座的一端，直接作用在卷筒上，且当卷筒已由高速级制动器制动停止后，它才延时夹紧。在前大梁下降运行中，如果下降速度超过额定速度的15%～20%时，低速级制动器将制动，并在无高速级制动器辅助的情况下，独立将前大梁停在任何位置。低速级制动器在断电后或紧急停止时能立即制动，不设延时装置。

此外，制动器要求的配置有手动释放装置、磨损自动补偿装置。

3. 减速器

俯仰机构减速器选用卧式平行轴三级减速圆柱斜齿轮减速箱。箱体为水平剖分式焊接结构，由箱体和箱盖组成。箱体底部有润滑油池，第一、第二、第三级大齿轮的一部分浸泡在润滑油里。

4. 联轴器

在俯仰机构中，电动机轴与减速箱通过梅花形弹性联轴器连接。减速箱低速轴与卷筒之间通过鼓形齿式联轴器连接。

二、安全钩装置

安全钩装置包括钩体、电动液力推杆、配重、支承座、限位开关等。

安全钩装置设置在海侧梯形架的顶部，安装有若干个限位开关，自动控制大梁钩区减速、钩区停止、极限位置停止及安全钩的抬钩和落钩动作。

当大梁仰起至80°左右时，安全钩装置锁住仰起状态下的前大梁，使钢丝绳处于松弛状态。安全钩装置有手动和自动两种操作模式，无论哪种操作模式，均须由电动液力推杆或液压缸控制。

三、钢丝绳卷绕系统

钢丝绳卷绕系统（见图3-5-1）包括钢丝绳、动滑轮、定滑轮、均衡装置及钢丝绳接头等。

用钢丝绳压板将钢丝绳的两端分别固定在两个卷筒的端部。钢丝绳经过由海侧梯形架的两个改向滑轮贯通的两侧臂架俯仰滑轮组，而两个改向滑轮之间的钢丝绳用夹块固定，使其只能在与海侧梯形架结构焊接的长槽内移动。这样既平衡了钢索两侧的拉力，又能确保臂架俯仰过程中，如果单侧发生意外，不会造成全部松绳。

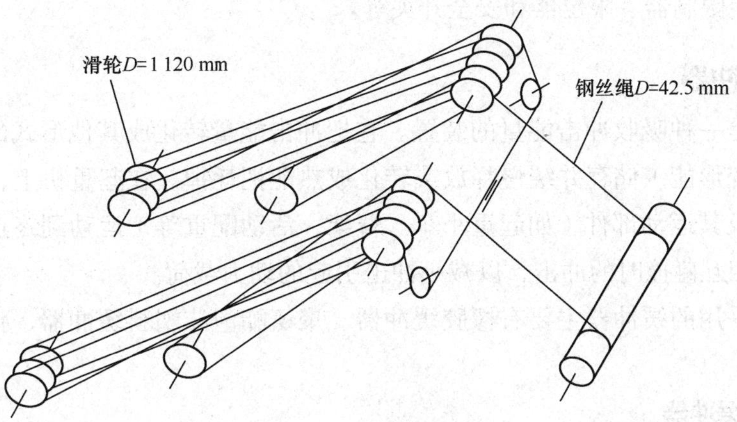

图 3-5-1　钢丝绳卷绕系统

四、应急驱动机构和安全保护限位装置

俯仰机构设有应急驱动机构。起重机正常工作时，通过滑环箱使应急驱动机构与主驱动减速箱分离，由俯仰主电动机完成臂架动作；当出现紧急情况时，应急驱动机构则与主驱动减速箱连接，可通过低压电源实现臂架动作。

安全保护装置除高速级制动器、低速级制动器外，还配有凸轮限位器或行程开关、超速 / 测速开关、俯仰角度限位装置、松绳限位开关等多种安全保护限位装置。

俯仰机构应设置缓冲器，且在前大梁俯仰的终点位置，应装有自动减速装置和限位开关。当前大梁处在最高位置时，俯仰缓冲器能在减速开关未起作用、上极限限位开关断电后、前大梁不能立即停止时，吸收撞到缓冲器上的动能，或吸收前大梁挂钩后由反向暴风导致前大梁向后翻倒撞击产生的动能。

第六节　安全保护装置

为了保证起重机安全、可靠地工作，在起重机上应该安装安全保护装置。当作用在起重机上的载荷超过允许值或机构的运动行程超出允许范围时，安全保护装置能及时发出警报或切断动力，使起重机或机构停止工作，从而保证作业安全，避免造成人身、设备损害。安全保护装置的种类很多，常用的有缓冲器、防风装置、起重量限制器和起重力矩限制器、限位器和安全开关等。

一、缓冲器

缓冲器是一种吸收冲击能量的装置。它把冲击能量转化成其他形式的能量（如弹簧、橡胶的变形能）储存并缓慢释放或转化成热能消耗掉。在起重机上，缓冲器用来缓和起重机及其运动部件（如起重小车、臂架、活动配重等）运动到终点止挡器时或两台起重机相互碰撞时的冲击，以减小冲击引起的动力载荷。

起重机采用的缓冲器主要有橡胶缓冲器、聚氨酯泡沫塑料缓冲器、弹簧缓冲器和液压缓冲器。

1. 橡胶缓冲器

橡胶缓冲器（见图 3-6-1）可以用整块橡胶制成，也可以用多片橡胶板叠成，构造简单、制造方便、成本低。但橡胶缓冲器的弹性变形量小，吸收动能有限，一般用于运动速度不超过 1 m/s 的场合。橡胶缓冲器也不宜用于温度过高或过低的场合，适用的环境温度为 −30～50 ℃。

2. 聚氨酯泡沫塑料缓冲器

聚氨酯泡沫塑料缓冲器（见图 3-6-2）中的变形体是用聚氨酯材料经过适当的配方处理制成的，在缓冲过程中可以消耗 40% 的能量，反弹小；有良好的压缩性和回弹性，可压缩到其总长的 50% 以上，并且在卸载 5 min 内的恢复率不小于 95%；材料的微孔结构，使其缓冲容量随碰撞速度的增加而加大。聚氨酯泡沫塑料缓冲器结构简单、工作时无噪声、体积小、使用寿命长、维护方便，适用的环境温度为 −30～60 ℃，因此应用广泛。

图 3-6-1　橡胶缓冲器

图 3-6-2　聚氨酯泡沫塑料缓冲器

3. 弹簧缓冲器

弹簧缓冲器（见图 3-6-3）的结构简单、吸收能量大、维护方便、对工作温度没有特殊要求，是目前使用较广的缓冲器。但弹簧缓冲器具有反弹作用，缓冲过程完毕时，碰撞能量大部分储存在弹簧内部，并在反弹时将能量送回给碰撞体，从而使碰撞体向相反方向运动。因此，弹簧缓冲器一般用于运动速度不大于 2 m/s 的场合。

4. 液压缓冲器

图 3-6-4 所示为液压缓冲器。碰撞时，缓冲器撞头部受到冲击，外部弹簧吸收部分碰撞能量，从而降低内部活塞受到的冲击力。随后，活塞运动，压缩油缸中的油液，

使油液经过内部芯棒和活塞间的环形间隙流到储油腔。由于环形间隙的阻尼作用，运动物体的动能几乎全部转化成热能并消耗掉，从而消除了反弹现象。

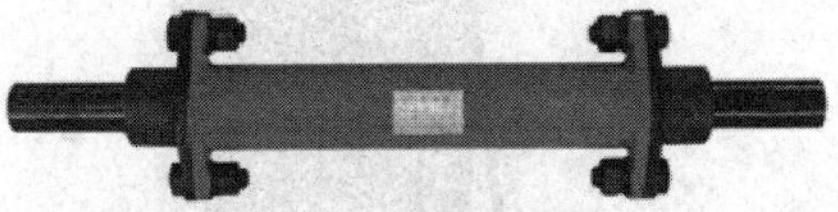
图 3-6-3　弹簧缓冲器

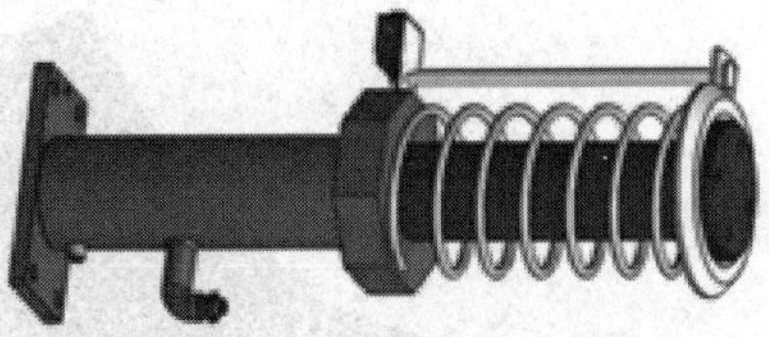
图 3-6-4　液压缓冲器

二、防风装置

室外工作的门座起重机、门式起重机等大型起重机都需要安装防风装置。防风装置能防止有轨运行的起重机在没有驱动的情况下，遇到大风时自行滑行；同时在非工作状态下，能防止起重机遇到强风时翻倒。防风装置有两种分类方式。

1. 按照作用方式分类

防风装置按照作用方式可分为自动作用和非自动作用两大类。

自动作用的防风装置通常用于大型起重机，在起重机停止运行或断电时，自动将起重机止动，在突然遇到暴风的情况下起到保护作用。现代起重机的自动防风装置多配有风速仪，当风力达到规定值时发出警报声；或自动使运行机构断电，将起重机止动并开动防风装置。自动防风装置有延时功能，起重机经过制动停止运动后，防风装置才起作用，以免起重机突然止动，产生过大的惯性力。

非自动作用的防风装置靠手动控制或人力操作，费时费力，不能应对突然发生的暴风。而且手动夹轨器之类的防风装置夹持力小，只能用于中小型起重机。

2. 按照工作原理分类

防风装置按照工作原理可分为压轨式、夹轨式和锚定装置。

（1）压轨式防风装置使起重机的一部分重量压在轨顶上，利用它们之间的摩擦力使起重机止动。压轨式防风装置有手动铁鞋、电动铁鞋、手动压轨器和自动压轨器几种形式。

1）手动铁鞋是一种简单、有效的防风装置，如图 3-6-5 所示。将手动铁鞋插入车轮与轨道之间，当起重机受到风力作用时，车轮滚上铁鞋，使车轮与轨道之间的滚动摩擦变成了铁鞋与轨道之间的滑动摩擦，运行阻力增大，阻止起重机继续移动。手动铁鞋需要用人力插入和拔出，使用不便。由于其与运行机构没有电气联锁，因此有时会因误操作而造成事故。

2）电动铁鞋主要由主控器、动力箱、连接拉杆、弹簧板、铁鞋组成，如图 3-6-6 所示。每台起重机可装 4 个电动铁鞋，按起重机的运行方向，每侧安装 2 个。接通运行电动机，主控器控制动力箱克服弹簧板的压力，拉动连接拉杆将铁鞋提起，与轨道分离，起重机开始运行。运行电动机断电后，主控器控制动力箱放下连接拉杆，在弹簧板的作用下，铁鞋插入车轮与轨道之间。起重机受到风力作用移动时，铁鞋满足楔块自锁条件，使车轮滚上铁鞋，从而起到止动作用。

图 3-6-5　手动铁鞋

图 3-6-6　电动铁鞋

3）图 3-6-7 所示的手动压轨器是一个装在起重机端梁上的螺旋千斤顶。这种压轨器的防风止动力很小，通常只用于露天工作且迎风面积较小的桥式起重机。

4）图 3-6-8 所示为加压滚子式自动压轨器。防滑靴 1 的上表面是弧面，下表面覆盖摩擦衬垫。当运行机构断电时，防滑靴落到轨顶。若起重机在风力作用下滑行，则放在轨道上的防滑靴楔入加压滚子 5 的下面，阻止起重机继续移动。要开动起重机运行机构时，首先使起重机后退一小段距离，然后接通电力液压推杆 3，提起防滑靴，再启动运行机构使起重机运行。

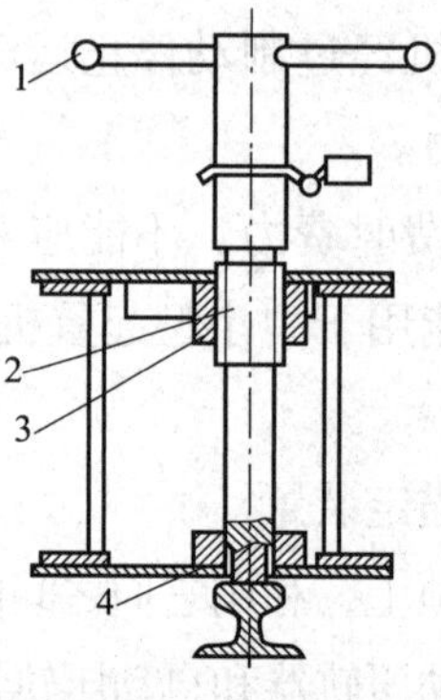

图 3-6-7　手动压轨器
1—手轮；2—螺杆；3—螺母；4—顶头

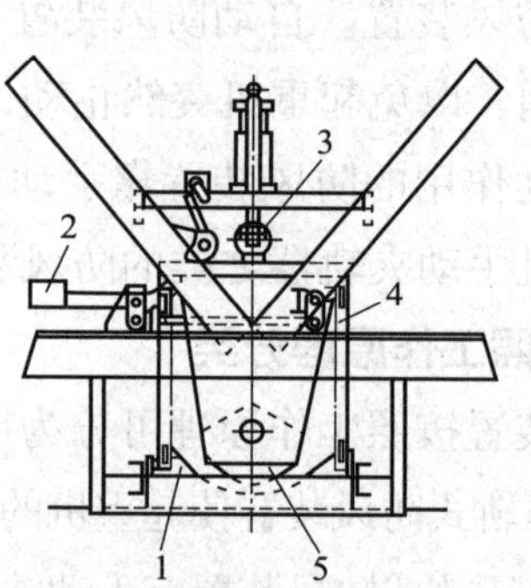

图 3-6-8　加压滚子式自动压轨器
1—防滑靴；2—配重；3—电力液压推杆；4—吊杆；5—加压滚子

（2）夹轨式防风装置用夹钳夹住轨道头部的两个侧面，借助钳齿与轨道头部两侧的摩擦力防止起重机滑行。为了增加摩擦因数，钳口制成锯齿状。

1）图 3-6-9 所示为几种手动夹轨器。它们都是利用丝杠产生夹紧力的。其中，图 3-6-9a 所示的手动夹轨器夹紧力最小，但夹紧作用快。图 3-6-9b 所示的手动夹轨器夹紧力较大。图 3-6-9c 所示的手动夹轨器利用杠杆原理，可以产生很大的夹紧力；另外，该夹轨器钳口的闭合速度是变化的，即快速使钳口空载闭合，再以低速进行夹紧，从而产生较大的夹紧力。图 3-6-9d 所示的手动夹轨器采用滑槽机构，其滑槽曲线由两段组成：一段斜角较大，用来快速闭合；另一段斜角较小，用来夹紧。手动夹轨器构造简单、维护方便，但夹紧力较小、安全性差，仅适用于中小型起重机。

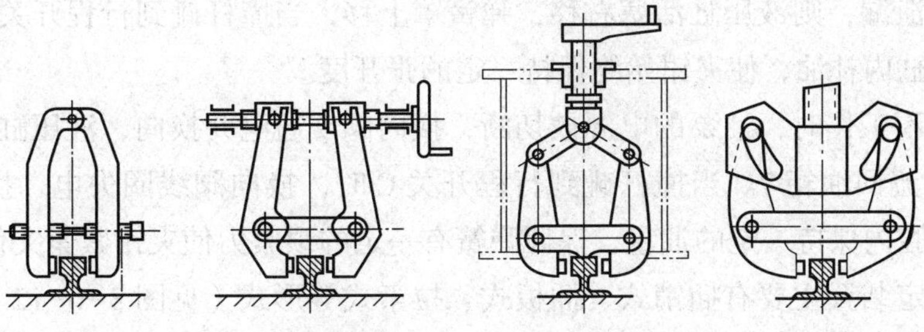

图 3-6-9　手动夹轨器

a）快速夹紧型手动夹轨器；b）大力夹紧型手动夹轨器；
c）杠杆原理大力夹紧变速型夹轨器；d）滑槽机构变速夹紧型手动夹轨器

2）图 3-6-10 和图 3-6-11 所示为电动液压式夹轨器及其液压系统原理。起重机断电后，夹钳在弹簧的作用下自动夹紧轨道头部；液压油进入液压缸，推动活塞，撞杆机构使夹轨器松钳。

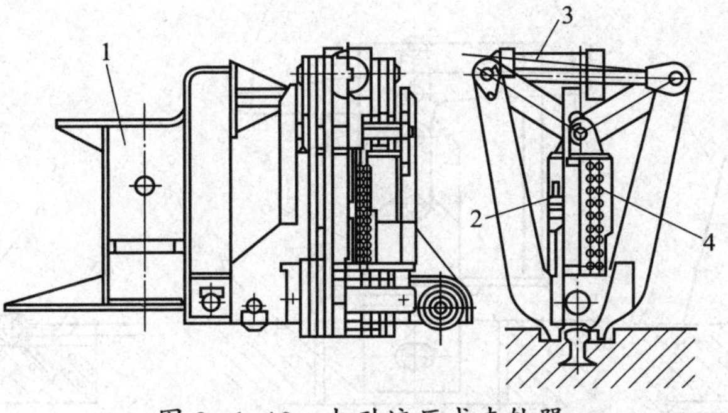

图 3-6-10　电动液压式夹轨器

1—推动器；2—开关；3—液压缸；4—弹簧

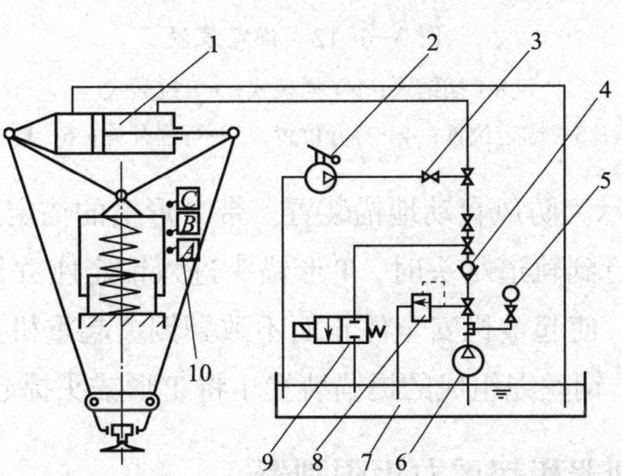

图 3-6-11　电动液压式夹轨器液压系统原理

1—液压缸；2—手动泵；3—截止阀；4—单向阀；5—压力表；6—油泵；
7—油箱；8—溢流阀；9—换向阀；10—行程开关 A，B，C

接通油泵 6 的电源，液压油进入液压缸 1 的右端，压缩夹轨器的弹簧，使弹簧罩下移，撞杆碰到行程开关 A 时，油泵断电，夹轨器完全松开。起重机在工作过程中，若发生油液泄漏，则液压缸活塞右移，弹簧罩上移，当撞杆碰到行程开关 B 时，油泵启动向液压缸内补油，使夹钳始终保持一定的张开度。

起重机不工作时，油泵的电源被切断，换向阀 9 通电并换向，液压缸右腔中的油液经换向阀流回油箱 7。当撞杆碰到行程开关 C 时，换向阀线圈失电，换向阀复位，使液压缸右腔内保持一定的油量，保证弹簧有一定的顶紧力使夹钳紧紧夹住轨道。

（3）锚定装置主要有插销式、插板式、拉索式等形式（见图 3-6-12）。沿起重机轨道每隔一定的距离设置 1 个锚定座（坑），在大风到来前，将起重机运行到附近的锚定座（坑）并予以锁定即可实现防风效果。

1）插销式锚定装置只需将插销插入起重机与锚定座上的销孔中即可锁定起重机；插板式锚定装置要将转动架转到锚定位置，使插板落入锚定座内，才可将起重机锁定；拉索式锚定装置通过左右螺纹的张紧装置调整锚链的张紧度，将起重机牢牢地固定在基础上。

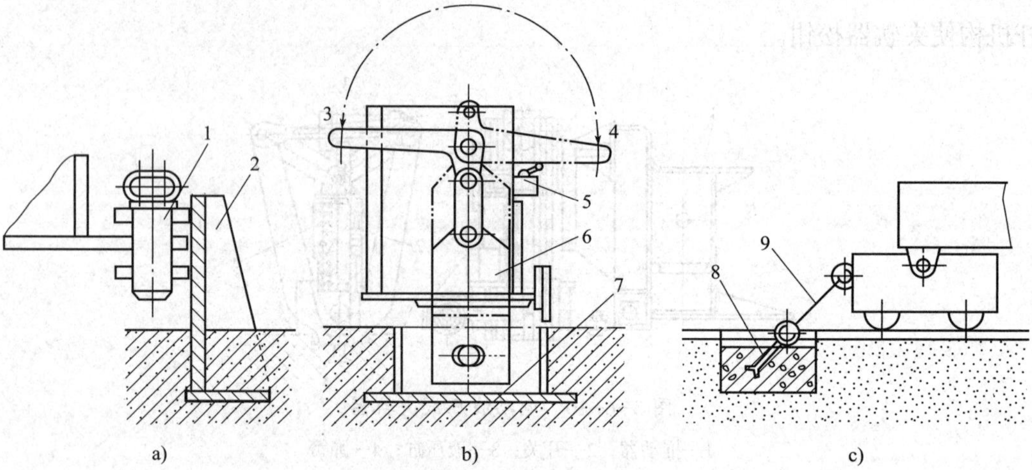

图 3-6-12　锚定装置

a）插销式；b）插板式；c）拉索式

1—插销；2，7—锚定座；3—锚定位置；4—打开位置；5—行程开关；6—插板；8—锚定坑；9—锚链

2）图 3-6-13 所示为防风自动地锚装置。带 T 形槽的锚定座 2 和缓冲器 5 装在轨道的尽头。起重机运行到轨道尽头时，T 形锚头进入锚定座并撞击缓冲器，缓冲器吸收起重机的部分动能，使起重机安全停止而不致翻倒。起重机开始工作时，由电动液压推杆、杠杆、滑轮、钢丝绳组成的提锚装置 1 将 T 形锚头提起。

三、起重量限制器和起重力矩限制器

起重量限制器和起重力矩限制器是限制超载的安全保护装置。

在《起重机械安全规程》（GB 6067—2010）中规定：额定起重量大于 20 t 的桥式

起重机和额定起重量大于 10 t 的门式起重机应装起重量限制器；额定起重量 20 t 以下的桥式起重机和额定起重量小于 10 t 的门式起重机宜装起重量限制器。起重量大于或等于 16 t 的汽车起重机、轮胎起重机、履带起重机及起重能力大于或等于 25 t 的塔式起重机应装起重力矩限制器；起重量小于 16 t 的汽车起重机、轮胎起重机及起重能力小于 25 t 的塔式起重机宜装起重力矩限制器。

1. 起重量限制器

起重量限制器用于起重量与跨度或幅度无关的起重机械，如门式起重机、桥式起重机和单参数装卸用的门座起重机。起重量限制器利用弹簧、重锤、液压或压力传感器等来限制钢丝绳的张力，当起升载荷超过允许值时，能使起升机构自动停止工作，从而达到限制起升货物质量的目的。

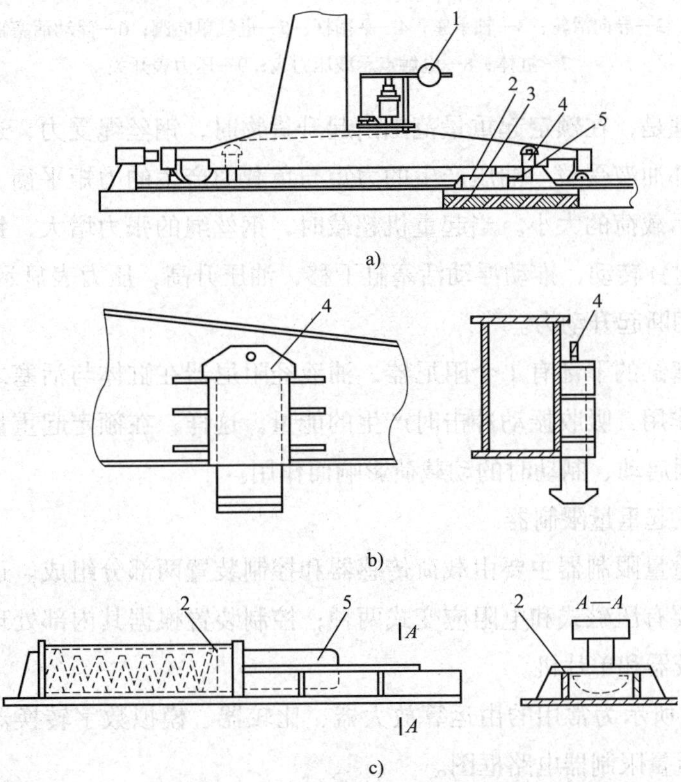

图 3-6-13　防风自动地锚装置

a）安装布置图；b）锚头结构图；c）锚定座结构图

1—提锚装置；2—锚定座；3—基础；4—锚头；5—缓冲器

（1）杠杆式起重量限制器

图 3-6-14 所示的杠杆式起重量限制器是机械式起重量限制器。钢丝绳从起升卷筒放出，经过起重量限制器的导向滑轮 2、人字架顶部的导向滑轮、象鼻架端点的导向滑轮与取物装置相连，由进气单向阀 5 将一定压力、一定体积的氮气充入浮动活塞

缸 6 的上部，使可变密封容积里的气体起类似弹簧的作用。

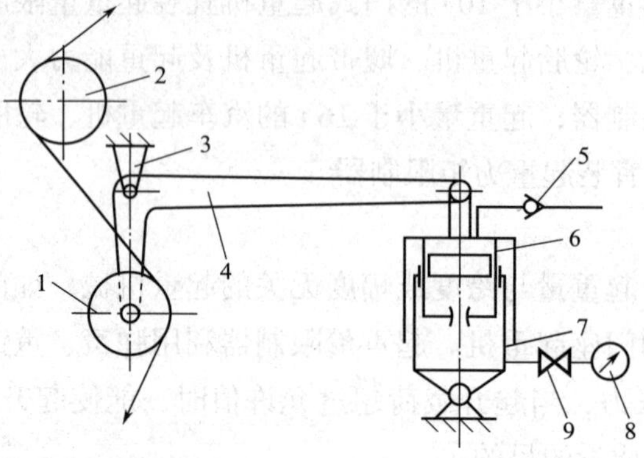

图 3-6-14　杠杆式起重量限制器

1，2—导向滑轮；3—轴承座；4—平衡杆；5—进气单向阀；6—浮动活塞缸；
7—缸体；8—电触点示载压力表；9—压力表开关

其工作原理是，在额定起重量范围内起升货物时，钢丝绳受力，通过杠杆系统使浮动活塞缸下部油液受载。油压产生的力矩与负载力产生的力矩平衡，并通过电触点示载压力表显示载荷的大小。当起重机超载时，钢丝绳的张力增大，钢丝绳合力使平衡杆绕支点顺时针转动，推动浮动活塞缸下移，油压升高，压力表显示的压力也增大，并发出警报，切断起升动力。

在浮动活塞缸的下部有 1 个阻尼器，油液经阻尼器在缸体与活塞之间流动，从而起到阻尼缓冲作用，吸收振动冲击时产生的能量。这样，在额定起重量范围内，起重量限制器不会因启动、制动时的动载荷影响而作用。

（2）电气式起重量限制器

电气式起重量限制器主要由载荷传感器和控制装置两部分组成。适用于起重机的载荷传感器主要有压磁式和电阻应变式两种；控制装置根据其内部处理器的类型可分为集成电压比较器和单片机。

图 3-6-15 所示为常用的由运算放大器、比较器、模拟数字转换器、显示器等组成的电气式起重量限制器电路框图。

将电阻应变式传感器产生的与载荷成正比的电压信号送入控制装置，由运算放大器进行放大。放大后的信号一路经 A/D① 转换、译码后用数字显示器显示载荷大小；另一路分别送入 3 个比较器，这 3 个比较器的比较基准分别设定为额定载荷的 90%、100%～105%、110%。当载荷达到额定载荷的 90% 时，控制器发出声光报警信号。为了避免启动时附加载荷引起的瞬间虚假超载误报，系统在 100%～105% 这

① A/D 表示数字 / 模拟。

一挡设置延时 1～2 s 的延时电路。在延时过程中，这路比较器的输出被暂时封锁，待延时结束，才输出比较信号，控制起升工作状态。若起重量达到额定起重量的110%，则相应比较器会立即输出信号，发出声光警报，并控制继电器动作，切断起升机构的起升工作回路。

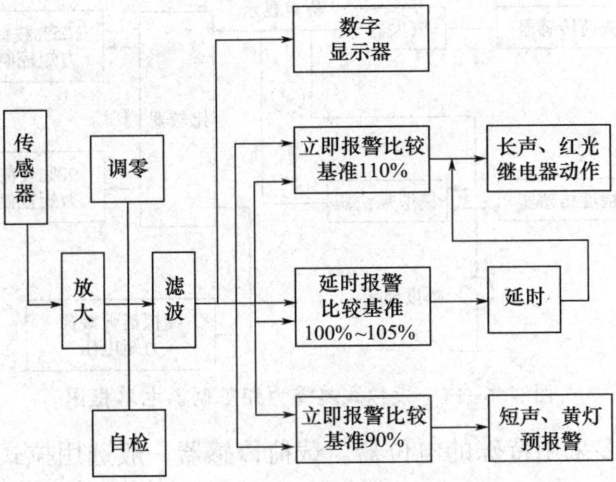

图 3-6-15 电气式起重量限制器电路框图

由于起重量限制器系统的精度不高，因此桥架型起重机大多采用一般精度的剪切梁式或柱式载荷传感器。该传感器可与卷筒的轴承座制成一体，一般装在卷筒的非减速器一侧，如图 3-6-16 所示。传感器也可以安装在导向滑轮或平衡滑轮处、钢丝绳的固定端。

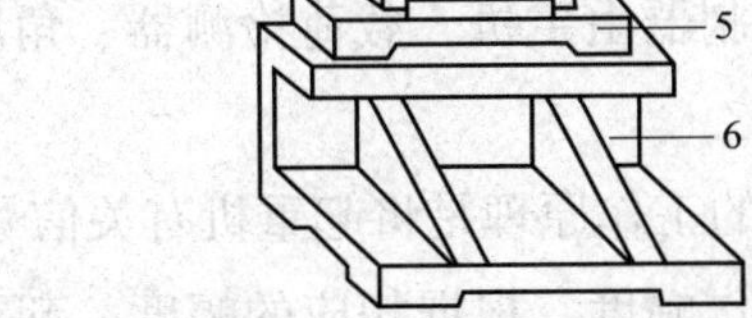

图 3-6-16 轴承座式载荷传感器安装形式

1—减速器；2—卷筒；3—轴承盖；4—轴承座；5—载荷传感器；6—底座

2. 起重力矩限制器

起重力矩限制器是用于额定起重量随工作幅度变化的起重机的超载保护装置。

（1）模拟式起重力矩限制器

图 3-6-17 所示为模拟式起重力矩限制器电路框图。其工作原理是将幅度传感器提供的幅度信号和载荷传感器提供的重量信号送入模拟乘法器相乘，其乘积电压即为模拟载荷力矩电压值，再与设定的值比较而得到报警值。

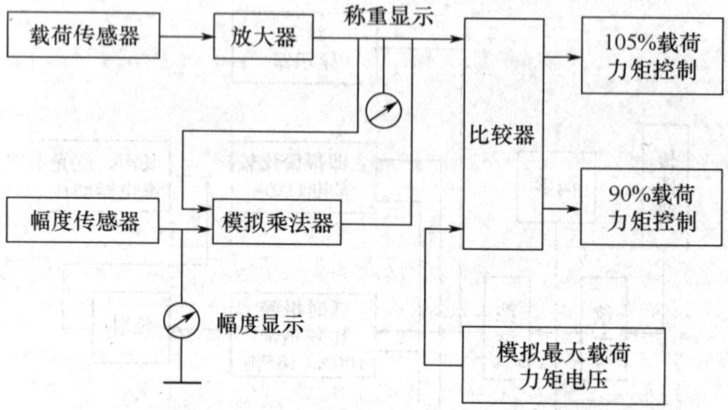

图 3-6-17　模拟式起重力矩限制器电路框图

幅度传感器大多采用特殊的电位器。载荷传感器一般选用拉式或压式传感器，安装方法如图 3-6-18 所示，也可以用起重量限制器中载荷传感器的安装方法。

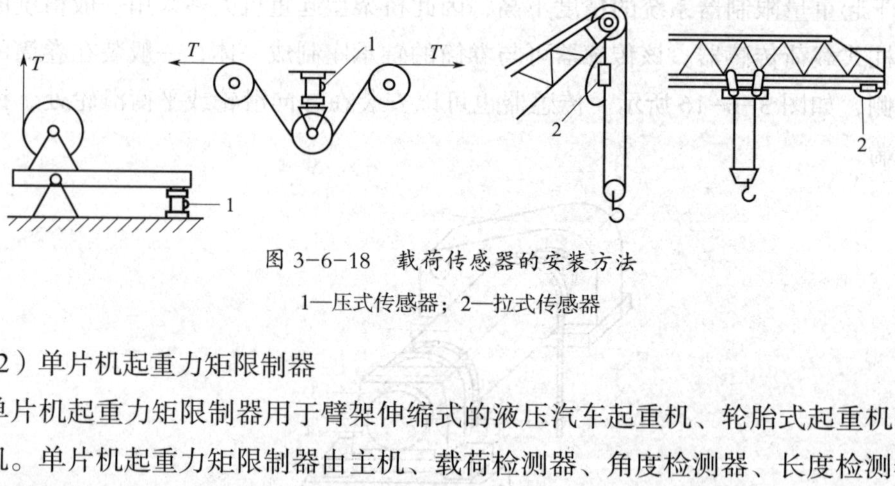

图 3-6-18　载荷传感器的安装方法

1—压式传感器；2—拉式传感器

（2）单片机起重力矩限制器

单片机起重力矩限制器用于臂架伸缩式的液压汽车起重机、轮胎式起重机和铁路起重机。单片机起重力矩限制器由主机、载荷检测器、角度检测器、长度检测器和起重机工况检测系统组成。

单片机起重力矩限制器的工作原理是将起重机有关信号（臂架长度、臂架角度等）输入单片机，算出当时的工作幅度，根据相应的幅度－起重量特性曲线，算出允许的额定载荷力矩。同时，通过载荷传感器测出当时的起升载荷，计算出起升载荷的实际载荷力矩。当实际载荷力矩小于或等于额定载荷力矩时，起重机处于安全工作状态。当实际载荷力矩大于额定载荷力矩时，起重机处于危险工作状态，单片机起重力矩限制器发出声光报警，并切断起重机向危险方向的运动（如上升卷扬、降臂增幅、臂架伸长），但起重机可以继续进行恢复到安全状态的运动（如下降卷扬、升臂减幅、臂架收缩）。图 3-6-19 所示为单片机起重力矩限制器工作原理框图。

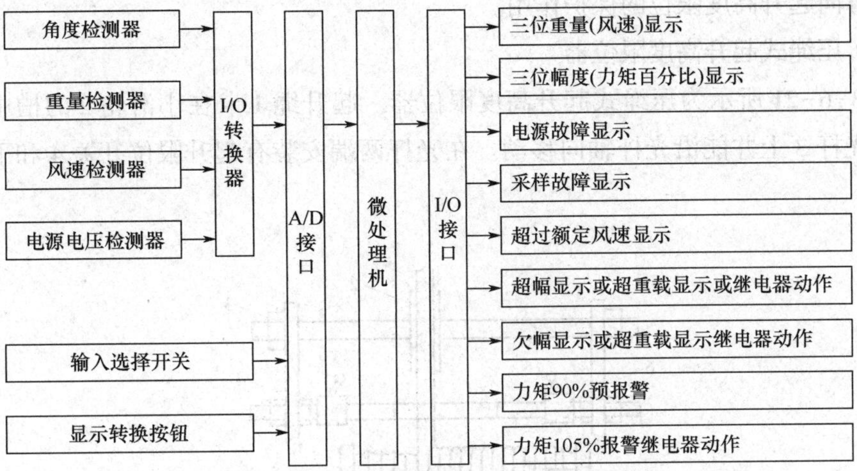

图 3-6-19　单片机起重力矩限制器工作原理框图

注：I/O 表示输入 / 输出。

四、限位器和安全开关

1. 起升高度限位器

为了防止由司机操作失误或其他原因造成的起升绳过卷扬，在起重机上要安装起升高度限位器。当取物装置上升到一定高度时，它能自动切断起升电动机的电源，使电动机停止工作。

（1）重锤式起升高度限位器

图 3-6-20 所示的 LX10-31 型起升高度限位器是一个杠杆开关。重锤的重量使限位开关的触头处于闭合状态。

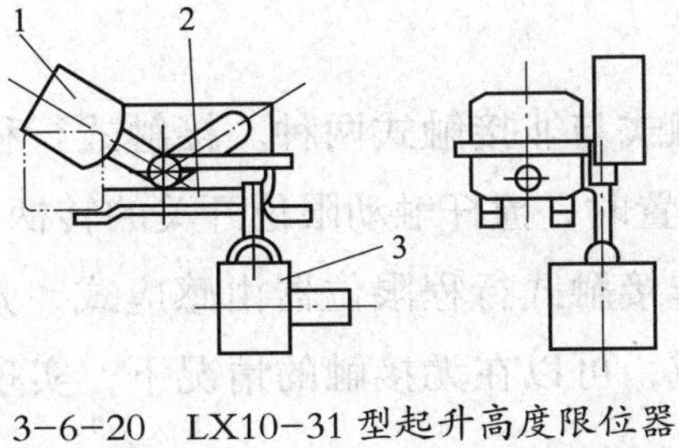

图 3-6-20　LX10-31 型起升高度限位器

1—平衡重块；2—开关转柄；3—重锤

当取物装置上升到极限位置时，固定在起升绳上的撞杆顶起限位开关的重锤，限位开关转柄在平衡重块的作用下转动，常闭触头断开，切断起升电源，起升机构停止起升运动。

重锤式起升高度限位器构造简单、使用方便，常用于桥式起重机和门式起重机，起着单方向起升高度限位的保护作用。

（2）压绳式起升高度限位器

图 3-6-21 所示为压绳式起升高度限位器。起升绳 1 卡在小滑轮 2 的槽中，小滑轮套在光杆 3 上并能沿光杆轴向移动。在光杆两端安装有起升限位开关 4 和下降限位开关 6。

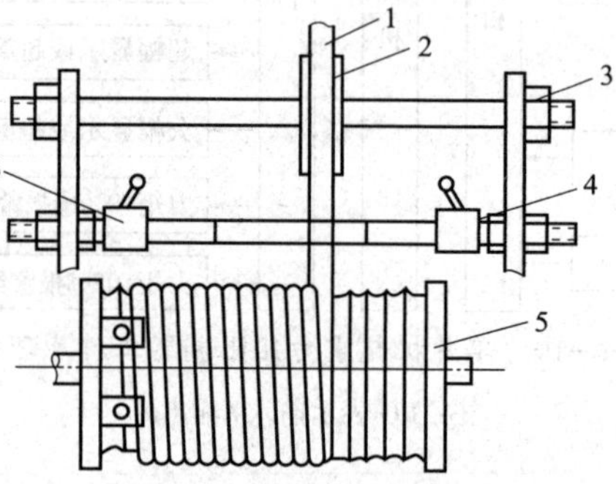

图 3-6-21　压绳式起升高度限位器

1—起升绳；2—小滑轮；3—光杆；4—起升限位开关；5—卷筒；6—下降限位开关

当起升货物时，钢丝绳卷入卷筒并自左向右在卷筒上排列，同时，拖动小滑轮沿光杆自左向右移动。当起升到极限位置时，小滑轮碰到起升限位开关 4 的推杆，使常闭触头打开，切断电源，电动机停止起升运动。

同样，当下降货物时，钢丝绳绕出卷筒并沿卷筒自右向左移动，同时，拖动小滑轮沿光杆自右向左移动。当下降到极限位置时，小滑轮碰到下降限位开关 6 的推杆，使常闭触头打开，切断电源，电动机停止下降运动。压绳式起升高度限位器可以实现双向行程保护。

2. 行程限位器

行程限位器分为接触式与非接触式两种。接触式行程限位器由限位开关与撞杆组成。当行程到达极限位置时，撞杆触动限位开关的转柄，转柄转动，切断电源，起重机或机构停止工作。非接触式行程限位器由感应式、光电式、红外式等非接触的接近开关与相应部件组成，可以在无接触的情况下，实现对各种相对运动的控制和保护。

（1）小车行程限位器

小车行程限位器常用于桥架型起重机起重小车的行程限制，行程开关安装在桥架两端，撞杆安装在小车架上。

（2）起重机行程限位器

起重机行程限位器的限位开关常安装在起重机运行车架的端部，撞杆固定在运行轨道尽头的止挡器上。

（3）幅度限位器

在臂架俯仰行程的极限位置处，应安装臂架低位置和高位置的幅度限位器。幅度限位器的限位开关一般安装在转台上，撞杆固定在臂架的根部。也有的变幅机构安装减速和停止两级限位开关，并安装缓冲止挡器，防止臂架向后倾翻。

（4）电缆收放限位器

当电缆从电缆卷筒全部放出后，为了防止起重机继续运行而使电缆拉断，要安装电缆收放限位器。电缆收放限位器的限位开关一般安装在电缆卷筒附近，当电缆快要放完时，触动限位开关，使运行机构停止运动。

3. 安全开关

当起重机的司机室安装在运动部分时，司机室的门上应装安全开关。当门打开时，安全开关动作，自动切断电源，起重机运行机构不能启动。在司机室通往桥架走台的“舱口门”和通往端梁的“栏杆门”上也应装有安全开关。开启“舱口门”或“栏杆门”时，安全开关动作，自动切断电源，避免司机或维修人员上车时触电。

第四章 电动装卸机械操作

电动装卸机械由于机构庞大，作业环节和操作流程烦琐，因此，对作业过程中司机的操作技术提出了很高的要求。操作电动装卸机械的目的是实现货物的空间位移，但要使装卸生产顺利，并且安全、高效地进行，就需要司机掌握许多与机械、电气相关的专业知识、安全常识，以及规范、合理的操作方法。

第一节 电动装卸机械一般操作

一、电动装卸机械司机的岗位职责

1. 对电动装卸机械司机的基本要求

（1）司机操作电动装卸机械时，不允许进行易分散注意力的其他操作。

（2）司机体力和精神不适时，不得操作起重设备。

（3）司机应接受由指挥工发出的起重作业指挥信号的指挥。当电动装卸机械的操作不需要信号员时，司机负有指挥工的责任。无论何时，司机都应执行来自任何人的停止信号。

（4）司机应对自己直接控制的操作负责。无论何时，当怀疑有不安全情况时，司机应在起吊物品前及时提出，并和管理人员协商并妥善处理。

（5）在离开无人看管的电动装卸机械之前，司机应做到以下几点。

1）被吊载荷应放到地面，不得悬吊。

2）使运行机构制动器夹紧或设置其他保险装置。

3）把吊具起升到规定位置。

4）根据情况，断开电源或脱开主离合器。

5）将所有控制器置于零位或空挡位置。

6）固定住电动装卸机械，防止发生意外移动。

7）当采用发动机提供动力时，应使发动机熄火。

8）露天工作的电动装卸机械，当有超过工作状态极限风速的大风警报或电动装卸机械处于非工作状态时，为避免电动装卸机械移动，应采用夹轨器和（或）其他装置固定电动装卸机械。

（6）如果电源切断装置或启动控制器有报警信号，在指定人员取消这类信号之前，司机不得接通电路或开动设备。

（7）在接通电源或开动设备之前，司机应查看所有控制器，使其处于零位或空挡位置，并确认现场人员均在安全区域内。

（8）如果在作业期间发生供电故障，司机应做到以下几点。

1）在合适的情况下，使运行机构制动器夹紧或设置其他保险装置。

2）应切断所有动力电源或使离合器处于空挡位置。

3）如果可行，可借助对制动器的控制把悬吊载荷放到地面。

（9）司机应熟悉设备的正常维护。如果电动装卸机械需要调试或修理，司机应把情况迅速报告给管理人员并在交班时通知接班司机。

（10）在作业开始前，司机应检查所有控制装置。如果控制装置操作不正常，应在电动装卸机械运行之前进行调试和修理。

（11）当风速超过生产厂家规定的最大工作风速时，不允许操作起重机械。

（12）电动装卸机械轨道或结构上有结冰现象或在其周围能见度下降的气候条件下操作电动装卸机械时，应减慢速度或采取其他有效手段，保证电动装卸机械的安全操作。

2. 电动装卸机械司机配合修理时的职责

电动装卸机械在修理时，司机必须密切配合维修人员做好以下几项工作。

（1）故障检查和维修之前，司机必须切断电源。

（2）检修现场要有足够的照明，如需使用行灯，其电压必须在 36 V 以下，灯泡外应加防护罩。

（3）带电测试时，必须有监护人员进行监护，以防止违规操作发生事故。带电检修时，要戴好绝缘手套，穿好绝缘鞋；对所有靠近导电部分的地方，应用橡皮布遮盖或用木栅隔离。

（4）检修中更换的部件或零件必须逐件清点，妥善处理，不得乱放，更不允许直接从电动装卸机械上抛下。

（5）检修时需要的工具和设置的临时线缆必须固定在安全位置，以防止人员绊倒或工具设备固定不牢造成坠落而发生事故。

（6）检修需要的零部件及工具，应放入专用工具袋由滑车或绳索传递。登高扶梯要有防滑安全设施，并须指定人员进行登高保护。

（7）在检修中应坚持严谨的科学态度，按有关技术要求和规定进行修理；司机不得提出大拆大修，任意改动元件、部件位置或工作程序等要求。

（8）司机应在电动装卸机械修理完毕后进行试车验收，确认电动装卸机械修理合格才能投入使用。

二、电动装卸机械的基本操作原则

电动装卸机械的种类繁多，但不管什么样的电动装卸机械，基本操作大致相同，稳、准、快、安全、合理是基本功。虽然只有七个字，但它包含了安全操作的全部要领。要真正达到这个要求，需要长期的领悟与磨炼。稳和准是快的前提，如果不稳、不准，就不能做到快；而不能保证安全生产，再快也是没有意义的；但只注意安全而不快，也不能充分发挥电动装卸机械的工作效率。合理操作是安全操作的保证和前提，所以，只有全面做到稳、准、快、安全、合理的操作，才能使电动装卸机械正常工作。

1. 稳

稳是指司机在操纵电动装卸机械的过程中，必须做到启动、制动平稳，吊钩或负载不摇晃。若吊钩来回摆动，则容易发生事故。稳钩是司机操作起重设备完成每一个吊运工作中不可缺少的环节，是司机必须掌握的基本技能之一。稳钩操作技能掌握得好坏及熟练程度，直接影响起重设备吊运工作的安全、工作质量及工作效率。

2. 准

准是指被吊物体“落点准”“到位准”。要做到“落点准”，司机必须对被吊物体所需通过的水平距离和垂直高度有准确的判断，并充分考虑电动装卸机械的性能和运动惯性。

在操纵手柄时，要把握回零位的提前量，使吊物能平稳、准确到位。对大型构件、机器、设备的起重安装，有时要求精确到毫米，这就是“到位准”。这时吊钩起升或下降要微动，只有充分掌握电动装卸机械的性能，并有一定的经验积累才能做到得心应手。

3. 快

快是指充分、合理地发挥电动装卸机械应有的效能，提高劳动生产效率。快必须建立在稳和准的基础上，更要建立在安全的基础上，协调各机构动作，缩短工作循环时间。有的司机为达到快的目的，往往忽视安全，不顾车体和吊钩的摇晃开快车，这是十分错误和危险的。

4. 安全

安全是指对设备能预检、预修，确保电动装卸机械在生产过程中安全运行，在操作中严格执行安全操作规程，做好预防，不发生任何人身、设备事故。在发生意外故障的情况下，能灵活采取措施，制止事故发生或使损失减少到最低。

5. 合理

合理是指在了解、掌握电动装卸机械特性的基础上，根据被吊物体的具体情况，正确、合理地操纵控制器。

三、电动装卸机械操作要求

1. 安全操作要求

（1）行车前必须清除轨道沟、轨道面与电缆槽中的障碍物及其附近影响行车的一切障碍物。

（2）检查电动装卸机械的金属结构。

（3）检查电动装卸机械传动部分有无障碍物，并检查安全罩、制动器及联轴器的紧固情况。

（4）按规定进行润滑工作。

（5）检查并松开锚定装置、防爬装置。

（6）司机应全面掌握电动装卸机械的技术性能和构造、安全操作规程及信号规则。

（7）电动装卸机械工作时，司机不得离开司机室。禁止未经允许的人员上机，无该机种特种作业操作证的人员不得进行操作。

（8）电动装卸机械发生挂舱、碰舱等事故时，应立即停止工作，并对电动装卸机械进行检查。

（9）无人指挥作业、夜间照明不足时，不得进行作业。

（10）严禁超载荷作业、斜吊及水下作业。

（11）禁止抓斗从人员上空越过或在抓斗上带人，抓斗越过物体时应高于物体 2 m 以上。

（12）设备梯子、平台、栏杆应经常清除泥土、煤灰和油垢，作业时禁止进行加油、调整、修理和清洁等工作。

（13）电源总开关切断后，才能检修电气设备。

（14）满载时，禁止两个及两个以上机构同时启动和制动。

（15）风力超过七级时，电动装卸机械应停止工作，开到锚定区锚定，并把防爬装置放置到位，臂架应处于顺着风向的位置。

（16）遇有台风警报时，应事前做好防范工作（包括整机适当用钢丝绳加固），锚定板应插入锚定座。

（17）司机不得依靠限位开关来控制机构的动作，机构应在到达终点之前停止动作。

（18）作业中如遇电源中断，应将手柄拨到零位。

（19）两机相邻作业时，应尽可能使用小幅度旋转。

（20）电动装卸机械工作时，物件捆缚不牢不得起吊。

（21）电动装卸机械工作时，不得靠反向操作来停止动作。

（22）吊运氧气瓶、乙炔瓶等压力容器和危险品时，必须有安全措施。

（23）被吊物体有棱角和缺口时，必须垫妥衬垫再起吊。

（24）吊具进入船舱后，钢丝绳距离舱口不得小于 0.5 m。

（25）夜间必须将航空灯打开。

（26）下班时应将电动装卸机械停放在安全区域，关闭总电源，操作手柄拨回零位，紧固制动器，关好门窗。

2. 技术操作要求

（1）作业前电动装卸机械的日常检查工作

为了保证电动装卸机械能在最佳状态下正常运转，必须经常检查机械的动作及各个部件的损耗情况、润滑状态等。通过日常检查，发现有不能满足设备技术要求的问题时，必须立即采取措施妥善处理，使其达到最佳状态。

在电动装卸机械运转前，司机要对以下事项进行充分检查，使电动装卸机械在最佳状态下正常运转。

1）认真检查电动装卸机械及作业范围内有无障碍物，若有，则必须进行清除。

2）松开夹轨器并检查锚定装置是否处在收起状态。因为夹轨器与锚定装置是与行走电动机联锁的，所以当它们处于工作状态时，机械无法行走。

3）检查电动装卸机械各机构、装置润滑是否充分。

4）认真检查各电气装置的开关及操纵杆是否在正常位置。

5）确认电源、电压正常。

6）将被安全钩固定的前伸臂松开，放到正常的工作位置（即水平位置）。

7）作业前先进行电动装卸机械的空载运转，确认各部分安全保护装置及各个限位开关动作正常。

（2）电动装卸机械运行过程中的注意事项

1）下列情况下，司机应先鸣警铃发出警告信号。

①电动装卸机械启动后，即将开车运行时。

②靠近同一轨道其他门座电动装卸机械时。

③起吊和下降货物时。

④货物在吊运旋转和运转过程中，接近下面作业人员，危及他人的安全时。

⑤电动装卸机械在运行过程中，设备发生故障时。

2）在操作过程中应密切观察各仪表是否正常，发现异常情况应及时停车检查并报告主管领导。

3）在操作过程中发现有异响或异味时，应及时停车检查并进行排除，若不能排除则应及时停机报修。

4）不准使用限位器断电停车。

5）严禁吊运货物从人员上空通过或停留。

6）司机在操作中应注意观察周围状况，使机身及货物远离周围物品及设备，与周围物品及设备的距离不得小于 2 m，与输电线的距离不得小于 4 m。

7）吊运的货物体积很大时，应在货物上拴系牵引绳索，便于控制货物在吊运中的摇摆。

8）七级以上大风时不得开机作业。

9）司机操作时应听从专职指挥工指挥；任何人发出停机信号都必须服从，立即停止操作。

10）电动装卸机械司机操作时应做到“十不吊”。

①指挥信号不明、光线暗淡不准起吊。

②违章指挥不准起吊。

③货物重量不明或超载荷不准起吊。

④埋在地下或水中的货物不准起吊。

⑤散物捆扎不牢或物料装放过满不准起吊。

⑥机械安全保护装置失灵不准起吊。

⑦货物上有人或浮动物件不准起吊。

⑧斜拉、斜挂时不准起吊。

⑨棱刃物与钢丝绳直接接触、无保护措施时不准起吊。

⑩六级以上强风无防护措施不准起吊。

11）水中和泥沙中的货物或与其他物体搅拌在一起的货物，不得直接起吊，应进行适当处理后才可起吊。

12）电动装卸机械在运行时严禁加油、清扫和检修。

13）两台设备协同起吊同一货物时，事先应制定吊运工艺，协调指挥信号，采取相应安全措施；吊运时各机构均以慢速运转，确保工作安全可靠。

14）遇有停电时，应将手柄立即扳回零位，停电期间不得擅离工作岗位。

（3）电动装卸机械作业后的注意事项

1）将电动装卸机械开到停车位置，将臂架仰起，使幅度达到最小位置将吊钩提升至顶端，吊钩上不准悬吊货物或吊具。

2）将各机构控制手柄扳回零位，切断电源，夜间应打开航空灯。

3）离车前应做好电动装卸机械检查工作，清扫司机室，填写交接班记录，关好司机室门窗和电梯门。

4）下车后上紧夹轨器，楔好铁鞋，挂好锁定桩的铁链。

四、电动装卸机械的基本操作方法

1. 稳钩操作

稳钩就是使摇摆的吊钩平稳地停在所需位置，或使吊钩随电动装卸机械平稳运行的操作方法。稳钩是司机操纵电动装卸机械进行安全生产的基本操作技术。在实际操作中，经常遇到的吊钩摆动有纵向摆动、横向摆动、斜向摆动和多向摆动，以及吊钩与被吊物体相互摆动。因此，正确运用稳钩操作方法对安全生产是非常重要的。

稳钩操作要领是在吊钩摇摆到最大幅度且尚未回摆的瞬间，将车驾驶至吊钩摇摆的方向（钩向哪边摆，车向哪边跟）。在向吊钩摇摆的方向跟车时，大车（或小车）通过钢丝绳传给吊钩一个与吊钩回摆力方向相反的力，从而抵消作用于吊钩水平方向的力，消除摇摆。跟车的距离应根据吊钩的摆幅灵活调整，摆幅大跟车距离就大，摆幅小跟车距离就小。跟车速度不宜太慢，这样才能使吊钩随着电动装卸机械平稳地运行。

2. 利用电动机机械特性的操作方法

电动装卸机械司机还要会利用电动机的机械特性进行合理的操作，使电动机的性能得以充分发挥，从而提高工作效率。

（1）大、小车机构的操作方法

大、小车机构主要通过电动机驱动克服机构开始运行时的静摩擦阻力、行走时的动摩擦阻力及车体的加速作用。电动装卸机械上采用的凸轮控制器控制的电路是对称的，即该电路在机构的正反方向有着相同的特点，电路中的电阻是对称分布的。由图 4-1-1 所示的电动机机械特性曲线可以看出，电动机带动机构运行的逐级加速时间有长有短，它是由电动装卸机械的跨度、吨位及其效率决定的。起重量大、跨度大的机械，则加速时间长，高效率的电动装卸机械加速时间短。通常该加速时间在 3 s 左右为宜，但衡量加速时间是否恰当，还要通过逐级加速过程中电动装卸机械是否发生振动和电动机旋转声响是否正常来判定。机构不产生振动和电动机声响正常，即表示加速时间正好。若控制器手柄转到上升第二级位置时不能启动负载，则说明超负荷或发生了故障。

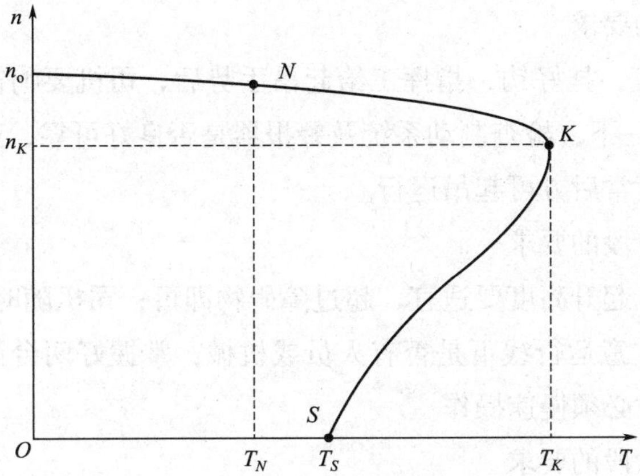

图 4-1-1　电动机机械特性曲线

（2）升降机构的操作方法

在由对称电路控制的升降机构中，电动机机械特性曲线是不对称的，因此升降机构的上下运动情况不相同。上升第一级的电动机启动转矩是其额定转矩的65%，上升第二级的电动机启动转矩是其额定转矩的140%。如果控制器手柄在第二级位置时不能启动负载，则说明超负荷或电气、机械方面出现了故障，此时不允许起吊，待查明原因后方可继续。

在重载下降时，控制器手柄不允许在下降第一级位置停留，因为此时下降速度接近或超过电动机同步转速的两倍，且惯性大，极易损坏电动机，但允许点动。升降机构的运动虽是对称的，但其带动的负载是不对称的。上升时是阻力负载，此时电动机既要克服传动机构的摩擦阻力，又要带动重物上升，因此电动机输出的转矩很大；而下降时是动力负载，此时重物由于重力的作用，自身即可以克服机构的摩擦阻力或电动机只需供给很小的一点驱动力矩就可以使重物下降。因此上升时电动机处于驱动状态，下降时电动机处于发电反馈制动状态。具有两级反接制动的升降机构在重物上升时的操作方法基本一致，但在下降时的操作方法根据重物的实际情况有很大区别，在实际操作中不允许使用反接制动进行长距离低速下降，以防发生事故。对具有反接制动和单相制动的升降机构，其下降第一级是反接制动，用于超过额定负载60% 的重载低速微距离制动；其下降第二级是单相制动，用于小于额定负载60% 的负载低速微距离下降；下降第三级是发电反馈制动，用于各种负载的高速长距离下降。反接制动级与单相制动级只能用于短距离下降，否则会引起电动机和电阻器过热或烧毁电动机。

只有正确地运用电动机机械特性曲线，才能合理而准确地操纵电动装卸机械，同时安全也能得到保障。

五、门座起重机操作

1. 吊钩操作

（1）起吊阶段的要求

起吊货物应垂直，挂好钩，指挥工给起吊手势后，司机要鸣笛，慢速起吊，吊起0.5 m左右时要停顿一下，检查制动系统及警报器是否良好可靠，观察吊钩是否拴挂牢靠，有无掉落物，正常后方可起吊运行。

（2）回转运行阶段的要求

在运行过程中，起升高度要适宜，超过障碍物即可；司机随时观察周围有无障碍，眼随钩走；特别要注意运行线下是否有人员或机械，掌握好两台设备之间的距离；吊运大件货物或设备时必须慢速操作。

（3）上船下舱阶段的要求

当运行到舱口时，要严格按照舱口指挥工手势操作；带重物下舱时下降速度放慢；严禁碰撞舱口，以免掉物伤人或损坏船具；注意观察指挥工手势，严禁在舱内做兜钩、拉钩等作业。

（4）摘钩出舱阶段的要求

当重物放好摘钩后，指挥工给起吊手势方可运行；起吊速度由慢逐步加快；严禁钢丝绳和钩头刮碰舱口；当吊钩挂兜子出舱时，起吊速度要慢，以免兜子挂人；出舱时起升高度要掌握好，出舱后回转要平稳。

2. 抓斗操作

（1）作业前检查阶段的要求

要检查抓斗绳是否出槽，有无损坏；钢结构有无开裂或变形；抓斗开闭是否自如。

（2）运行下舱阶段的要求

在运行过程中，应密切注意周围环境有无障碍，掌握好运行线路；回转速度不宜过快，防止与岸机碰撞；在运行过程中应将抓斗闭合，以免残留在抓斗内的货物坠落，造成人员伤害；运行到舱口时注意观察指挥工手势，按照指挥工所给的位置进行操作，不准盲目下舱；在下舱过程中严禁抓斗碰撞舱口及船上工具、属具。

（3）抓斗取货阶段的要求

到达取货地点后，抓斗应放置在货物较多的地方；取货时支持绳要放松一些，但不宜过松，保证抓取货物质量；看好指挥工开闭和起吊手势，闭合抓斗时不要过猛，起吊不宜过快，以防抓斗绳及门机钢丝绳出槽；起吊时起升速度放慢，以防钢丝绳在运行过程中编花，如有编花现象，需将编花处解开，以免发生绞坏钢丝绳或顶坏象鼻梁滑轮的现象。

（4）出舱落地阶段的要求

取货出舱后的高度要掌握好，抓斗要闭合好，回转应平稳，不准大弧线运行；运行到落物地点后不准直接开斗，需下降一定高度，同时注意场地取货机械，以免发生事故。

3. 舱内作业设备的吊装操作

电动装卸机械向船舱内吊运设备进行堆码、清舱、平舱等作业是装卸船作业过程中必不可少的工作。下舱设备一般包括推土机、挖掘机、推耙机、叉车等内燃流动机械。此项作业司机要严格执行操作规程，服从指挥工指挥，明确设备自重后，选用适当的吊具进行吊装作业。同时还应注意以下几点。

（1）吊装下舱设备前，认真检查附属吊具及电动装卸机械各机构的制动状况。熟悉电动装卸机械运行路线和舱口位置及运行需越过的障碍物。

（2）起吊前要拴好牵引绳，摆放好下舱设备的位置，避免起吊后再大角度调整、回转下舱设备。

（3）舱口狭小时，下舱设备要由工人拉好牵引绳，避免下降过程中由于下舱设备回转而磕碰舱口。

（4）起钩时要慢，起钩过程注意观察钢丝绳动态，钢丝绳有刮、挂、绕设备趋势时要及时停止起钩，以免刮坏设备。

（5）钢丝绳绷紧后要再次确认吊点和吊绳的受力情况。

（6）在吊运过程中要做到眼随钩走，用余光扫视周围环境，稳起、稳落、慢速操作。

（7）接近舱口时要提前缓慢减速，到舱口上方时要稳钩。

（8）如需两台门机合吊同一下舱设备，要选择慢速挡，由专人进行指挥，两车司机要分清主辅，互相配合、协调，注意作业距离。

六、桥式、门式电动装卸机械操作

1. 兜翻

兜翻是把翻物用的钢丝绳扣挂在被翻物体的底部或侧面的下角部位，吊钩必须垂直起吊，边起钩边校正大（小）车位置，使吊钩、物体和钢丝绳始终处于垂直状态。被翻物体中心超过支承点时，可自行翻倒。被翻物体自动翻倒的瞬间，不论翻物用的钢丝绳松紧程度如何，都要立即向下落钩。兜翻主要用于不怕碰撞的毛坯件，需要加工的精密件不允许兜翻。

2. 游翻

游翻是把被翻物体吊起来后，开车制造人为摆动，在被翻物体摆到最大幅度的瞬间迅速落钩，同时向回开车。被翻物体下部着地后，上部在惯性作用下继续向前倾倒，这时吊钩要顺势落下，同时开车继续校正，使吊钩在游翻过程中保持垂直。游翻主要用于扁体物的翻转，如大型齿轮毛坯与空砂箱等。

3. 带翻

带翻是把被翻物体吊起后，竖直落地，落到钢丝绳绷紧的程度，然后向要翻的方向开车，把被翻物体带倒。在被翻物体趋于自行倾倒时，顺势落钩，落钩时要使吊钩垂直。带翻是用斜拉的操作方法进行翻物，其最大斜拉角度不得超过5°，一般以3°左右为宜。

4. 双吊钩电动装卸机械的操作

在主、副钩换用时，不得在主、副钩到达相同高度时同时开动两个吊钩。平时应将不工作的吊钩提到接近极限位置，两个吊钩不允许同时吊运货物。

5. 用两台电动装卸机械同时起吊一件货物

用两台电动装卸机械同时起吊一件货物时，应注意承载均匀，起升机构的钢丝绳应保持垂直，同步起吊或同步降落，操作时要有专人指挥，不得超载。

第二节 电动装卸机械司机安全常识

一、安全标志

安全标志是用来表达特定安全信息的标志，由图形符号、安全色、几何形状（边框）和文字构成。

安全标志是向工作人员警示工作场所或周围环境的危险状况，指导人们采取合理行为的标志。安全标志能够提醒工作人员预防危险，从而避免事故的发生；当危险发生时，能够指示人们尽快逃离，或者指示人们采取正确、有效的措施，对危害加以遏制。安全标志不仅类型要与警示的内容吻合，而且设置位置要正确合理，否则难以真正充分发挥其警示作用。

安全标志可分为禁止标志、警告标志、指令标志和提示标志四类，还有对这四类安全标志进行补充说明的补充标志。

1. 禁止标志

禁止标志的含义是不准或制止人们的某些行为。

禁止标志的几何图形是红色带斜杠的圆环，其中圆环与斜杠相连，黑色图形符号，白色背景，如图 4-2-1 所示。

图 4-2-1　禁止标志和补充标志

2. 警告标志

警告标志的含义是促使人们提防可能发生的危险。

警告标志的几何图形是黑色正三角形，黑色图形符号，黄色背景，如图 4-2-2 所示。

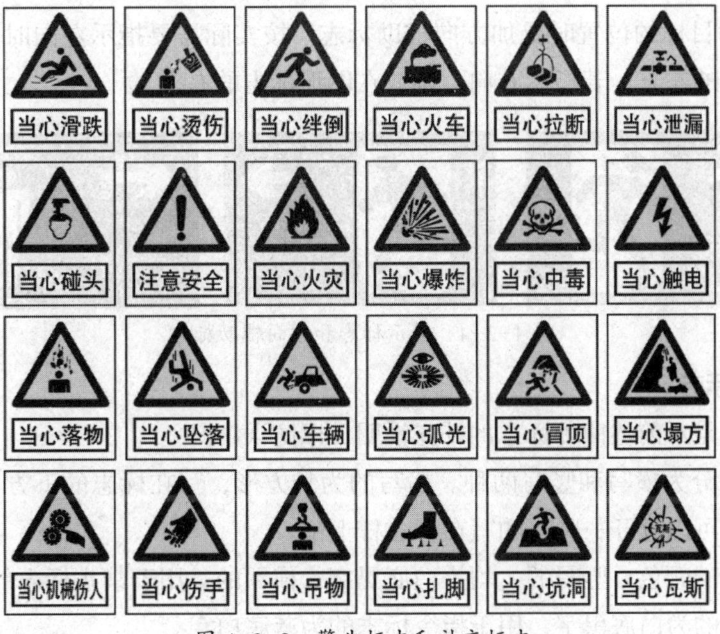

图 4-2-2　警告标志和补充标志

3. 指令标志

指令标志的含义是强制人们必须做出某种动作或采取防范措施。

指令标志的几何图形是圆形，白色图形符号，蓝色背景，如图 4-2-3 所示。

图 4-2-3　指令标志和补充标志

4. 提示标志

提示标志的含义是向人们提供某种信息（如标明安全设施或场所等）。

提示标志的几何图形是方形，白色图形符号及文字，绿色背景，如图 4-2-4 所示。提示标志提示目标的位置时要加方向辅助标志。按实际需要指示左向时，辅助标志应放在图形标志的左方；若指示右向，则放在图形标志的右方。

图 4-2-4　提示标志和方向辅助标志

5. 补充标志

补充标志是对前述四种标志的补充说明，以防误解。

补充标志分为横写和竖写两种。横写的为长方形，写在标志的下方，可以和标志连在一起，也可以分开；竖写的写在标志杆上部。

补充标志的颜色：竖写的，均为白底黑字；横写的，用于禁止标志的为红底白字，用于警告标志的为白底黑字，用于指令标志的为蓝底白字。

6. 安全标志的设置

（1）安全标志应设置在与安全有关的明显位置，并保证人们有足够的时间关注其所表示的内容。

（2）设立于某一特定位置的安全标志应安装牢固，保证其自身不会产生危险，所有标志均应具有坚实的结构。

（3）当安全标志置于墙壁或其他现存的结构上时，背景色应与标志上的主色形成对比。

（4）对于那些已经无用的安全标志，应立即拆除。

（5）为了有效发挥安全标志的作用，应对其定期检查、定期清洗，有变形、损坏、变色、图形符号脱落或亮度老化现象，应及时更换。

（6）安全标志按照警告、禁止、指令、提示类型的顺序，先左后右、先上后下排列。

二、用电安全

1. 职工安全用电的基本要求

工厂里用电设备很多，从业人员接触电气设备的机会也很多，因此必须掌握如下安全用电常识。

（1）工厂、车间内的电气设备不得随意乱动。使用的设备、工具，如果电气部分出现故障，不得私自修理，也不得带故障运行，应立即联系电工检修。

（2）配电箱、配电板、刀开关、按钮、插座、插销及导线等，必须保持完好、安全，不得破损或将带电部分裸露出来。

（3）在操作刀开关、磁力启动器时，必须将盖子盖好，防止短路时产生的电弧或熔丝熔断飞溅伤人。

（4）使用的电气设备，其外壳必须按有关安全规程进行防护性接地或接零。对于接地或接零设施要经常进行检查，一定要保证连接牢固。接地或接零的导线不得有任何断开的地方，否则将不起任何作用，易引发安全事故。

（5）需要移动某些非固定安装的电气设备（如电风扇、照明灯、电焊机等）时，必须先切断电源再移动。设备上的导线要收拾好，不得在地面上拖来拖去，以免磨损。如果导线被物体轧住，不要硬拉，防止将导线拉断。

（6）工作台、机床上使用的局部照明灯，其电压不得超过 36 V。

（7）使用的行灯要有良好的绝缘手柄和金属护罩。灯泡的金属灯口不得外露。引线要采用有护套的双芯软线，并装有 T 形插头，以防插入高电压插座。行灯的电压，在一般场所不得超过 36 V，在特别危险的场所（如锅炉、金属容器内，潮湿的地沟处等）不得超过 12 V。

（8）一般情况下禁止使用临时线。如果必须使用，则必须经过机电部门和安全部门批准。临时线应按有关安全规定安装，不得随便乱拉乱拽。临时线应在规定时间内拆除。

（9）在进行容易发生静电火灾、爆炸事故的操作时（如使用汽油洗涤零件、擦拭金属板材等），必须有良好的接地装置，以便及时消除聚集的静电。

（10）雷雨天，不要走到高压电杆、铁塔、避雷针的接地导线周围 20 m 以内，以免雷击时产生雷电流发生跨步电压触电。

（11）遇到高压电线断落到地面时，导线断落点周围 10 m 禁止人员入内，以防跨步电压触电。如果此时已在 10 m 以内，为了防止跨步电压触电，不要跨步奔走，应用单足或并足跳离危险区。

（12）发生电气火灾时，应立即切断电源，用黄沙或二氧化碳、干粉等灭火器材灭火。切不可用水或泡沫灭火器材灭火，因为它们有导电性，可能加剧火势或造成触电危险。救火时应注意自己身体的任何部位及灭火器具不得与电线、电气设备接触。

（13）打扫卫生、擦拭设备时，严禁用水冲洗或用湿抹布擦拭电气设备，以防发生短路和触电事故。

2. 手持式电动工具使用安全注意事项

（1）手持式电动工具应由专人保管，每六个月进行一次绝缘检测，绝缘不合格或导线破损者不应再使用；负荷线必须采用橡胶护套铜芯软电缆，且不应有接头。

（2）严格使用I类手持式电动工具。使用外壳为金属材料的手持式电动工具时，应戴绝缘手套。使用手持式电动工具时，必须同时使用漏电保护器；漏电保护器应进行定期试验、检查。

（3）在金属容器内和狭窄场所工作时，必须使用由安全隔离变压器供电的Ⅲ类手持式电动工具；必须设专人不间断地监护，且监护人员可以随时切断手持式电动工具的电源；电源连接器和控制箱等应放在金属容器外宽敞、干燥的场所。

（4）手持式电动工具的外壳、防护装置、插头、插座、开关、保护接零、绝缘等必须完好有效，软电缆或软线没有破皮、漏电现象。

（5）应按手持式电动工具铭牌标出的电压等参数连接电源。

（6）长期搁置不用的手持式电动工具，应先检查，确保安全后再使用。

（7）手持式电动工具接通电源时要进行验电，在确定工具外壳不带电时方可使用。

（8）应严格按操作规程和工具使用说明书操作，注意轻拿轻放，避免冲击，防止损坏外壳或其他零件。

（9）移动时，应手握手持式电动工具的机体，严禁拉着电缆搬动工具，防止电缆线破损。操作手电钻、砂轮机等手持式电动工具时，不应用力过大，以防过载；遇到转速异常时，应立即放松压力。

（10）使用过程中，如果发现手持式电动工具出现异常现象、故障，应立即切断电源，并请专业人员进行检查。

（11）按要求使用护目镜、防护衣、手套等防护用品。

（12）手持式电动工具的软电缆或软线不宜过长，电源开关应设在明显的地方，且周围无杂物，以方便操作。

3. 触电后脱离电源的方法

人体触电后，可能由于肌肉痉挛而不能自行摆脱电源，因此应尽快使触电人员脱离电源。常见的方法有拉闸断电，或者用干木棍、橡胶棒、电工绝缘钳、干燥木柄铁锨（斧子）切断或挑开导线，使触电人员脱离电源后再开展现场急救，进行人工呼吸。切断电源时，应逐一断开各相电源。

在此过程中，救护人员一定要判断好情况，做好自我防护，并要防止触电人员在脱离电源后因摔倒等原因造成二次伤害。

三、消防安全

1. 火灾的分类

（1）按照国家标准《火灾分类》（GB/T 4968—2008）规定，根据可燃物的类型和燃烧特性将火灾定义为六个不同的类别。

A 类火灾：固体物质火灾。这种物质通常具有有机物性质，在燃烧时能产生灼热的余烬，如木材、棉、毛、麻、纸张的火灾等。

B 类火灾：液体或可熔化的固体物质火灾，如汽油、煤油、柴油、原油、甲醇、乙醇、沥青、石蜡的火灾等。

C 类火灾：气体火灾，如煤气、天然气、甲烷、乙烷、丙烷、氢气的火灾等。

D 类火灾：金属火灾，如钾、钠、镁、钛、锆、锂、铝镁合金的火灾等。

E 类火灾：带电火灾，即物体带电燃烧的火灾。

F 类火灾：烹饪器具内的烹饪物（如动植物油脂）火灾。

火灾分类对灭火方式的选用，特别是对灭火器的选用具有指导作用。

（2）按照一次火灾事故造成的人员伤亡和直接财产损失，可将火灾分为特别重大火灾、重大火灾、较大火灾和一般火灾四个等级。

特别重大火灾是指造成 30 人以上死亡，或者 100 人以上重伤，或者 1 亿元以上直接财产损失的火灾。

重大火灾是指造成 10 人以上 30 人以下死亡，或者 50 人以上 100 人以下重伤，或者 5 000 万元以上 1 亿元以下直接财产损失的火灾。

较大火灾是指造成 3 人以上 10 人以下死亡，或者 10 人以上 50 人以下重伤，或者

1 000 万元以上 5 000 万元以下直接财产损失的火灾。

一般火灾是指造成 3 人以下死亡，或者 10 人以下重伤，或者 1 000 万元以下直接财产损失的火灾。

其中“以上”包括本数，“以下”不包括本数。

2. 爆炸

爆炸可分为物理性爆炸和化学性爆炸。物理性爆炸是由物理变化引起的。例如，液体变成蒸气或变成气体后膨胀，压力急剧增大，容器承受不了而发生爆炸。蒸汽锅炉、压缩和液化气钢瓶的爆炸就属于此类。化学性爆炸是由于物质本身发生化学反应，产生了大量的气体和很高的温度而发生爆炸，如爆炸物品的爆炸，可燃气体、蒸气和粉尘与空气混合的爆炸等。这种爆炸能直接造成火灾，具有很大的火灾危险性。

3. 防火防爆的基本措施

（1）控制可燃物

可燃物是物质燃烧过程的物质基础，所以对可燃物的使用要谨慎。选材时，尽量用难燃或不燃的材料代替可燃材料。

（2）隔绝空气

隔绝空气的具体措施包括使用易燃易爆物的生产过程应在密封的设备内进行；对于有异常危险的生产，可充装惰性气体保护；隔绝空气储存某些化学危险品，如金属钠存于煤油中，磷存于水中，二硫化碳用水封闭存放等。

（3）清除火源

清除火源包括采取隔离火源、控制温度、接地、避雷、安装防爆灯、遮挡阳光等措施，从而防止可燃物遇明火或温度升高而起火。

（4）阻止火势、爆炸波的蔓延

阻止火势、爆炸波的蔓延，就要防止形成新的燃烧条件，从而防止火灾扩大，减少火灾损失。具体措施包括在可燃气体管路上安装阻火器、安全水封；在压力容器设备上安装防爆膜、安全阀；在建筑物之间留防火间距、筑防火墙等。

4. 防火防爆的技术措施

（1）防止形成燃爆的介质

可以用通风的办法来降低燃爆物质的浓度，使其达不到爆炸极限；也可以用不燃或难燃物质代替易燃物质（如用水质清洗剂代替汽油清洗零件）；另外，也可以采用限制可燃物使用量和存放量的措施，使其达不到燃烧、爆炸的危险限度。

（2）防止着火源

防止着火源，使火灾、爆炸不具备发生的条件。在这方面应严格控制以下 8 种着火源：冲击、摩擦、明火、高温表面自然发热、绝热压缩、电火花、静电火花、光热射线。

（3）安装安全保护装置

安装防火防爆安全保护装置，如阻火器、防爆片、防爆窗、阻火闸门及安全阀等，防止发生火灾和爆炸。

5. 灭火的基本方法

（1）冷却法灭火

冷却法灭火是将水等具有冷却降温和吸热作用的灭火剂，直接喷洒到燃烧的物体上，以降低燃烧物的热量；同时，将灭火剂喷洒到火源附近的可燃物上，防止可燃物被烤着等。例如，木材、纸张、被褥、家具等物质着火时，都可将水喷洒在上面进行冷却灭火，其原理就是破坏和消除物质燃烧必须具备的条件——温度和热量。

（2）窒息法灭火

窒息法灭火是用湿棉被、沙土等捂盖着火物，使空气不能或少量进入燃烧区；或者用氮气、二氧化碳等气体冲淡燃烧区的空气，使燃烧过程因缺少氧气而停止。其原理就是破坏和消除物质燃烧必须具备的要素——氧气。

（3）隔离法灭火

隔离法灭火是将已经着火的可燃物与附近还没有着火的可燃物隔离或疏散，或者切断其来源，使燃烧区得不到充分的燃料供应而停止燃烧。火场上利用隔离法灭火的具体措施包括关闭燃气管道上的阀门，截断流向着火点的气源；将着火点附近能使火势蔓延的易燃、可燃物尽快转移到安全地点；用水枪射水形成水帘幕作为隔离带，将着火区与未燃烧区分隔开，以阻隔、控制火势；用湿麻袋等物覆盖火源附近不能搬移的可燃物，以阻隔火焰的辐射等。

（4）抑制法灭火

抑制法灭火是将化学灭火剂七氟丙烷等喷入燃烧区参与燃烧反应、中止连锁反应，从而使燃烧反应停止。使用这种方法灭火效果好，但应注意要将灭火剂准确地投放到燃烧区内，使其快速参与中止连锁反应，否则不但浪费灭火剂，而且还可能无法有效地抑制燃烧反应。扑救A类火灾时，在采用卤代烷灭火剂或干粉灭火剂灭火之后，还应配合冷却降温措施，以防复燃。

以上4种灭火方法各有优点，既可单独采用，也可综合使用。灭火时具体采取哪些方法和措施，应遵循迅速有效、经济损失小的原则，根据燃烧物的性质、燃烧特点和火场具体情况，以及灭火器材的性能进行选择。

6. 灭火器的使用方法

灭火器是扑救初期火灾的重要消防器材，轻便灵活，可移动，稍经训练即可掌握其使用方法。

（1）水基型灭火器

水基型灭火器主要用于扑救固体物质火灾，如木材、纸张、棉麻、织物等的初期火灾。

水基型灭火器的使用方法是先将灭火器提至火场，然后在距离燃烧物大约 10 m 处将灭火器直立放稳，摘下保险帽，用手掌拍击开启杆顶端的凸头，随后立即一只手提起灭火器筒盖上的提圈，另一只手托住灭火器的底圈，将喷射的水流对准燃烧最猛烈处喷射。随着灭火器喷射距离的缩短，操作人员应逐渐向燃烧物靠近，使水流始终喷射在燃烧处，直至将火扑灭。

（2）泡沫灭火器

泡沫灭火器主要用于扑救油品火灾，如汽油、煤油、柴油、苯、甲苯、动物油脂等的初期火灾；也可用于扑救固体物质火灾，如木材、竹器、棉麻、纸张等的初期火灾。抗溶泡沫灭火器还能够扑救水溶性可燃液体火灾，如甲醇、丙醇等的火灾。泡沫灭火器不能用于扑救带电设备火灾、气体火灾和轻金属火灾。

（3）干粉灭火器

常用干粉灭火器有碳酸氢钠干粉灭火器和磷酸铵盐干粉灭火器。

碳酸氢钠干粉灭火器又称 BC 干粉灭火器，常用于加油站、汽车车库、实验室、变配电室、液化气站、油库、船舶、车辆、工矿企业等场所。

磷酸铵盐干粉灭火器又称 ABC 干粉灭火器，常用于扑救可燃固体、可燃液体、可燃气体和带电设备的初期火灾。

注意：扑救容器内火灾时，不要把喷嘴直接对准液面喷射，以防干粉气流的冲击力使油液飞溅，导致火势扩大。使用 ABC 干粉灭火器扑救固体物质火灾时，应使喷嘴对准燃烧最猛烈处，左右扫射，并应尽量使干粉灭火剂均匀地喷洒在燃烧物表面，直到把火完全扑灭。

（4）卤代烷灭火器

常用的卤代烷灭火器有 1211 灭火器、1301 灭火器。这类灭火器适用于扑救可燃固体、可燃液体、可燃气体和带电设备的初期火灾。卤代烷灭火具有灭火效率高、灭火速度快、灭火时不污损物体、灭火后不留痕迹等特点，但由于卤代烷具有破坏大气臭氧层的副作用，不利于环保，目前已被严格限制使用，除了必须采用卤代烷灭火器的场所外，其他场所不允许配置卤代烷灭火器。

注意：卤代烷有一定的毒性，在狭小空间内灭火时，火灭后应迅速撤离。

（5）二氧化碳灭火器

二氧化碳灭火器适用于扑救可燃液体、可燃气体和带电设备的初期火灾，常用于加油站、油泵间、液化气站、实验室、变配电室、柴油发电机房等场所。二氧化碳灭火时不污损物件，灭火后不留痕迹，还适用于扑救精密仪器和贵重设备的初期火灾，如用于电子计算机房、通信机房和精密设备间等场所。

二氧化碳灭火器的使用方法与干粉灭火器基本相同，但应注意以下几点。

1）没有戴防护手套时，不要用手直接握喷筒或金属管，以防冻伤。

2）在室外时应在上风向使用。

3）在狭小空间内灭火时，火灭后应迅速撤离。

4）扑救室内火灾后，应先打开门窗通风，然后再进入，以防窒息。

7. 火灾发生时的自救

（1）火灾时的逃生自救方法

人多的地方一旦发生火灾，常因人员慌乱、拥挤而阻塞通道，发生互相踩踏的现象；或因逃生方法不当，造成人员伤亡。突遇火灾时，应采取以下方式进行逃生和自救。

1）利用疏散通道逃生。火灾初期，可走室内外步行楼梯、自动扶梯、消防电梯等通道快速撤离；疏散时，应靠近承重墙行走，以防坠物砸伤。

2）自制器材逃生。在室内遭遇火灾时，要充分利用室内可利用的逃生物资。例如，将床单、衣服、毛巾等浸湿后捂住口鼻，用绳索、皮带、电缆线等开辟逃生通道，穿戴现有的安全帽、摩托车头盔、工作服等。

3）选择好逃离路线。如果是一楼或平房，应选择从门、窗逃离；如果是高层办公楼，且楼梯已经烧断，可以采取以下逃生方法。

①将长而结实的绳子绑牢后沿绳索而下。

②沿比较容易攀缘的水管而下，切不可盲目跳楼。

③利用建筑物逃生。

4）如果外边浓烟太大、火势很猛，则不可贸然开门冲出，这时需要顶紧房门，并迅速用水将门浇湿，用泡湿的被子、毛毯等堵严门缝，不让外边的火焰和浓烟进来，然后选择水池边、窗户边等通气情况好、不易燃烧的地方暂时躲避，大声呼救，等待救援。

5）无路可逃时应积极寻找避难处，如到室外阳台、楼层平顶等待救援；并不断发出各种呼救信号，以引起救援人员注意，帮助自己脱离困境。

6）如果身上着火，千万不要奔跑，可就地打滚或用厚重的衣物压灭火苗。

7）沿楼梯逃离时，用湿毛巾或湿床单作掩护，可抵挡迎面而来的火焰。

8）逃跑时不要直立行走，最好的办法是低头弯腰，必要时需要爬行。

（2）逃生自救的注意事项

1）房间内的床下、桌下、洗漱间和无任何消防设施保护的走廊、楼梯间、电梯间等位置，均不能作为避难场所。在这些位置，即使暂时看不到火焰，烟气的熏、蒸也可使人昏迷致死。

2）不要乘坐电梯。电梯井直通大楼各层，烟、热、火很容易涌入。在热的作用下会造成电梯失控或变形，烟与火的毒性或熏烤可危及人的生命，所以火灾时千万不要乘坐电梯。

3）在逃生过程中及时关闭防火门、防火卷帘等防火分隔物，启动通风和排烟系统，都极有利于逃生疏散，应充分利用。

4）不到万不得已，不要跳楼。在火灾中由于慌不择路而跳楼的例子屡见不鲜。据统计，在三层以上往下跳的死亡概率极高，所以除非到万不得已，最好不要选择跳楼。

5）如果遇到房屋崩塌的紧急情况，则迅速躲到墙角避难，并用浸湿的床单等物保护头部，降低被砸伤、烧伤的风险。

四、电动装卸机械事故的类型与原因

1. 电动装卸机械事故的类型

电动装卸机械特殊的结构形式和搬运作业本身存在的危险因素容易引起事故。各种危险有显现的，也有潜在的。在起重操作过程中可能出现的事故类型有以下几种。

（1）脱钩

因现场无人指挥，吊物下降过快造成脱钩；在吊运过程中因起吊物体不稳，使吊钩在空中悠荡，在悠荡过程中钩头由于离心惯性力甩出而脱钩；行车操作不稳，紧急启动、制动，都有可能引起钩头惯性飞出；具有主、副钩头的行车吊运重物，当不用的钩头挂在吊索小圈上时，因钩头粗不容易插牢在小圈内，故在操作和振动、摆动过程中，由于离心惯性力的作用，钩头易脱出坠落伤人。

（2）钢丝绳折断

钢丝绳发生折断的原因很多，常见的原因有操作前没有对钢丝绳进行安全技术检验或认真检查；对已断丝的钢丝绳没有按钢丝绳报废标准处理或降低载荷使用；吊运时严重超载等。

（3）安全保护装置缺乏或失灵

电动装卸机械的安全保护装置（制动器、缓冲器、行程限位器、起重量限制器、防护罩等）是各类电动装卸机械不可缺少的。若安全保护装置缺乏或失灵且又未检修，当发生操作不慎和超负荷等情况时，便起不到安全保护作用，将可能发生安全事故。

（4）吊物坠落

电动装卸机械吊运物体时，由于某种原因，物体突然坠落，一旦坠落物击中人的头部（立姿）或腰部（蹲姿），极易使地面人员受伤，甚至危及生命。在高架电动装卸机械的厂房，由于生产噪声的掩盖，地面人员往往听不到指挥信号，不能迅速避让，也容易导致物体坠落伤人。此外，脱钩或钩头断裂、吊物捆绑不牢、吊物上面有浮置物等都会引起吊物坠落事故。

（5）电动装卸机械倾覆

电动装卸机械起重臂幅度过大、超载荷、斜拉和斜吊、地基不好、风力大等，往往会导致电动装卸机械倾覆，造成人员伤亡和设备损坏。此类事故是由电动装卸机械的倾覆力矩大于稳定力矩造成的。

（6）碰撞致伤

物体在吊运过程中，因碰撞或制动等原因，使吊件在空中悠荡，从而撞到人员、设备或其他物体引起事故。此类事故撞击力大，后果比较严重。

（7）触电

在输电线路下进行起重作业时，存在较大的安全隐患。电动装卸机械起重臂因活动范围大，易与高压线路碰击发生触电事故；靠近输电线路附近的扒杆也面临较多的触电风险；此外，施工现场的临时搭线也会对起重作业造成威胁。

（8）指挥信号不明或乱指挥

现场起吊时，指挥工乱指挥或指挥信号不明，易使现场起重司机产生错误判断或错误操作；尤其当不同单位在同一场地操作时，由于各自指挥信号不同引起的错误操作往往会产生严重的后果。

（9）吊物上面站人

物体吊起后失去平衡，将重物放下重新起吊时，有少数起重工，怕麻烦、图省事，违规站在重物上以求平衡，而电动装卸机械一旦发生紧急制动引起剧烈振动时，站在起吊物上的人会随之跌下或被物体碰倒、压伤。

（10）起吊埋在地下的工件或设备

埋在地下的工件或设备，全部显露出来并确认不与地下构件连接或固接后，方可起吊。只有局部显露，并且起吊物与地下构件连接或固接情况不明时，不准起吊。起吊埋在地下的设备，不仅发生过钢丝绳折断伤人事故，而且发生过设备局部损坏事故。

（11）工件紧固不牢

当起吊散装金属物体或工件时，若没有捆扎牢固，则吊运或搬运过程中零星小件会脱落坠下，极易碰伤地面人员。

（12）视线不好，看不清物体

因起重现场雾大、风沙大、能见度差、晚间光线太暗或炫目刺眼等而看不清物体和周围障碍物时，存在发生事故的隐患。

（13）斜拉工件

斜拉工件可能会引起较大事故。斜拉物体时钢丝绳上的载荷变化较大，在起吊同样重量的物体时，绳上的张力加大，增加了危险性。同时，水平分力使物体沿水平方向移动，会产生突然摆动、振动，或造成撞击、断绳，甚至翻车事故。

（14）起重设备带故障运转

起重设备带故障运转，不仅会缩短起重设备的使用寿命或修理周期，更为严重的是，设备带故障运转过程中可能会发生设备和人身事故。

（15）开车前未发出开车信号

电动装卸机械在开车前应预先发出开车信号，否则易发生意外事故。信号可由电动装卸机械司机直接发出，也可由地面指挥人员或监护人员发出。

2. 电动装卸机械事故发生的原因

起重伤害事故发生的原因是多方面的，但根本原因多是由事物的不安全因素和人的不安全行为共同作用引发的。

（1）事物的不安全因素

事物的不安全因素包括领导不重视安全教育、贯彻各种安全法规不力、管理混乱、制度不严，设备维护保养不良、安全保护装置缺失等。

（2）人的不安全行为

人的不安全行为包括操作人员违反安全操作规程，违规指挥和违反劳动纪律。其中，操作人员违反安全操作规程是引发事故的主要原因，也是共同的原因。因此，要有针对性地从各个方面采取相应措施进行综合治理，才能取得良好效果。

五、突发事故的应急处置

突发事故，尤其是火灾、爆炸和倒塌等大型事故一旦发生便极具破坏性，会瞬间导致人员伤亡或物资、设备、设施损坏，此时应该冷静对待，采取应急处置。

1. 事故现场的应急处置原则

（1）遇到伤害事故发生时，不要惊慌失措，要保持镇静，并设法维持好现场秩序。

（2）在周围环境不危及生命的情况下，一般不要随便搬动伤员。

（3）暂时不要让伤员饮用任何饮料或进食。

（4）如果发生意外而现场无人，应向周围大声呼救，请求帮助或设法联系有关部门，不要单独留下伤员使其无人照管。

（5）遇到严重事故、灾害或中毒时，除呼叫急救外，还应立即将现场详细情况向上级汇报。

（6）伤员较多时，应根据伤情对伤员进行分类抢救，处理的原则是先重后轻、先急后缓、先近后远。

（7）对于呼吸困难、窒息和心跳停止的伤员，应立即将伤员头部置于后仰位，托起下颌，使呼吸道畅通，原地施行人工呼吸、胸外心脏按压等复苏操作。

（8）对于伤情稳定、转运途中可能不会加重伤情的伤员，应迅速组织人力，利用各种交通工具将其分别转运到附近的医疗机构急救。

（9）现场抢救的一切行动必须服从有关领导的统一指挥，不可各自为政。

2. 应对突发事故的步骤和方法

（1）事故刚发生时的应对

1）事故当事人如果在事故中没有受伤，应当立即让自己冷静，观察事故发生的源头和原因，关闭事故的起因物或导致事故进一步扩大的助力物（如煤气、毒气、电气和蒸汽开关），用可能的方法与外界进行联系或呼救，同时呼喊在场人员向着安全方向（逆风、逆水和事故源相反的方向）逃生或避难。

在逃生或避难的过程中一定要沉着冷静。大量的事故抢救现场和事实证明，现场混乱往往是导致事故中人员进一步伤亡的重要原因。

2）事故当事人如果在事故中受伤，应当立即想办法自救（止血、通风、脱离危险地带或远离致害物）。如果难以自救，则应呼喊或示意在场有关人员予以救护。

（2）被围困时的避险自救

因通道堵塞、有毒有害气体含量高、能见度低等原因，无法安全撤离事故区域时，遇险人员应妥善进行避险自救，并遵循以下行动准则。

1）尽快选择安全的避难地点。

2）应尽量保持良好的精神、心理状态并坚定获救脱险的信念。

3）加强避险区域的安全防护。例如，发生火灾被困在房间内时，应立即将房间的自来水打开，将被子或衣服弄湿，堵住进入房间的烟气或火势。

4）不断改善避难地点的生存条件并尽量减少体力消耗。

5）积极与救护人员取得联系。可用电话、手机、发声或发光等一切能使外界听到或看到的方式与外界进行联系或呼救。

6）积极配合救护人员，争取尽快安全脱险。

总之，遇险避难人员应保持稳定的情绪和良好的心理状态，互相鼓励，以极大的毅力克服一切困难，直到最后胜利。特别是在遇险时间较长时，千万不可悲观失望、过分忧虑，更不能急躁盲动、冒险乱闯，要保持必定会被救援的信心。

（3）现场急救步骤

现场急救，就是应用急救知识和最简单的急救技术进行现场初步救生，最大限度地稳定伤病员的情况，减少并发症，维持伤病员最基本的生命体征。现场急救是否及时和正确，关系到伤病员的生命和伤害的结果。

现场急救一般应遵循下述 4 个步骤。

1）出现事故后，迅速使伤员脱离危险区。若是触电事故，必须先切断电源；若是机械设备事故，必须先停止机械设备运转。

2）初步检查伤员，判断其神志是否清醒、呼吸是否顺畅，视情况采取有效的止血、止痛、包扎伤口、固定、预防感染等措施。

3）施救的同时请人呼叫救护车，并继续施救直到救护人员到达现场接替。

4）迅速报告上级有关领导和部门，以便采取更有效的救护措施。

3. 心肺复苏术

心肺复苏术是心跳、呼吸骤然停止和意识丧失等意外情况发生时，给予迅速而有效的人工呼吸与心脏按压，使呼吸循环重建并积极保护大脑，最终使大脑意识完全恢复的救护措施。简单地说，就是通过胸外按压、口对口吹气使猝死的患者恢复心跳、呼吸。

（1）判断神志

轻拍患者双肩、在耳边呼唤、手掐人中或合谷穴，若患者无反应，且双侧瞳孔散大，可以断定患者神志丧失。如果患者清醒，则要继续观察；如果没有反应则视为昏迷。

（2）判断呼吸

看胸部或腹部有无起伏；听口、鼻有无呼吸声音；感觉口鼻有无气流溢出。

（3）检查及畅通呼吸道

取出口腔内异物，清除分泌物。用一只手推前额使头部尽量后仰，同时另一只手将下颌向上方抬起，注意不要压到喉部及颌下软组织，如图 4-2-5 所示。

图 4-2-5　检查及畅通呼吸道

（4）人工呼吸

施救者保持压额抬颌手法，用压住额头的手以拇指和食指捏住患者鼻孔，张口罩紧患者口唇进行吹气，同时用余光注视患者的胸廓，胸廓膨起为有效，待胸廓下降后再吹第二口气。

（5）胸外心脏按压

心脏按压的部位为胸骨下半部胸部正中央。施救者双肩前倾在患者胸部正上方，腰挺直，以肩为轴，用整个上半身的重量垂直下压；双手掌根重叠，手指互扣翘起，以掌根按压，手臂挺直，胳膊肘不能弯曲。一般来说，心脏按压与人工呼吸的比例为 30∶2。

第三节 不同环境或货种的操作要求

一、不同环境下的操作要求

（1）遇大风天气时，作业中要低开斗，避免扬尘过大而造成环境污染和货损；应着重检查旋转制动和行走防爬器是否有效，注意观察风速仪的数据，做好防风安全措施；七级以上大风时要停止作业，如果遇台风警报，必要时还应将门机腿与码头缆桩用钢丝绳连接固定。

（2）大雨、大雾天气时，要预防雷击和电伤；能见度低时应视情况及时停止作业并报告相关人员，切断总电源并关好门窗，做好防水措施，必要时通知配电室切断电源箱电源。

（3）雪天作业时，应避免人员滑倒、摔伤，防止因雪光刺目而产生眩晕或相关作业人员行动不便，因此须放慢机构运行速度，以免发生事故。

（4）人多车多时，要注意观察，及时鸣铃示警，主动避让，运行线内严禁站人或过车。

（5）晨昏作业时，容易因阳光平射而造成眩目，应放下遮阳板，并调整好作业角度，尽量避免阳光直射。

（6）夜间作业时，视线不良，作业中要注意看清指挥手势，确认无误后再动作，以确保安全；严禁疲劳作业。

二、不同货种的操作要求

港口杂货作业包括不同的作业过程，如船→场（抓斗）、船→场（清舱斗供抓斗）、船→场（抓斗供漏斗）、场→船（大斗供集装斗）、汽→船（成组）等；也包括不同的作业货类，如散货、袋货、件货、捆货等；还包括不同的作业货种，如矿石、煤炭、化肥、水泥、钢板、原木、散粮、玻璃、贵重和危险物品等。不同的货类、货种有不同的作业标准和安全技术要求，下面介绍一些常见货类、货种的操作要求。

1. 煤炭卸车作业

煤炭车皮通常的货物质量为 50～70 t，一般采用煤炭专用抓斗进行卸车作业。作业过程宜从车皮两头开始，均匀地向中间抓取，避免中间抓空而两角剩货导致卸车效率降低。作业中尽量避免抓斗磕碰车皮或卡在车皮内盲目起升，从而造成车皮损坏或掉道。严禁用抓斗牵拉车皮，严禁与清车底人员同车皮同时作业。

2. 钢板、钢坯装卸船作业

钢板、钢坯的作业过程一般为车↔船（见图 4-3-1）。由于钢板、钢坯质量较大、面积较大，坠落危害性大，因此需要遵循精细和规范的操作过程。首先，根据质量选择起升高低挡位，绝不允许超载作业；其次，作业中必须服从指挥，耐心配合相关作业人员，要有专人负责指挥，起落钩要轻、运行要稳，在指挥手势确认无误后方可启动设备；最后，每层钢板间需添加楞木，抽绳时要慢，防止钢丝绳弹伤挂钩人员，起钩要垂直，严禁碰撞舱口。

图 4-3-1　钢板作业现场

3. 玻璃、集装袋装卸船作业

玻璃、集装袋车↔船作业时（见图 4-3-2），严禁超载，应看清指挥手势，配合警笛指示进行作业。作业初期，一般需要机械下舱，作业人员要与机械和现场其他人员配合好，轻起轻落，把握好溜钩距离，防止玻璃破碎和集装袋刮破而造成货损。

图 4-3-2　集装袋作业现场

4. 袋货装卸船作业

图 4-3-3 所示为淀粉作业现场。质量 50 kg 及以下为小袋，50 kg 以上为大袋。袋

货一般用兜网成组装卸，作业过程为车↔船。作业中，一要防止绳索碰人造成兜伤、摔伤，防止刮车碰船造成撒漏、货损；二要严禁兜钩作业，避免人员和车辆损伤；三要防止掉袋造成事故；四要堆码整齐，避免垛差过大。

图 4-3-3　淀粉作业现场

5. 矿石、煤炭、散化肥、水泥熟料及散粮等散货装卸船作业

图 4-3-4 所示为矿石卸船作业现场。此类货物的作业过程为船↔场，取物装置以作业不同货种的专用抓斗为主。作业中应合理选用抓斗类型，不超载、不欠载，在确保安全生产的前提下努力提高装卸效率。

图 4-3-4　矿石卸船作业现场

（1）低开斗（距垛 1 m 以下）时，防止撒漏，减少扬尘污染。

（2）严禁野蛮作业，避免碰撞船具。此类货物作业较为单调枯燥，因此作业中要杜绝疲劳驾驶、疏忽大意。

（3）在作业过程中要抓取均匀，避免“挖井留山”，防止船舶偏斜、翘头。

（4）如果需与清舱机械配合作业，要看清指挥手势，严禁超载，严禁门机与清舱机械及人员在同舱内同一地点附近同时作业。

6. 原木、捆货等卸船作业

原木作业时，采用原木专用抓斗悠钩抓取的方法，使舱下原木逐渐产生自流。为保证抓斗和船具完好，舱底原木要保留 1～2 层。作业中必须服从指挥，不允许垂直挖井，在保证不塌垛、井深不超过 3 m 及卸船即将结束时，允许工人下舱牵钩。堆场原木要落放整齐，避免堆码过高，以防塌垛。

三、特殊货种的操作要求

1. 易燃易爆、危险品作业

此类货物包括易燃易爆、有毒或易挥发、有机或易氧化、腐蚀性、感染性或放射性物品，如军需品、油品、硫黄、化工产品等。另外，有些货物本身不具有危险性，但在一定条件下会发生燃烧和爆炸，因此也应视为危险品。

（1）危险货物装卸作业的基本要求

1）装卸作业前，调度人员应根据危险货物的联合国编号和实际情况，详细了解货种的类别、特征、危险程度，布置相关操作要求和防护措施，对性质不明的危险货物不能安排作业。

2）装卸作业前，应开舱通风，通风时间一般在 30 min 以上，力求排除有毒、易燃易爆、助燃、刺激性、窒息性等有害气体，必要时可采取强制通风措施，经检验达到国际标准后，方能进行装卸作业。

3）装卸烟花爆竹、遇湿易燃物品、剧毒品、遇水发生燃烧爆炸的物品、腐蚀性物品等危险货物时，要重点落实防护措施。

4）遇雷雨大风天气或附近发生火情时，要停止作业。

（2）危险货物装卸作业的场地要求

1）装卸作业场地要保持清洁、干净，不得沾有与所装卸危险货物相抵触的物品。

2）严禁明火作业，杜绝一切火种。

3）禁用手机或对讲机的场所要挂有明显的警示标志。

4）应根据所装卸危险货物的特性，按规定配备必要的消防器材和清洗消毒用品。

5）夜间必须保证有足够的照明亮度。

（3）危险货物装卸的人员要求

1）作业人员要定期进行体检，应身体健康、无禁忌证、无皮肤破损，不符合要求的人员不能参加危险货物的装卸作业。

2）参加危险货物装卸作业的人员必须由专业培训机构进行培训，并经考核合格，取得“危险货物作业证”后方可上岗。

3）根据危险货物的特殊性穿戴好相应的劳动防护用品。

（4）危险货物装卸机械及工属具要求

1）保持装卸机械及工属具清洁、干燥，不得沾有与所装卸危险货物相抵触的物品。

2）按装卸机械及工属具额定负载的 75% 使用。

（5）危险货物安全操作规程

1）在装卸、运输危险货物前，由调度部门根据“船舶载运危险货物申报单”内危险货物的种类，提前通知技术人员和安全管理人员，制定装卸作业工艺，并根据该类货物的危险性，落实装卸作业中的安全防护措施、急救方案、注意事项等。

2）装卸危险货物现场应有相应的消防、应急器材，无安全防护措施或安全防护措施不符合要求时，不准进行装卸作业。

3）作业指导员、安全员在作业中应加强安全监督检查，作业人员不得违反操作工艺的规定。

4）一般的危险货物，由作业指导员监督指挥安全装卸；危险性达到一级的危险货物，作业调度部门应通知安全部门协助监督。

5）参加作业的人员必须按规定穿戴好劳动防护用品。

6）毒害品装卸船作业时，要挂好足够大的安全网（布），防止有毒物品跌落港池，污染水源。

7）装卸运输危险物品时，装卸人员应严格按配载要求进行装卸，要稳拿轻放，严禁撞击、拖拉、滑跌、摔落、倾倒等不安全作业，堆码要整齐稳固，桶盖、瓶口朝上，禁止倒放。

8）碰撞、互相接触容易引起燃烧、爆炸或造成其他危险的危险货物，不得违反配装限制和混合装运规定。

9）遇热、遇潮容易引起燃烧、爆炸或产生有毒气体的危险货物，在装运时应采用隔热、防潮措施。

10）装卸危险货物时，若遇雷鸣、电闪或附近发生火情，应立即停止作业，并将危险货物妥善处理。潮、雨、雪天气，禁止装卸遇湿易燃物品。

11）在装卸运输棉、麻、油料、弹药等易燃易爆危险货物时，不准带火种进入作业现场，不准使用钢丝绳捆绑起吊，应使用专用工具防止摩擦起火，不准超负荷使用作业工具，不准使用明火和高压电灯照明作业，不准冒雨作业；没有佩戴防火罩的车辆不准进入作业场所，各种机械、车辆不准在作业现场加油、检修。

12）危险货物集装箱的拆、装箱作业，应在规定的场区内并有安全防护措施的情况下进行。装卸运输危险货物的车辆不得客货混装，无关人员不得搭乘危险货物运输工具。

13）凡在装卸运输过程中违规指挥或违规作业，人人有权制止或反映，作业人员有权拒绝不安全的操作或指挥，安全部门及现场调度人员有权停止违规作业。

14）危险货物装卸运输过程中使用过的机械、工具等应在作业现场进行彻底清理，防止引发灾害性事故。

15）凡在港内装卸运输大型危险货物时，必须指定专人沿途负责安全护运，同时制定相应的安全措施。

16）所有装卸运输的机械、车辆及运输工具必须配装灭火器材。

2. 重大件及重心不规则货物的吊装作业

水上运输的货物，若单件质量过大，不能使用一般的起重设备进行装卸，或单件尺寸过长、过高或过宽，在装载方面受到一定限制，则被称为笨重或长大货物，又称重大件货物，如钢轨、成套设备等。

（1）重大件货物的特性

1）笨重性。绝大多数重大件货物由金属构成，其重要的特点就是笨重，不仅质量大而且体积庞大，运输装卸困难大，稍有不慎就会危及船、货甚至人身的安全。重大件货物还有惯性大的特点，操作时要特别注意在起吊、加速和制动过程中货物产生的动载荷，以及在装卸过程中因货物的震颤、摆动引起的巨大冲击载荷。

2）完整的成套性。相当多的重大件货物属于成套设备的一部分，一般有主构件和装配件之分，这些货件都具有成套性。运输、装卸中应严防这种成套设备中的个别货件损坏或丢失。

3）局部的脆弱性。重大件货物作业时，要特别注意货物局部的脆弱性，如汽车的车灯、司机室，设备中的计算机部件、仪表部位等。重大件货物的这些部位或附件较为脆弱，极易因吊装不慎而造成破碎、损坏事故。在装卸作业前，必须认真查看“重大件货物清单”，弄清实际货物的质量、尺寸和特性，以便做好充分的准备工作，谨慎作业。

4）重心不确定性。重大件货物的重心位置往往不在体积中心位置，起吊作业前必须查明货物的重心位置（按规定，货物上应有关于重心位置的指示标识），严禁盲动。

（2）物体吊点的选择

吊运各种物体时，为避免物体倾斜、翻倒或变形损坏，应根据物体的形状特点、重心位置，正确选择吊点，使物体在吊运过程中有足够的稳定性，以免发生事故。

1）一般吊装工作中，多数起重作业并不需用计算法来准确计算物体的重心位置，而是先估计物体的重心位置，再采用低位试吊的方法逐步找到重心，从而确定吊点的绑扎位置。

2）对于有起吊耳环的物体，其耳环的位置及强度是经过计算确定的，因此在吊装过程中，应使用耳环作为连接物体的吊点。在吊装前应检查耳环是否完好，必要时可加保护性辅助吊索。

3）对于长形物体，若采用竖吊，则吊点应在重心之上。具体情况如下。

采用 1 个吊点时，吊点应在距离起吊端 0.3 *l*（*l* 为物体长度）处。起吊过程中，吊钩应随长形物体的起吊不断向物体下支承点方向移动，以保持吊点垂直，避免形成拖拽或产生碰撞，如图 4-3-5a 所示。

采用两个吊点时，吊点距物体两端的距离为 0.2 *l*，如图 4-3-5b 所示。

采用三个吊点时，其中两端的吊点距物体两端的距离为 0.13 *l*，而中间吊点应在物体中心处，如图 4-3-5c 所示。

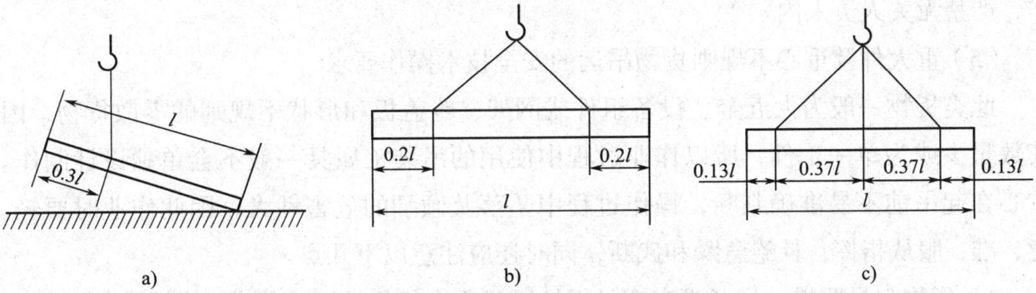

图 4-3-5　不同吊点的吊装方法

a）一个吊点起吊位置；b）两个吊点起吊位置；c）三个吊点起吊位置

在吊运长形刚性物体（如预制构件）时应注意，由于物体变形小或允许变形小，因此在采用多吊点时，必须使各吊索受力尽可能均匀，避免发生物体和吊索的损坏。

4）吊装方形物体时一般采用四个吊点，这四个吊点应选择在四边对称的位置上。

5）在机械设备安装精度要求较高时，为了保证安全、顺利装配，可采用辅助吊点配合简易吊具调节物体所需位置的吊装法。通常采用环链手拉葫芦来调节物体的位置，如图 4-3-6 所示。

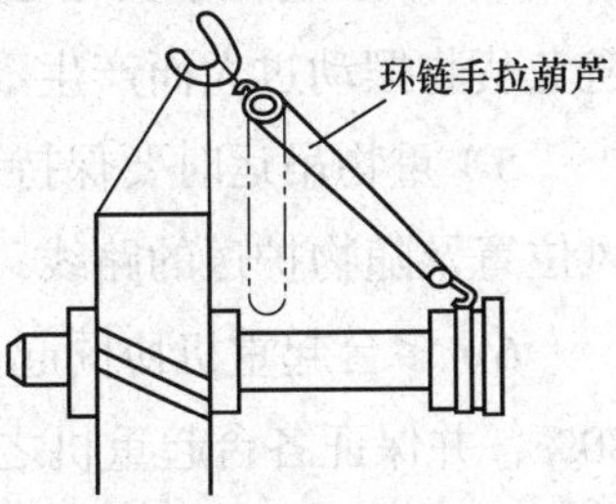

图 4-3-6　调节吊装法

（3）吊运的组织工作

1）重大件货物吊运作业前应召开专题会议，由技术部门负责重大件及重心不规则货物吊运的策划、部署工作。当涉及多个部门的工作时，由调度部门召开相关部门参加的专题会议，共同编制吊运的施工工艺方案和安全技术措施。

2）生产管理部门应提供重大件货物的质量、几何尺寸、精密度等数据和技术要求，以作为技术人员编制施工工艺方案和安全技术措施的依据。

3）技术人员应在充分了解作业要求和作业条件，正确计算物体的质量、重心、结构强度和刚度，全面掌握起重机械在作业条件下的有效载荷及各种吊索具安全载荷的基础上，合理安排作业机具，编制施工工艺方案和安全技术措施。

（4）重大件及重心不规则货物吊运的现场管理要求

1）作业前调度部门应召开起重司机和各配合工种人员的碰头会，根据施工工艺方案和安全技术措施，说明作业技术要求和安全生产注意事项。

2）为了确保作业现场的秩序，调度部门应检查全体参与作业人员的分工，明确各岗位作业人员的责任，并熟悉相关作业流程。

3）全体作业人员必须遵守现场工作纪律、服从命令、听从指挥、正确操作，不得擅自离开工作岗位。

4）作业现场划分好作业警戒区域，设置好警示标志，并派专人做好现场的监督工作，严禁无关人员入内。

（5）重大件及重心不规则货物吊运的安全技术操作要求

此类货物一般为大五金、设备组件或网架、舱盖板和形状不规则的零散货物，因其数量少或为单一工件，所以作业过程中使用的吊装工属具一般不会单独设计制作。重心在起吊前不易准确判断，操作过程中坠落及倾翻的危害性大，因此作业时要轻、稳、准，服从指挥，杜绝急躁和武断，同时还应注意以下几点。

1）货物起吊要慢，注意观察钢丝绳拉紧过程中货物的运动状态，若发现因重心悬挂不准确引起钢丝绳受力不均和有突然坠落及倾翻危险时，要重新进行拴挂。

2）钢丝绳拉紧后货物起吊离开地面时，应及时稳钩，并观察货物的运动状态。

3）若货物离地后无倾翻趋势，则应微动变幅或旋转观察货物状态，再次确认货物有无坠落和倾翻的危险。

4）吊运过程中要耐心配合相关作业人员，起落钩要轻，运行要稳，动作要连续，避免货物摆动过大而产生不确定方向的附加载荷。

5）重物吊运时要保持平衡，应尽可能避免振动和摇摆；作业人员应选择合适的上风位置及随物护送的路线，注意提示逗留人员和车辆避让。

6）多台起重机协同起吊同一重物时，质量分布不应超过每台起重机额定起重量的80%，并保证各台起重机之间保持足够的安全距离，以免发生碰撞。

7）吊运作业时，被吊重物的高度应尽可能放低。严禁被吊重物从人员上空越过，所有人员不得在被吊重物下逗留、观看或随意走动，不得将重物长时间悬吊于空中。

8）重物装车运输时，应摆放均衡，防止偏载，堆码时要捆绑牢固，必要时应用电焊进行固定，做好防倒塌、防滑动的安全措施。

第五章
港口装卸工艺

第一节
港口装卸工艺合理化原则

国内外港口生产实践表明，合理的装卸工艺应该符合一些基本原则。揭示这些原则将有助于人们理解为什么这样的工艺要比那样的工艺合理。原则的存在无疑将激励人们对现行生产方法不断进行深入的分析和思考，其结果将促成设备和人力的更好利用。港口装卸工艺合理化原则可以分为五个方面，本节将重点讨论这些原则，并举例说明这些原则在实际港口装卸工艺中的体现。

一、社会和劳动保护方面

1. 安全质量原则

安全质量原则是指在港口生产过程中，防止货物损坏和差错，保护人员生命，以及设备、设施正常运行。

没有安全就不可能有经济、高效的生产，任何安全事故都会对港口企业、货主和国家、地区经济造成损害，甚至影响国家对外信誉。

尽管人人都认为安全是必要的，但是很多人在生产中并不能始终保持安全意识。港口货物装卸，特别是船舶作业，潜伏着很大的不安全因素。管理人员和工人必须坚决贯彻“安全质量第一”的方针，认真执行有关的安全质量操作规定。

要注意采用的设备、工具和操作方法是否符合安全质量的要求。例如，散货卸船，在清舱阶段用网兜时，若在漏斗边用人工摘钩，就存在安全隐患，应该用自动摘钩代替；圆形钢材用铁链捆扎容易滑落，应采用钢丝绳捆扎；易碎品用滑板、怕挤压的货物用软性吊货工具会导致货损事故；流动机械在不平的道路上运行时，所载货物可能会振落损坏，因而需要捆绑。又如，在原木装卸中，原先装卸人员直接在原木货堆上作业，经常因原木的滚动而受伤，现在越来越多地使用木材抓斗，使作业的安全性大大提高。

在质量方面，装卸工艺的设计和安排必须保证货物的搬运和储存质量。例如，为保证散粮在作业过程中不发生变质，应采用现代化的散粮筒仓。从全面质量要求来看，上道工序还应满足下道工序的需要，装货港口要考虑卸货港口的要求。质量是企业信誉所在，必须高度重视。当然在强调质量的同时也应指出，任何质量的保证都是和费用的支出联系在一起的。装卸和堆存质量标准的确定要实事求是，防止形式主义。避免过剩质量是工业上提高劳动生产率、降低生产成本的重要措施之一，港口装卸工作当然不能例外。

2. 环境保护原则

环境保护原则是指在装卸工艺的设计和改造中，应采取有效措施，防止在作业过程中对周围环境产生有害影响。

装卸某些货物时，会因货物的性质不同而产生各种不同的污染，如尘污染、油污染、毒性污染、噪声污染等。为了消除污染，保护人员健康，要认真找出造成污染的原因，积极采取措施。例如，散货用溜管装驳的过程中会发生严重的灰尘污染，可以根据不同情况采用吸尘、喷水等方法解决尘雾飞扬问题，将污染控制在最低程度；油船装卸时周围要用围油栏挡住，以免油污扩散，水面上的油污要用集油器等设备将油污回收；有些装卸危险品的码头在港池底部设有压缩空气管道，当发生事故、危险品散落水面时，打开空气阀，压缩空气就从管道小孔中逸出，形成空气帐幕，即可将散落在水面上的危险品限制在一定范围内，然后采取相应措施消除污染；某些散货码头上要设置沉淀池澄清污水；油码头和危险品码头的污水必须进行专门的处理，达到规定的标准方可排放；吸粮机上要安装消声器等设备以消除噪声危害等。

二、设备方面

1. 充分利用机械设备原则

充分利用机械设备原则是指对于劳动强度大、工作条件差、搬运或装卸频繁、动作重复的环节，应尽可能采用有效的机械化作业方式。

港口装卸作业，劳动强度很大，因此，用机械代替人力从事装卸作业具有特别重要的意义。装卸工作机械化不仅是减轻体力劳动繁重程度的根本途径，同时也是保证作业安全、提高劳动生产率的重要手段。随着教育的普及和文化水平的提高，年轻一代的装卸工人越来越不能忍受落后的体力装卸方式，作为港口现代化重要标志之一的装卸作业机械化，将有力地推动港口生产走向文明，提高装卸工人的社会地位，稳定装卸工人队伍，促进港口繁荣。例如，目前在件杂货装卸搬运过程中，普遍采用的是将货物堆放在标准货板上，然后用叉车搬运货物的方式，代替了原先人力堆码货物的作业方式，大大减轻了工人的劳动强度。

2. 减少终端站停留时间原则

减少终端站停留时间原则是指在作业过程中，增加作业流动时间所占比重，而减少作业两端停留时间所占比重。

终端站停留时间是指货物在港内位移时的滞留时间。该原则表明，在终端站停留的时间越短，设备的效率就越高。一台装卸搬运机械只有在确实用于运移货物的时间里才能真正创造利润。这个原则可用来指引管理人员评价不同类型机械的优缺点。当其他条件基本相同时，能将终端站停留时间缩短到最小的系统便是最优的。这个原则适用于所有装卸设备，不论其大小。也正是这个原则使叉式装卸车与货板的结合远胜于其他装卸系统。

牵引车挂车和叉式装卸车的作用原理同样符合这个原则。当然，叉式装卸车除符合这个原则外，还有另外的优点，如能堆高、自动拆码货垛等。由于叉式装卸车兼备许多优点，因此在港口装卸作业中广泛应用。

船舶同样由于在终端站（港口）装卸货而损失了用于运移货物的时间。提高船舶运输能力的重要措施之一，就是压缩船舶在港时间，提高航行率。集装箱船、载驳船、滚装船、车辆渡船、海上拖驳等各种新型运输方式正是终端站时间原则在船舶上的体现。

3. 适应性原则

适应性原则是指采用的装卸工艺方案或装卸机械应尽可能地适用于不同种类货物的装卸作业。

当装卸机械的适应性增加时，它的应用范围就可以相应扩大，使用也就比较方便。例如，叉式装卸车就比升降式搬运车优越，因为升降式搬运车只能和货台配合使用，而叉式装卸车既可用于货台，又可用于货板。此外，叉式装卸车还可配备各种各样的工属具装卸捆、桶、管等各种货物。

适应性原则对电动装卸机械来说，具有重要意义。港口装卸的货种杂、变化多，采用适应性大的装卸机械便于应付各种各样的变化情况，但这条原则又不能盲目滥用，因为这条原则和专业化原则相对立。

究竟是采用专业化装卸机械有利，还是采用适应性大的装卸机械有利，需要对货物和车船类型等作业条件，以及未来变化的可能进行调查和预测，同时还需要对经济效益做出科学的评估。在此基础上，再由高层管理人员凭借自身的经验和智慧做出决策。

为了适应港口装卸作业复杂多变的情况，在决定采用专业化装卸机械时，要充分考虑在不影响专业化装卸机械效率、不过高增加费用的条件下，扩大专业化装卸机械适应性的补充措施。在决定采用适应性大的装卸机械的情况下，则要着重研讨提高装卸机械效率的措施，如针对不同的货物采用相应的专用工属具等。

4. 标准化原则

标准化原则是指在装卸工艺方案及装卸机械的选择时，应尽可能采用标准化的成熟方案和装卸机械系列，以及标准化的货物单元。

装卸机械标准化是符合经济原则的，可以大大减少备件的数量、提高维修人员的技术熟练程度和维修质量、降低维修费用等。当前，我国港口存在的严重问题就是机型杂，迫切需要根据标准化原则进行调整和整顿。

不仅大的装卸机械需要实行标准化，小型的、简单的吊货工属具和成组工具也需要标准化。例如，货板标准化以后，不仅可以降低制造成本，还可以减少维修费用。

便于维修固然是设备需要标准化的重要原因，但当把运输作为系统看待的时候，标准化具有更重要、更深远的意义。标准化是专业化协作必不可少的条件，是现代化运输系统的基础。

标准化既指装卸机械设计制造的标准化，也指装卸作业的标准化。前者通过标准化可以减少备件，从而降低成本，后者则可以提高人工操作的熟练程度。

标准化不仅指电动装卸机械和工属具标准化，还包括货物包装、搬运单元的标准化。正是国际集装箱的标准化系列简化了整个运输系统。

5. 充分利用空间原则

充分利用空间原则是指在不影响作业有效性的前提下，货物堆存应充分利用库场允许的空间高度。

随着经济的发展，土地价格越来越昂贵，特别是城市土地显得更加珍贵。因此，仓储容量的扩充靠增加土地面积是不经济的，应该注意充分利用空间堆存能力的发展。

在已定的库场面积条件下，当高度被充分利用后，就可以堆存更多的货物。为了充分利用库场高度，要采用能堆高货垛的机械。例如，采用叉式装卸车，仓库内的货垛可堆高到4～5 m。对于不能重压的货物，则可以采用货架堆高。对于某些可以堆高的大批量货物，我国港口采用流动起重机在露天货场堆垛，以提高单位面积堆存量。在某些件杂货码头，为了充分利用狭小的港区陆域，用多层仓库代替单层仓库。有的集装箱码头为了提高堆场的单位面积堆存量，用能堆5～6个集装箱高度的龙门起重机替代堆货高度较小的跨运车和底盘车。

然而，库场高度的充分利用往往是以营运上允许实现的客观条件为前提的，且又常常以作业的不方便和装卸费用的增加为代价，因此，合理的库场堆存高度应在科学论证后予以确定。

三、工艺布置与流程方面

1. 减少作业数原则

减少作业数原则是指在实现同样作业需求的前提下，采用工序数尽可能少的作业方案。

当按一定的操作过程完成货物的装卸搬运时，要完成许多作业，如工人在船舱内组成货吊、挂摘钩、起重机将货物吊到岸上、岸上工人挂摘钩、叉式装卸车叉货、搬运、在货场码垛等。除了主要作业外，还有许多如捆绑、分票等辅助作业。一般说来，若作业少，则消耗的人力就少，几个环节的配合也容易紧密。最少的装卸是最好的装卸，动作即费用，因此要尽量采用自动或半自动的吊货工属具（如抓斗代替网兜，自动摘钩代替一般的钩头等），以及进行成组装卸等方法减少作业数。但减少作业数必须慎重进行，在有的情况下，增加作业数能提高货物质量、缩短车船在港停留时间，因此必须全面考虑。

2. 直线原则

直线原则是指港区物流路线设计应尽可能走直线，以缩短货物位移的空间和时间。货物装卸的经济效果随着工艺流程中迂回和垂直运动的减少而提高。这个原则遵循一个显而易见的事实：两点之间直线最短。由于运动意味着费用，因此直线运移是最经济的物流方式。

货物没有按照装船需要在库场堆放、库场设置离码头过远、带式输送机布置不合理等均会造成在装卸工作中发生交叉搬运、迂回搬运和过远搬运。件杂货船舶装卸工作中有一个事实很值得深入思考：货物从车辆卸入库场，再搬运到码头前沿的整个过程中，由于货垛高度不大，货物基本上是水平移动的，而码头前沿和船舱仅数米的距离，用现在的起重机装货方式，货物要沿着一个大弧形轨迹才能被装入船舱，显然是违背直线原则的。就这点而论，滚装船、车辆渡船，以及开舷门的用叉车装卸车系统作业的成组运输船方案要合理得多。

3. 作业线各环节相互协调原则

作业线各环节相互协调原则是指组成装卸作业线的前后工序的作业能力应该平衡。装卸作业线是各作业环节的有机组成，只有各环节相互协调，才能使整条作业线产生预期的效果。

装卸作业线各环节相互协调有三方面的含义。

其一是指作业线上所配备的机械要力求系统化。例如，在船—库操作过程中，起落舱工序已经机械化，而船舱工序和库内码拆垛工序尚未机械化，对这两道工序应尽力寻求合适的机械或其他有效方法代替繁重的体力劳动，使整条作业线各工序达到机械化。实践证明，作业线上只要有一道工序没有机械化，就会大大影响其他几个工序所配备机械的效率。对于已经完全机械化的作业线，则要进一步采用遥控、工业电视、电子计算机控制等达到半自动化、自动化水平。

其二是作业线所包含的各种辅助作业，如计量、过秤、测温、灌包、缝包等均应机械化、电子化。这些作业虽不属主要工序，但往往成为影响货物质量或作业线生产率的薄弱环节。我国有些港口的装卸主体设备相当先进，但由于忽视了以上各种辅助作业的机械化和电子化，因此工艺落后，在现有港口现代化改造过程中必须予以注意。

其三是指各工序的生产率要协调一致，各工序机械的起重量要相互适应。如果各工序的生产率不能协调一致，各工序机械的起重量不能相互适应，则整条作业线的生产率就会下降到最薄弱环节生产率的水平。应该把注意力集中在薄弱环节生产率的提高上，否则，即使提高了非薄弱环节的生产率，但由于薄弱环节的存在，整条作业线的生产率仍无法提高。为了保证各工序生产率能相互协调，必须按工艺规范进行配工，那种不顾作业线实际配工需要，而将劳动力任意分散，以争取多开作业线的所谓“遍地开花”的生产组织方法，以及盲目集中劳动力于一个舱口或一条船的所谓“集中兵力打歼灭战”的生产组织方法，都是不符合科学管理的，这样的生产组织方法必然导致劳动生产率下降，影响港口通过能力。

4. 保证运载工具高效作业原则

保证运载工具高效作业原则是指装卸作业线的工艺设计应保证船舶和车辆的装卸能力能得到充分发挥，以缩短车船在港停留时间。

港口装卸工艺的重要特点之一是，不仅要使货物在港口的换装最经济，而且要尽力缩短运输工具在港口的停留时间。因此，加速车船装卸是港口作业的主要目标之一。但在货运量一定的情况下，过高生产率的库场装卸机械又会因机械利用率下降而导致装卸成本增加。合理的方法是，以较低的库场机械生产率保证较高的车船装卸效率。例如，散货装卸最常用的方法是储货存仓；在件杂货和集装箱装卸中，往往采用装船前将货物集中在前方操作场以提高装船效率的方法。

5. 防止工艺中断原则

防止工艺中断原则是指装卸工艺设计应保证防止在作业过程中，出现物流的不合理中断和运载工具的不合理等待。

在装卸过程中，作业中断的原因很多，有的是组织工作不良造成的，如等车、等船、等货等；有的则是工艺安排不合理造成的。在分析工艺时，要力求采取相应的措施以减少工艺中断。例如，在组织车船直接换装时，如果工艺安排上不能保证有车直接换装、无车库场进出的灵活性，就会因车船不能紧密衔接而发生装装停停的现象。从发展来看，要注意到，船—车直接换装虽减少一项操作，但在卸船效率很高的情况下，船—车直接换装的效率大大低于船—库操作的效率。因此，一些国家高效率的卸散货码头为提高卸船效率，宁愿采用两次操作的工艺方案。

6. 灵活性原则

灵活性原则是指装卸工艺流程中，物料可以通过多种渠道按照一定的操作过程进行装卸。

灵活性原则对带式输送机工艺流程特别重要，具有灵活性的带式输送机工艺流程可以使由于某一部分机械发生故障或需要检修而造成的影响限制到最低程度。

四、作业方面

1. 扩大单元原则

扩大单元原则是指在装卸工艺选择时，应尽可能扩大货物一次装卸、搬运和储存的单元（质量和尺寸），以提高装卸效率。

装卸效率随货物单元尺寸的扩大而提高。港口装卸作业和运输作业的某些最根本的变化都是建立在这个原则基础上的。成组运输、集装箱运输、车辆轮渡、载驳船等先进运输方式均体现了这个原则。

2. 提高机动性能原则

提高机动性能原则是指在经济性合理的前提下，尽可能使货物从静止状态到流动状态的转变更容易。

移动货物时的机动性大小反映出物流合理化程度。评价物流机动性能可以采用 0～4 的机动指数的方法。机动指数对应的机动性见表 5-1-1。从物流的合理化角度看，应尽可能使货物处于机动指数高的状态。当然，当提高机动性所支付的成本达到不合理的程度时，盲目追求机动性是不恰当的。

表 5-1-1　机动指数对应的机动性

货物的支承状况	示意图	机动指数	货物移动的机动性
直接置地	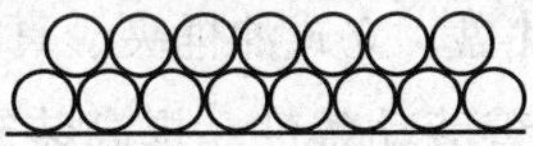	0	移动时需用人工逐个搬到运输工具中
置于容器	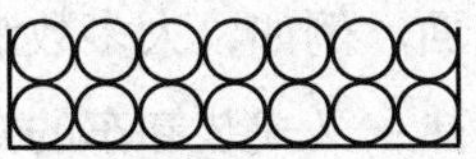	1	可用人工一次性搬运，一般不适用于机械搬运
置于托盘	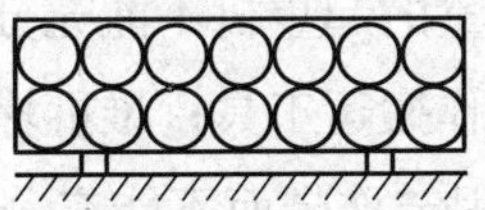	2	可以方便地使用机械搬运
置于车内	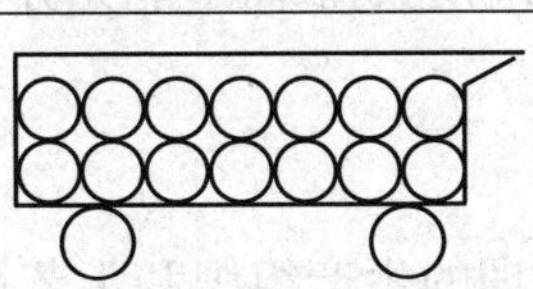	3	不需要借助其他机械便可搬运
置于传送带	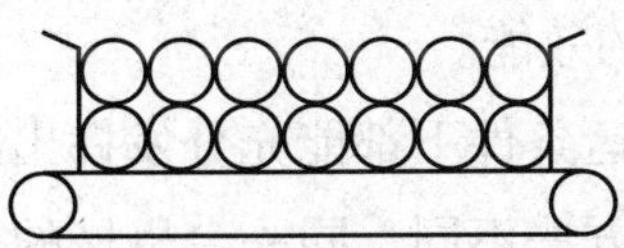	4	货物已处于移动状态

3. 利用重力原则

利用重力原则是指在装卸作业中，凡能利用重力运移货物的要尽可能利用。

高站台、低货位、滑溜化的作业方法在我国船舶和铁路装卸作业中广泛应用。散货、散粮、石油等货物均可利用重力装船和装车。在某些情况下，件货也可借助滑板利用重力装船。为解决长距离滑溜损坏货物包皮和货物滑溜速度难以控制的问题，我国有些港口将货物放在无动力驱动机构的带式输送机上，利用货物自身的重力使皮带转动，将货物从码头传送到船边。由于货物是靠皮带转动往下移动的，货物与皮带之间不存在相对滑动，因此不会使货物包皮受到损坏。此外只要操纵制动机构，就可以控制皮带的转动速度，从而控制货物的滑溜速度。利用重力原则的例子比较多，如散货堆场采用坑道带式输送机方式取料，用高架存仓方式装车等。

4. 利用工属具原则

利用工属具原则是指尽可能使用既有利于操作安全、简便，又能充分利用装卸、搬运机械能力的工属具，以提高装卸、搬运作业的效率。

港口使用的机械难以经常变化，而吊货工属具可以随货种的不同而随时变换适应。实践表明，吊货工属具选用得当，以及它的有效改进，往往会使整条作业线的效率显著提高。因此，应特别注意对吊货工属具的选择。对吊货工属具的选用和改进应以保证安全质量为前提，并力求做到充分利用机械的起重量，使工人操作方便，利于成组装卸，延长吊货工属具使用寿命等。

在吊货工属具方面，我国港口工人和技术人员进行了许多创新和发展，如船吊抓斗、八角斗、生铁网兜、袋粮网兜、茶叶盘、立式油桶夹、真空吸盘、鹰嘴钳、自动摘钩等。这些工属具在确保安全质量、改善劳动条件、提高装卸效率方面发挥了重要作用。但我国吊货工属具也存在着落后的方面。例如，大多数港口钢板夹钳自重太大，工人操作不便；电磁铁较长时间使用容易发热；叉式装卸车的专用工属具品种太少等。此外，由于缺少大容量的抓斗，因此大起重量的起重机不能充分发挥作用；叉式装卸车由于缺乏成组装卸工具和专用工属具而被用作搬运工具；堆拆垛性能得不到充分利用；由于缺少挂车（平车），牵引车只能被用来固定拖带而不能充分发挥效用等。这些不合理的使用情况都亟待改进。

5. 充分发挥机械效能原则

充分发挥机械效能原则是指通过合理的生产组织和工艺设计，使装卸、搬运机械在既定的技术性能条件下发挥其潜在的效能。

机械的生产能力并不是在任何营运条件下都能充分发挥出来的。即便在相同的客观营运条件下，由于作业组织和操作方法不同，同一台机械的生产率也会有很大的不同。现场管理人员的一项重要任务就是精心进行作业组织，善于总结和推广司机和工人的先进操作经验，以便充分发挥机械效能。

6. 人、机作业时间充分利用原则

人、机作业时间充分利用原则是指通过合理的作业安排，使作业线上的人力和机械都能得到充分的利用，消除闲置和浪费。

按照工时利用率和机械利用率的统计指标概念，人们往往会对生产组织产生盲目自满的情绪，认为工人分配到工作岗位，机械安排到生产现场以后，只要不发生待时记录，工人和机械的工作时间就已是充分利用。其实不然，在人机联合作业时，如果工人在舱内、车内或库场内装拆货组供起重机起吊，那么，在工作周期中，工人和起重机都有可能出现空闲时间。减少或消除这些空闲时间就能提高装卸效率。

五、成本方面

1. 系统评估原则

系统评估原则是指对装卸工艺方案的评价应从与港口作业相关的整个大系统（由船舶运输成本、港口装卸成本及货物在港费用等方面构成）的经济性来考虑。

先进的工艺方案要想在生产中得到推广应用、发挥作用，不但要在技术上是先进的，而且要在经济上是合理的。没有成本指标，就很难从经济的角度去评估哪个工艺方案更合理。因为很可能出现生产率高的工艺方案，成本比其他方案高。对现有工艺成本方面弱点的揭露，有助于未来工艺设计的改进或指明改造的途径。

从港口企业角度对成本进行分析是必要的，但又不能局限于此。根据港口生产的特点，从系统的观点考虑，评估港口装卸工艺的经济效果要顾及港口、船舶、车辆、货物等各方面。因为往往有这样的情况：生产率高的工艺方案，虽然港口装卸成本增加，但是由于能加速车船装卸和货物周转，车船在港停留的费用和货物在途资金的积压都能相应减少，因此从港口企业来看这虽然是不可取的方案，但从全社会系统评估，其经济效果却可能是好的。

2. 规模效益原则

规模效益原则是指装卸工艺方案的选择应有利于形成合理规模的装卸作业能力，以利于获得规模经济上的效益。

同一工艺流程，当装卸量增加时，装卸成本可能就会下降，增加装卸量以降低成本是港口企业经营扭亏为盈或获取更大利润的重要手段。

从装卸成本角度来看，扩大生产规模以取得较好经济效果是普遍性的经济规律。即使不考虑扩大港口企业规模，但资金集中后有利于港口企业采用先进的技术、高效的设备，从而具备比小规模港口企业高得多的生产率和低得多的成本。也就是说，即使是同样的技术、同样的设备，只扩大生产规模，装卸成本就可以比小规模时更低。从而使大港口的竞争地位比小港口更为有利。之所以如此，是因为生产成本中称为

变动成本的部分会随着装卸量的增加而增加；而称为固定成本的部分并不随装卸量的变化而变化。因此，随着装卸量的增加，单位产品的成本就会下降。这种情况从图 5-1-1 所示的盈亏分析法可以很清楚地显示出来。从该图可看出，装卸量在盈亏点以下时，成本超过收入，企业出现亏损；装卸量达到盈亏点时，收支相抵，不盈不亏；装卸量超过盈亏点时，收入超过成本，企业出现盈余，装卸量超过盈亏点越多，则盈余越多。

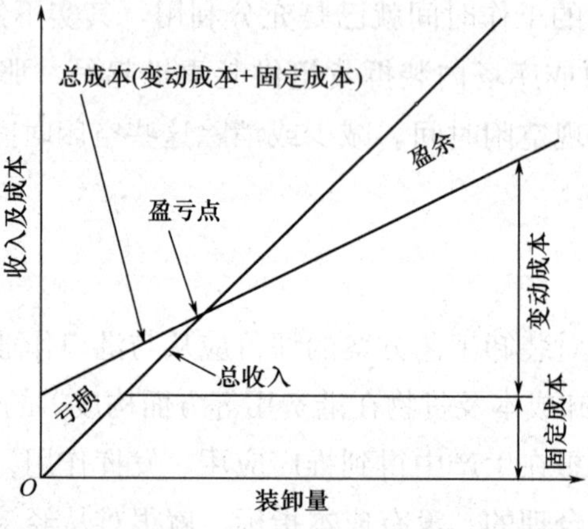

图 5-1-1　盈亏分析法

扩大港口的生产规模，增加装卸量，往往会取得较好的经济效果，达到一定装卸量，甚至可以扭亏为盈。此规律虽然有普遍意义，但也并非绝对，其应用要根据具体条件而定。在实践中，确实也有增加装卸量不一定取得好的经济效果的情况。例如，为了争取更多的装卸货源，装卸费率降低或超时工作、变动成本增加时，总收入与总成本两条线由直线变为曲线（见图 5-1-2），形成左右两个盈亏点。交叉弧形之内收入超过成本，故有盈余，其中间点为最高盈余所在。交叉弧形之外成本超过收入，因此有亏损。

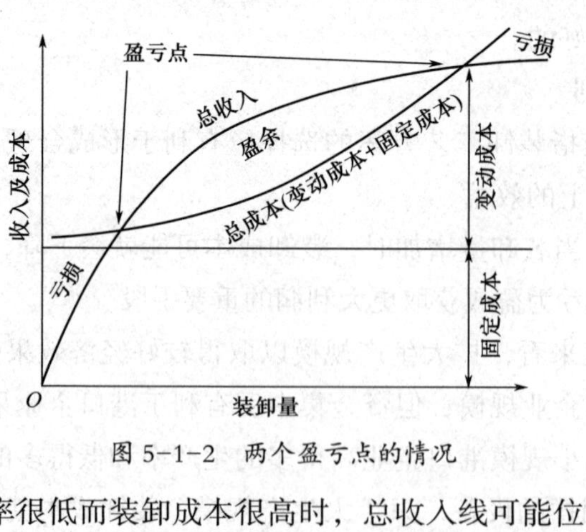

图 5-1-2　两个盈亏点的情况

又如，当装卸费率很低而装卸成本很高时，总收入线可能位于总成本线之下（见图 5-1-3），而且两者接近平行，这样即使增加装卸量也不会产生盈余。在这种情况下要研究的问题，不是增加多少装卸量才可以扭亏为盈，而是决策企业是否应继续维持下去，坚持到市场好转，即装卸费率上升，成本降低。因为只有出现这种情况，这个企业才有可能出现盈余。

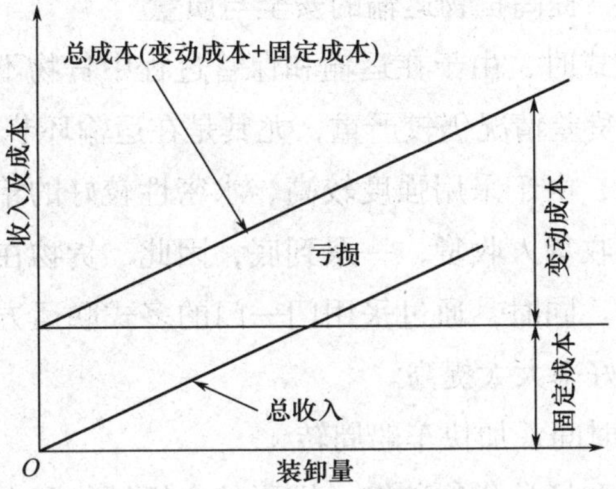

图 5-1-3 保持亏损的情况

上述原则并不是绝对的，它们之间存在着相互制约的关系。对于一个具体工艺流程来说，究竟应主要体现哪些原则，必须根据实际情况进行研究。尽管如此，由于这些原则揭示了装卸工艺合理化规律的方向，因此其价值是不容置疑的。

向管理人员和工人进行宣传教育，引导他们对现行工艺进行分析讨论，揭露存在的问题，提出改进建议，是港口工艺部门的重要职责。广大管理人员和工人对这些原则的深化认识和有效运用，必将有力地推动港口装卸工艺合理化进程。

第二节 港口装卸工艺

一、集装箱装卸工艺

1. 集装箱运输之所以能迅速发展，正是由于这种运输方式具有许多优点。

（1）提高装卸效率，减轻劳动强度

集装箱运输扩大了运输单元，规范了单元尺寸，为实现货物的装卸和搬运机械化提供了条件；而机械化乃至自动化的发展又显著提高了货物装卸和搬运的效率。采用集装箱运输，提高了装卸效率，大幅度降低了工人的劳动强度，但对作业人员的知识和技能的要求在不断提高。机械化和自动化作业方式的采用，使工人只需从事一些辅助性的体力劳动工作，肩扛人挑的装卸搬运方式已成为历史。

（2）减少货损货差，提高货物运输的安全与质量

采用件杂货运输方式时，由于在运输和保管过程中货物不易保护，因此尽管也采取了一些措施，但货损货差情况仍较严重，尤其是在运输环节多、品种复杂的情况下。采用集装箱运输方式后，由于采用强度较高、水密性较好的箱体对货物进行保护，从发货人装箱、铅封，到收货人收货，一票到底，因此，货物在搬运、装卸和保管过程中不易损坏，不怕受潮。同时，通过采用门—门的多式联运方式，货物途中丢失的可能性大大降低，货物完好率大大提高。

（3）缩短货物在途时间，加快车船周转

集装箱运输给港口和场站货物装卸、堆码的全机械化和自动化创造了条件。标准化的货物单元使装卸搬运动作变得简单和有规律，因此，在作业过程中能充分发挥装卸搬运机械的能力，便于实现自动控制。机械化和自动化可以大大缩短车船在港停留时间，加快货物的送达速度。同时，由于集装箱运输方式减少了运输中转环节和收发货的交接手续，方便了货主，提高了运输服务质量。

（4）节省货物运输包装费用，简化理货手续

集装箱箱体作为一种能反复使用的包装物，虽然一次性投资较高，但与一次性的包装方式相比，其单位货物运输分摊的包装费用反而降低。在运输场站，由于集装箱对环境要求不高，因此节省了场站在仓库方面的投资。此外，件杂货由于包装单元较小、形状各异，理货核对较为困难，而采用标准集装箱，理货时按整箱清点，大大节省了检查时间，同时也节约了理货费用。

（5）减少货物运输费用

使用集装箱运输除了节省船舶运输费用外，由于采用统一的运输单元，因此使换装环节设施的效率大大提高，从而降低了装卸成本；同时，货物运输的安全性明显提高，使保险费用有所下降。

（6）推动包装的标准化

集装箱作为一种大型标准化容器被广泛使用，可促使商品包装进一步集装箱化和标准化。目前，我国有关包装的国家标准已接近400个，这些标准大多采用或参照国际标准，并且许多包装标准与集装箱标准相适应。

（7）有利于组织多种运输方式的联合运输

由于各种运输工具各自独立发展，装载容积无统一考虑的依据，因此，传统的运输方式给货物的换装带来了困难。集装箱作为一种标准运输单元，其出现使各种运输

工具的运载尺寸向统一满足集装箱运输需要的方向发展，如果某种运输方式对这种趋势熟视无睹，那么它将很难融入大的运输系统。因此，根据标准化集装箱设计各种运输工具，将使运输工具之间的换装衔接变得更加便利。

2. 集装箱的标准化和集装箱船的专用化，为港口码头装卸机械高效化提供了良好的条件。集装箱装卸作业时，由于集装箱专用船舶的船舱内设有箱格，舱内的集装箱作业对位非常方便，无须人工协助，因此，在作业中没有了像件杂货那样的舱内作业工序。

集装箱码头的平面布局根据作业功能的不同，一般可分为三个部分，即码头前沿、堆场和后方。具体的集装箱码头平面布置根据当地的地形等条件有所不同。

（1）码头前沿包括停泊船舶的岸线、集装箱装卸桥作业区域等部分。岸线的长度取决于船舶长度，即泊位长度 = 集装箱船舶长度 + 泊位富余长度。码头前沿的水深取决于集装箱船舶的满载吃水深度。码头前沿的纵深取决于集装箱装卸桥的作业范围，这一作业范围可分成三个部分：轨距部分，一般应保证能同时通过三辆牵引车挂车，同时也应考虑设备作业的稳定性；内伸部分，即在机械轨道后方能放置舱盖板或停靠两辆挂车，同时也应考虑机械设备的稳定性；机动通道部分，即码头前沿作业地带和堆场之间的道路。一般来说，码头前沿的纵深宽度应大于 40 m。

（2）堆场是为了保证装卸作业的连续性而设置的集装箱堆存场地，是集装箱码头的主要占地区域。根据作业要求，又可以将堆场分为集装箱编组场和集装箱堆场。

1）集装箱编组场用于临时性堆放集装箱，场地邻靠码头前沿，用于存放待出口的箱子或从船上卸下待转运的箱子，故又称调度场或调配场。

2）集装箱堆场用于集装箱的交接、保管，位于集装箱编组场的后方，集装箱进入该场地往往堆存时间较长。集装箱堆场可以划分成几个箱区，每个箱区又由若干箱位组成，并编有号码（箱位号）。集装箱堆场的大小取决于堆场上所采用的设备。不同的设备所允许的集装箱堆存高度是不同的，因此，堆存同样数量的集装箱，当采用不同的设备时，所需堆场的面积也不同。

（3）后方又分为集装箱拆装箱库、指挥塔、大门、维修车间等。

1）集装箱拆装箱库又称集装箱货运站，用于货物散进或散出时码头拆装箱的货物堆存和作业。集装箱拆装箱库一般位于码头后方，也可将其设置在码头以外。

2）指挥塔起生产指挥和监控作用，码头的作业计划和调度安排在这里完成，因此，其位置往往设在能环视整个码头的地方，一般设在最高的楼层。指挥塔内配有通信设施和计算机网络系统，以便有效行使生产指挥的职能。随着生产监控设施的现代化，指挥部门不一定要设在视野好的地方，指挥室内现代化的监控系统完全可以代替人眼来掌握现场作业情况。

3）大门又称检查桥（或称闸口）。一般在大门处设有地磅，用于计量集装箱内货物的质量。大门又是集装箱和集装箱货物的交接点，港内外责任的分界线。在集装箱码头的大门处，需对进出港区的集装箱单证进行查验，并检查集装箱的箱号、封箱号及集装箱的外表情况。

4）维修车间是对集装箱和集装箱装卸搬运机械进行检查、维修和保养的场所，是保持码头机械处于完好状态、提高码头装卸效率的重要保障。维修车间一般设在不影响码头作业的后方。

由于集装箱码头的建设是以较大且稳定的集装箱货源为前提条件的，而且专业化集装箱码头的投资较高，因此，规划集装箱码头时必须对是否有稳定的集装箱货源有把握，当集装箱货源不足，或者无法确定货源发展的情况下，不应轻易规划建造集装箱码头，可采取建造多用途码头的方式，以适应货源的变化。

二、件杂货装卸工艺

件杂货运输和装卸是最早的传统运输装卸工艺。随着近代集装箱运输方式的发展，件杂货运输受到了很大的冲击，传统的件杂货运输量也日渐减少，不少件杂货码头已经改建成为集装箱码头，但这并不意味着件杂货运输装卸已经走到了尽头。品种繁多的件杂货中还有一些批量不大、需散件运输的货物及某些不适合集装箱的货物，仍然采用件杂货运输的方式。所以，现代件杂货装卸工艺是在不断革新中生存和发展的。

件杂货通常是指有包装或无包装的散件装运货物。由于件杂货的外形及其包装形式多而杂，所以又称杂货。在货物总运量和港口吞吐量中，件杂货与其他货种相比，所占的比重不大；但由于件杂货的单件质量通常较小，使得件杂货船装运的件杂货数量可以很大，因此对于港口通过能力不大的件杂货码头来说，年装卸的件杂货数量很可观。

1. 典型的件杂货装卸工艺布置形式

根据件杂货装卸机械化系统的机械配置，典型的件杂货装卸工艺布置形式主要有船舶吊杆——流动运输机械系统的一线仓库形式，门座起重机——流动运输机械系统的一线堆场一线仓库形式。

（1）采用船舶吊杆装卸作业时，件杂货码头前方作业地带的宽度，既要满足码头前沿机械转弯半径的要求，还要考虑前方道路和前方仓库檐墙之间留出的距离，通常可取 20～30 m。如果考虑将前方装卸船舶的机械改为门座起重机，前方作业地带的宽度可适当留有余地，但不宜大于 50 m。当件杂货码头采用多用途码头类型时，码头前方作业地带的宽度应满足多种流动机械作业的要求，不宜小于 40 m。件杂货码头前方作业地带的宽度如图 5-2-1 所示。

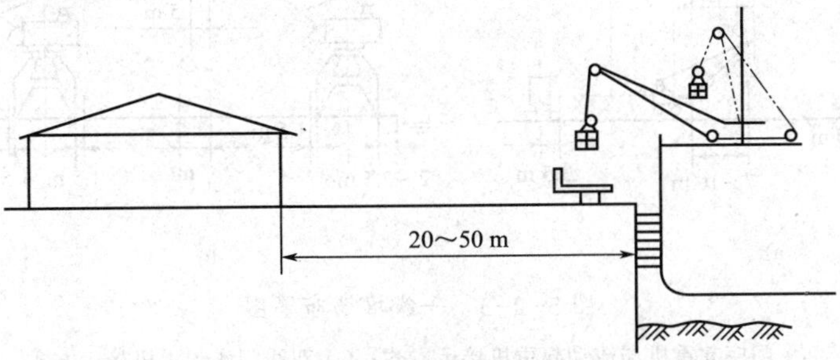

图 5-2-1　件杂货码头前方作业地带的宽度

仓库的跨度和库门的尺度按库内作业的机械类型及仓库的容量确定，单层仓库的跨度不应小于 18 m，仓库门的净宽不应小于 4.2 m、净高不应小于 5 m。仓库的净高按库内作业的机械类型和货物堆高，以及仓库类型确定，一般情况下，单层仓库和多层仓库的底层净高不应小于 6 m，多层仓库的楼层净高不应小于 5 m。如果考虑库内机械的发展，仓库内净高还可适当提高。

多用途码头仓库的布置应满足件杂货和集装箱装卸作业的需要，并考虑装卸货种的机动性，一般不设永久性仓库。当仓库面积不足时，可考虑使用多层仓库。多层仓库的层间机械化可采用电梯提升或装卸起重机直接将货物吊上楼的方式。

（2）图 5-2-2 所示为使用门座起重机的码头（*A* 为门座起重机的最大幅度），码头前沿有一个堆场和一个仓库。这种布置形式较适合件杂货。其中，无包装的件杂货可进堆场，有包装的件杂货可入仓库。

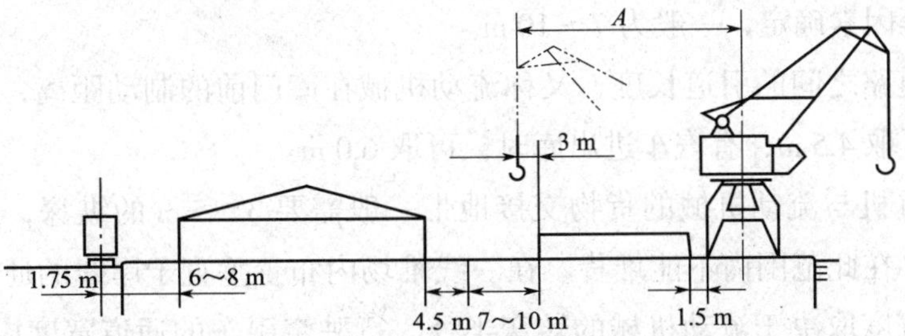

图 5-2-2　使用门座起重机的码头

若所装卸的货物基本上只需在堆场上存放，则该码头可不建一线仓库，仅设堆场。在堆场纵深增加的情况下，堆场作业可采用起重机接运方式。图 5-2-3a 所示为门座起重机与流动起重机接运方式。图 5-2-3b 所示为双线门座起重机接运方式。堆场边缘至铁路中心线的距离一般取 3.5 m。如果货堆与铁路间需通行机械，则要增加机械通行所需的距离。

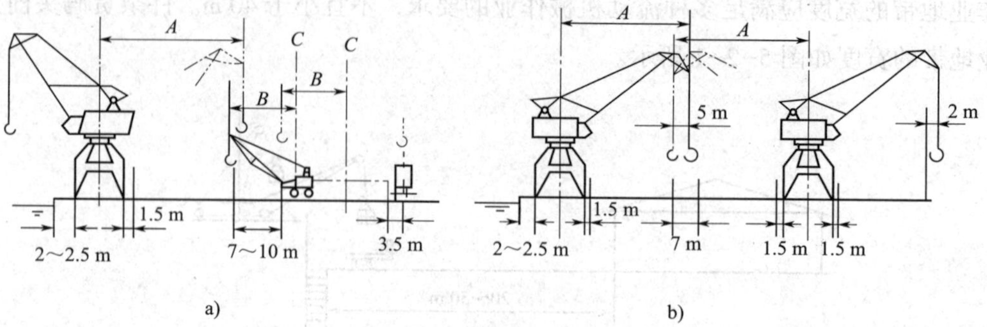

图 5-2-3　一线堆场布置图

a）门座起重机与流动起重机接运方式；b）双线门座起重机接运方式

注：*A* 是门座起重机作业半径，*B* 是流动起重机作业半径，*C* 是流动起重机停留位置。

码头前沿和门座起重机海侧轨道中心线间距应保证起重机及其机上的附件不碰及船柱和船舶舷梯，起重机的旋转部分不碰及船上的上层建筑物，一般可取 2.0～2.5 m。多用途码头考虑集装箱装卸作业时，此间距不宜小于 3 m。采用门座起重机装卸船舶时，门座起重机的轨距通常取 10.5 m。

一线堆场的布置主要是为了能充分发挥起重机臂幅大的优越性，可将货物从船上直接卸到起重机臂幅工作范围内的堆场上。一线堆场通常作为长大件货物的堆场，也可堆放周转快、可以堆高的货物。一线堆场的纵深主要取决于堆场的容量、门座起重机的幅度和布置、货种的堆放要求等因素。

码头前方平行于码头前沿线的道路布置形式有两种，一种是将道路安排在一线堆场的后边，另一种是将道路安排在门座起重机后轨与一线堆场之间。后一种布置形式中，码头前方道路与货物交接地带结合在一起，包括道路和货物交接地带的宽度，应根据车流量等因素确定，一般为 7～10 m。

仓库与道路之间的引道长度，又称流动机械在库门前的制动距离，当有流动机械进出库时，可取 4.5 m；有汽车进出库时，可取 6.0 m。

门座起重机与流动机械的货物交接地带一般需要 3～5 m 的纵深，以保证有一定的交接宽度，在此范围内不能堆货。在一线堆场内布置垂直于岸线的通道作为交接地带，通道的宽度取决于流动机械的转弯半径，行驶牵引车的通道宽度应大于 6 m。如果一线堆场紧邻门座起重机，则货物应从起重机后轨外 1.5 m 处堆放。在一线堆场纵深需增加的情况下，可采用流动起重机接运的作业方式。

件杂货仓库的站台是指当仓库外有铁路时，仓库与铁路之间的流动机械装卸车辆的作业地带。铁路中心线至仓库墙边的距离，应根据作业方式及所选用的机械确定。采用叉车、前沿车时，宜取 7.75～9.75 m；采用轮胎式起重机作业时，可增大至 11.75 m。件杂货仓库站台需设置全遮式雨篷时，雨篷支柱内侧至铁轨中心线和篷内的净空高度应根据作业方式及所选用的机械确定，并应符合铁路建筑界线的有关规定。站台宽度为 6～8 m 时，此距离为 10.75～12.75 m。站台高度要考虑是否便于仓库与棚车接运作业，一般可取 1.1 m。站台边缘至相邻铁路中心线的距离为 1.75 m。站台车辆斜坡的坡度不超过 10%～20%。

2. 件杂货装卸工艺组织

件杂货按货物的特征和包装形式可细分为袋装货、捆装货、桶装货、箱装货、金属锭、篓装货、长钢材、钢板、托盘货等。每种货物的装卸工艺都由工艺流程、机械配置、作业人员配备、操作方法和要求等组成。

我国港口从事件杂货装卸历史较长，已积累了丰富的经验，形成了符合各港口自身条件的件杂货工艺规程。下面，结合有关工艺规程，介绍典型件杂货装卸工艺要点。

（1）船—库场工艺流程如图 5-2-4 所示。

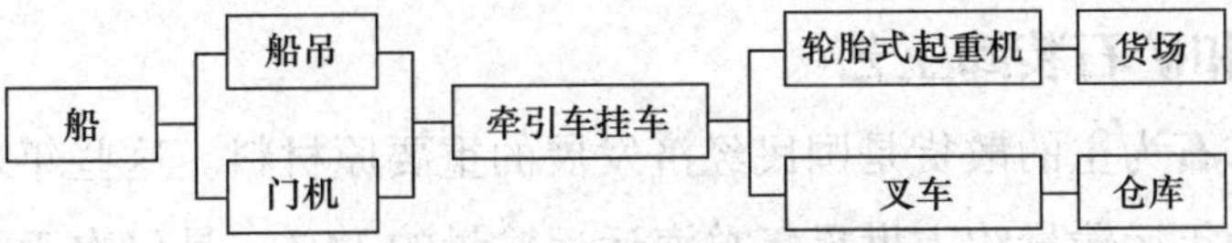

图 5-2-4　船—库场工艺流程

（2）船—驳船工艺流程如图 5-2-5 所示。

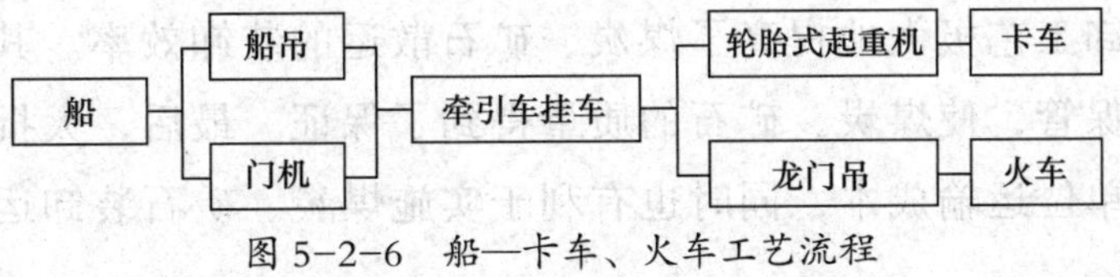

图 5-2-5　船—驳船工艺流程

（3）船—卡车、火车工艺流程如图 5-2-6 所示。

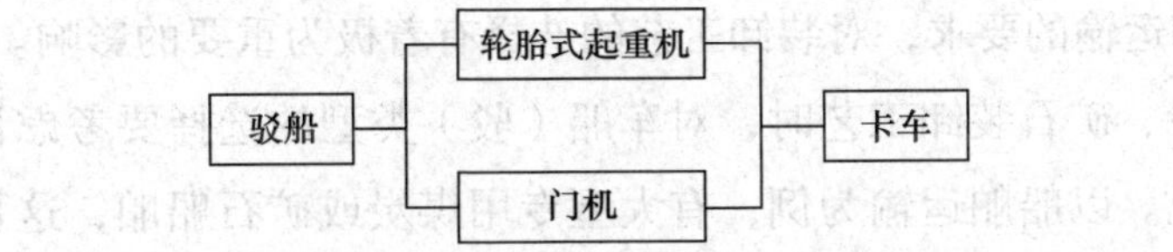

图 5-2-6　船—卡车、火车工艺流程

（4）驳船—卡车工艺流程如图 5-2-7 所示。

图 5-2-7　驳船—卡车工艺流程

（5）库场—卡车、火车工艺流程如图 5-2-8 所示。

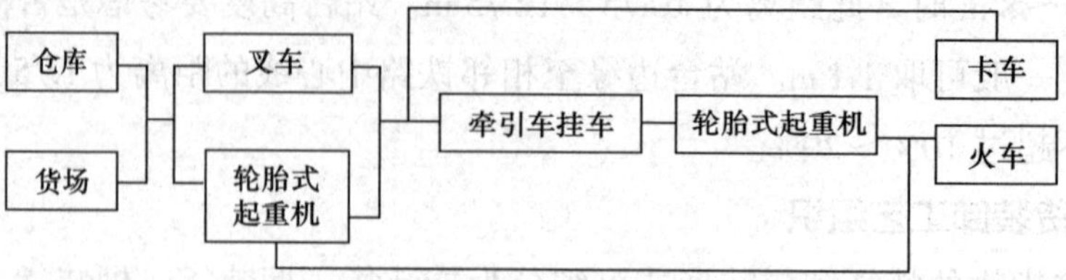

图 5-2-8　库场—卡车、火车工艺流程

（6）卡车—驳船工艺流程如图 5-2-9 所示。

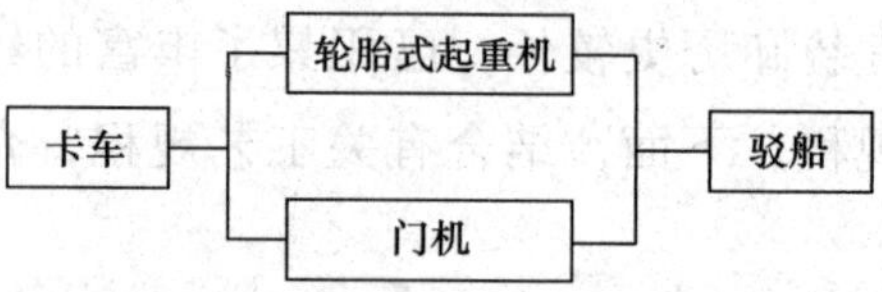

图 5-2-9　卡车—驳船工艺流程

三、煤炭和矿石装卸工艺

以煤炭和矿石为主的散货是国民经济发展的重要原材料。这些年来，在世界货物海运量中，散货年运输量约占世界年总海运运输量的 14%，是仅次于石油、居世界货物海运量第二位的货类。在散货运输量中，煤炭和矿石的运输量又占了 90% 左右，由此可见，采用煤炭、矿石专业化装卸运输技术，提高煤炭、矿石装卸运输效率具有重要意义。

长期大批量的运输需求，促进了煤炭、矿石专业化装卸运输技术的发展。现代大型散货专用船舶建造技术的发展，煤炭、矿石装卸运输专用设备的采用，以及煤炭、矿石码头装卸技术水平的提高，为现代煤炭、矿石码头装卸工艺的形成和发展提供了技术基础，也使煤炭、矿石散运方式的优越性得到了充分发挥。首先，专业化装卸工艺极大地提高了煤炭、矿石散运的装卸效率。其次，专业化的运输、装卸和保管，使煤炭、矿石的质量得到了保证。最后，大批量的煤炭、矿石运输降低了单位运输成本，同时也有利于实施煤炭、矿石装卸运输作业的环境保护原则。

在专业化码头装卸工艺中，煤炭、矿石是港口装卸的具体对象，所以煤炭、矿石的特性及对装卸运输的要求，对装卸工艺的选择有着极为重要的影响。

在设计煤炭、矿石装卸工艺时，对车船（驳）类型的选择要考虑目前的和进一步发展的多种情况。以船舶运输为例，有大型专用煤炭或矿石船舶，这种船舶通常是大舱口而且甲板上不设起重机和桅杆等设备；内河驳船则有矿石驳、甲板驳和舱口驳之分。专用的煤炭和矿石船舶（驳船）对港口装卸工艺设计十分有利。装载煤炭、矿石的铁路车型也分专用车型和通用车型，采用专用车型装运煤炭、矿石便于港口装卸车作业实现机械化、自动化。

现代运输的发展表明，在煤炭、矿石运输量大及货流稳定的情况下，在专用船舶大型化和高效化、铁路车辆的长大专列固定编组和直达循环的运行组织条件下，应选用专用、高效的港口工艺设备与之配套。因此，在设计港口装卸工艺时，必须深入分析车船的现状和发展趋势，既要考虑现实情况，又要积极探讨采用高效率专用车船的可能性及其对港口装卸工艺的要求。

从物流的角度看，煤炭和矿石从产到销要经过许多环节，即从生产地装卸，经过运输和换装，到消费地装卸、储存直至销售，港口只是这个系统中的一个环节，这个环节的合理和高效将会影响整个物流系统的运作。因此，港口装卸工艺设计必须以系统的观点去研究，才能达到物流系统的整体效果。

与件杂货港口装卸工艺相似，煤炭、矿石的港口装卸工艺也是由装卸船舶作业、水平运输和堆场作业三个环节组成。不同的是，运达港口的煤炭、矿石批量大，流向单一，因此可以按物料进出港口的流向，将煤炭和矿石装卸工艺系统分为陆运进港、水运出港的煤炭、矿石出口装卸工艺，以及水运进港、陆运出港的煤炭、矿石进口装卸工艺。

在煤炭、矿石的进口和出口系统中，物料的堆场作业和装卸船作业具有共同性，其工艺流程如图 5-2-10 所示。

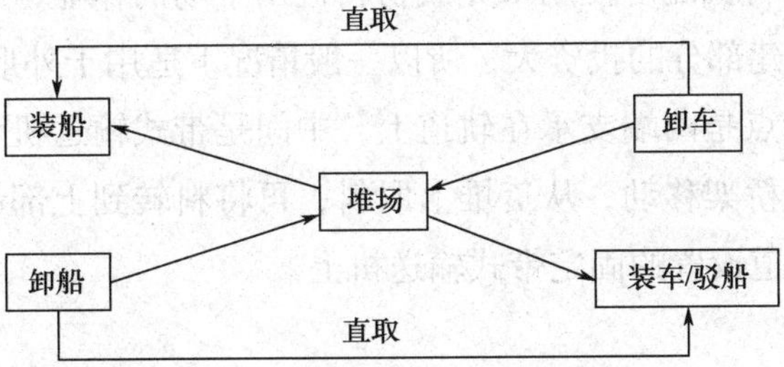

图 5-2-10　煤炭和矿石装卸工艺流程

1. 卸火车工艺

在港口卸火车（以下简称卸车）作业是指将火车运抵港口的煤炭、矿石从车上卸下的作业环节。铁路车辆的类型与构造，车辆到港的运行组织形式，对港口装卸工艺有着重要的影响。装运煤炭、矿石的铁路车辆主要有敞车和自卸车两大类。敞车是一种通用型的车辆。敞车装运煤炭、矿石时，物料从车辆上方敞开部分装入；卸料时，既可以从车辆上方敞开部分卸出，也可以打开侧边的车门卸出。敞车除装散煤和散矿石外，还可用于装运各种包装件杂货，车辆的利用率高，所以装运煤炭、矿石的铁路车辆中大部分是敞车。自卸车是装运煤炭、矿石的专用型车辆。自卸车装运煤炭、矿石时，物料也是从车辆上方敞开部分装入；卸料时，打开自卸车的底开门，物料自流卸出。自卸车的卸车效率高，造价也高，不适用于装运其他货物，因此自卸车的回程载重量利用率低，所以在煤炭、矿石散运的车辆中，自卸车的比例较少。

在吞吐量大的港口，煤炭、矿石列车多采用专列直达，一般由30～50节车厢组成。根据煤炭、矿石车型的不同，散货卸车工艺主要有翻车机卸车工艺、螺旋卸车机卸车工艺、链斗卸车机卸车工艺和底开门自卸车卸车工艺等。

2. 堆场工艺

（1）堆料机

煤炭和矿石堆场机械是指用来完成物料进出场和堆料作业的专用机械。物料的品种、特性和堆存量是决定如何选用堆场机械的主要因素，而选用的机械不同也会影响物料进出场和堆存形式，两者要相互适应。

煤炭和矿石堆料机是国内外煤炭和矿石堆场常采用的专用机械。

堆料机有单悬臂、双悬臂、旋臂式三种机型。堆料机与堆场带式输送机系统可以组成不同的堆场装卸工艺形式。

（2）取料机

取料机是专用于堆场取料的机械，常见的是与水平固定式带式输送机配合使用的取料机，也有流动式取料机。

取料机通常和堆料机配合使用来完成物料进出堆场的作业，这种堆取分开作业的营运费用较低，但土建部分的投资大，所以一般情况下适用于外形尺寸长而宽的堆场。门式滚轮取料机的特点是两端支承在轨道上，中间是带式输送机和滚斗桥架，整机可跨堆场移动。滚斗沿桥架移动，从货堆上取料，再将料转到上部卸入桥架上的带式输送机，并转到平行轨道设置的固定带式输送机上。

（3）堆取料机

堆取料机是一种配合堆场地面的固定带式输送机系统，是既能堆料又能取料的专用机械。这种机械由于具有堆料、取料的功能，因此是堆场作业性能全面的一种机械。采用此种机械，可使整个散货装卸机械化系统的机种减少，工艺布置简单，取、堆料效率高。堆取料机是现代化散货堆场地面系统的常用机械。

堆取料机与取料机类似，有斗轮和门式滚轮两种结构类型。斗轮堆取料机具有整体稳定性好、回取率高、便于物料分类管理、土建投资成本低等多种优点，应用广泛。门式滚轮取料机和门式滚轮堆取料机的特点是机械受力合理，自重小，投资少；但由于机械的门架跨度大，因此要求门架在堆场作业时的运行同步性要好。另外，这类机械的扬尘较大。

3. 装船工艺

现代散货装船机械均以带式输送机为主体，根据其结构形式和装船工艺，可分为固定式装船机和移动式装船机两大类。各类装船机及其装船工艺如下。

（1）固定式装船机

固定式装船机是一种整机不能沿码头岸线移动的装船机械。为了适应装船需要，扩大物料的抛撒面，这类装船机的悬臂可做旋转、俯仰和伸缩动作，所以又称悬臂转动式装船机；有的装船机的悬臂还可做摆动，因而又称摆动式装船机。

固定式装船机由于性能全面，装船效率高，对码头的承载能力要求低，可节约码头的建造费用，因此成为国内外煤炭和矿石码头的主要装船机械之一。使用这种装船机装船采用定机移船工艺。

（2）移动式装船机

移动式装船机是一种整机可在泊位前沿轨道全长行走的装船机械。这类装船机性能完善，适合在各种煤炭和矿石船的任意船舱装载，但构造比较复杂。为了供料，移动式装船机需要沿码头设置高架栈桥和带式输送机，配备可与装船机一起移动的卸料车和供料带式输送机等设备，因此，对码头结构强度要求高。

移动式装船机具有灵活、机动、工作范围大、对船型变化的适应性强等优点，是国内外煤炭、矿石出口码头最常用的一种装船机械。选用移动式装船机装船可采用定船移机工艺。

4. 工艺流程

（1）火车—堆场工艺流程如图 5-2-11 所示。

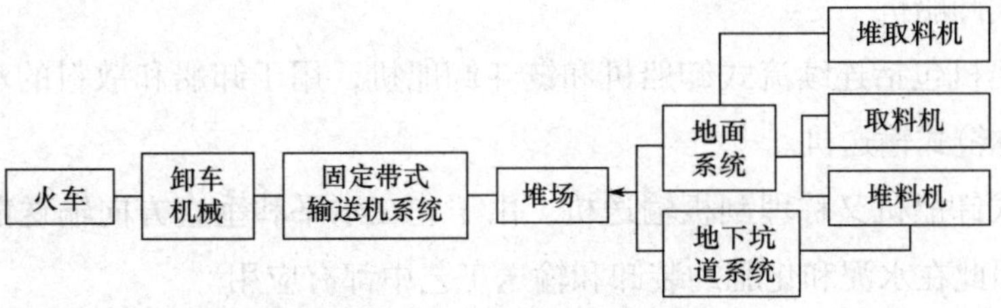

图 5-2-11　火车—堆场工艺流程

（2）堆场—船舶工艺流程如图 5-2-12 所示。

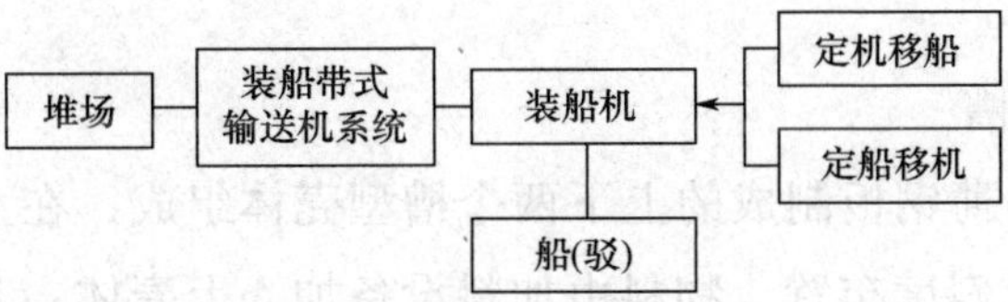

图 5-2-12　堆场—船舶工艺流程

（3）火车—船舶工艺流程如图 5-2-13 所示。

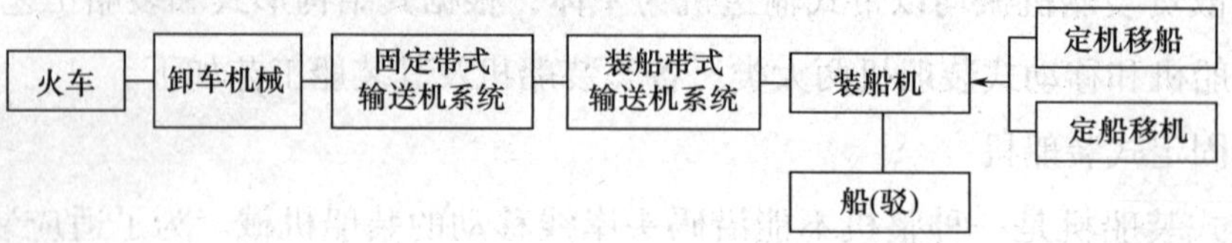

图 5-2-13　火车—船舶工艺流程

四、散水泥（化肥）装卸工艺

水泥和化肥是当今世界上产量最大的商品之一，它们对经济发展和社会进步有着重要的影响。随着科技的进步，水泥和化肥的生产和运输技术也得到了长足的发展。

散水泥（化肥）在保管、运输和装卸方面应考虑以下问题：化肥的吸湿性，水泥的水化和硬化，水泥、化肥的腐蚀性和扬尘性，化肥的易燃性和易爆性。

1. 散水泥（化肥）卸船及输送机械

散水泥（化肥）装卸工艺一般包括装车（船）、运输、卸车（船）、储存 4 个环节，有的环节在具体操作过程中可能要重复多次。这些装卸操作过程是通过散水泥（化肥）的装卸机械化系统完成的。

（1）气力提升机

气力提升机是一种低压吹送的垂直提升气力卸船输送机械，可用于粉状物料（如生料、水泥等）的卸船输送，但不适用于易受潮结块的散化肥卸船。

小型船舶对气力提升机的选择余地较小，通常采用吸入式真空卸船机。

（2）链式卸船机

链式卸船机包括连续流式卸船机和链斗卸船机，用于卸船和散料的水平、垂直输送，所以又称链式输送机。

连续流式卸船机又称埋刮板输送机。由于它在水平和垂直方向输送散状物料时有不少优点，因此在水泥和化肥的装卸和输送工艺中都有应用。

链斗卸船机是一种能够水平输送和倾斜提升的输送机械。被输送物料盛放在斗内，由链条拖动料斗进行输送，物料与输送部件之间无相对运动，磨损较小，运转故障也较少。

（3）空气输送斜槽

空气输送斜槽由薄钢板制成的上下两个槽型壳体组成，在上下壳体间夹有透气层，整个斜槽按一定斜度布置。物料由加料设备加入上壳体，空气由鼓风机鼓入下壳体，通过透气层使物料流态化。充气后的物料沿斜度向前流动以达到输送目的。

（4）螺旋输送机

螺旋输送机主要由安装在固定槽内的旋转输送螺旋叶组成，可用于散水泥（化肥）的卸船作业和水平输送。

2. 散水泥灌包系统

目前，世界范围内的水泥包装机可分为两大类，一类是回转式，另一类是固定式。

回转式包装机可以分为充气液态罐装水泥的回转式包装机、多叶轮强迫灌装水泥的回转式包装机和单叶轮强迫灌装水泥的回转式包装机三种类型。

机械充料固定式包装机是灌装与计量同时进行，并能自动定量的半自动包装机。

3. 散水泥装车、船设备

（1）自卸散装水泥火车

自卸散装水泥火车车厢是最常见的火车装运设备。

（2）自卸散装水泥汽车

自卸散装水泥汽车的种类繁多，可分为以下三类：自卸车改装的倾斜式散装水泥汽车、汽车自身废气作为气源的气力卸料式散装水泥汽车和外供气源的气力卸料式散装水泥汽车。

（3）散装库水泥装车系统

专用散装库水泥装车系统的装车形式分为两种，一种是库底装车系统，另一种是库侧装车系统。

4. 水泥（化肥）储存

水泥（化肥）的储存多采用圆形库。圆形库的库壁面积小，它的几何形状使水泥（化肥）与库壁的摩擦也减小到最低，因而有助于水泥（化肥）卸出。在设计圆形库时，应考虑水泥（化肥）的流动性能及卸料时物料塌落的冲击。

（1）圆形库中的水泥（化肥）流动有漏斗流和整体流两种基本方式。改善水泥（化肥）流动的措施包括提高水泥（化肥）的流动性和正确的库形设计，如提高水泥颗粒的圆度和加大圆形库下料口的直径等。

（2）水泥（化肥）库的出料可采用螺旋输送机，也可采用气力输送系统。

（3）水泥（化肥）由库顶送入库内，可用螺旋泵、仓式泵或气力提升泵，通过管道靠气力输送；也可以以机械方式使用斗式提升机和螺旋输送机或空气输送斜槽。采用的设备种类要按照具体条件而定。

（4）由于散水泥（化肥）的扬尘性，在散水泥（化肥）装卸、储存和运输过程中会对环境产生不同程度的粉尘污染，不但污染生态环境，影响装卸工人的身体健康，而且还会因粉尘散失而引起物料的损失，也影响设备的正常工作，严重时还会引起粉尘爆炸。因此，在散水泥（化肥）装卸工艺系统中必须配置收尘设备，把空气中的粉尘浓度降到最低限度。常用的收尘设备有重力沉降室、旋风收尘器、袋式收尘器、电收尘器、过滤收尘器等。

5. 散水泥（化肥）装卸工艺

港口散水泥（化肥）装卸工艺一般是指散装进口袋装出口（散进袋出），两者有相似的特点，但也有不同的沿用习惯，如选用的装卸机械不同、仓库储存的形式不同等。

（1）主要机械

1）间歇型卸船机：门座起重机、船机。

2）连续型卸船机：气力卸船机、链式卸船机、螺旋卸船机等。

3）输送机：带式输送机、埋刮板输送机、螺旋输送机等。

（2）工艺流程

1）船—灌包工艺流程如图 5-2-14 所示。

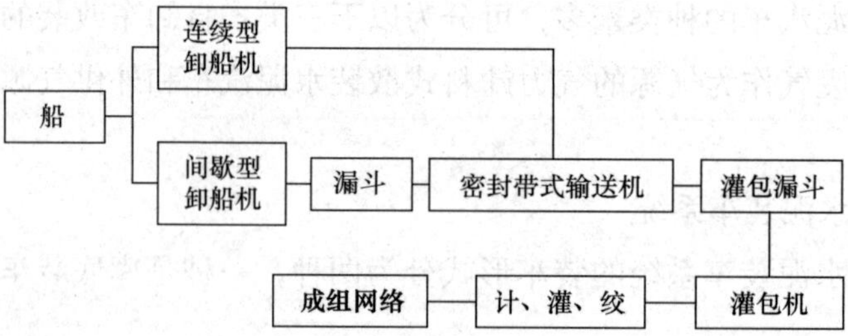

图 5-2-14　船—灌包工艺流程

2）船—散装库工艺流程如图 5-2-15 所示。

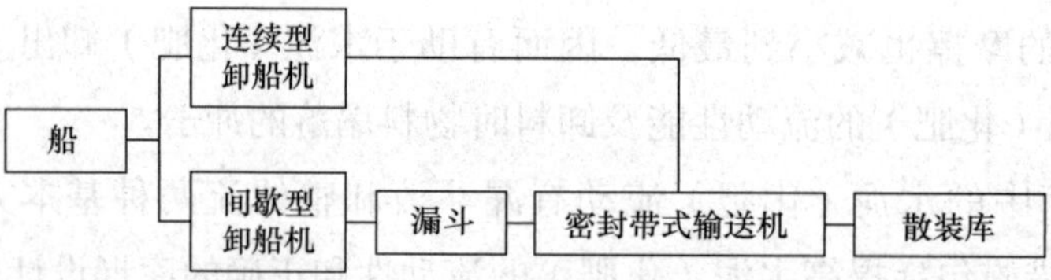

图 5-2-15　船—散装库工艺流程

3）船—平台灌包工艺流程如图 5-2-16 所示。

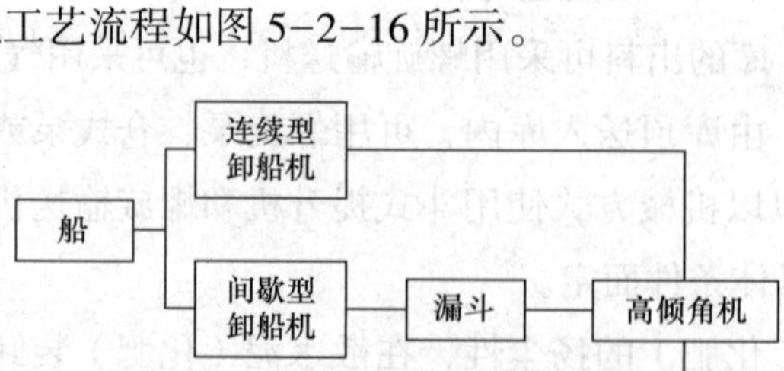

图 5-2-16　船—平台灌包工艺流程

4）散装库—灌包工艺流程如图 5-2-17 所示。

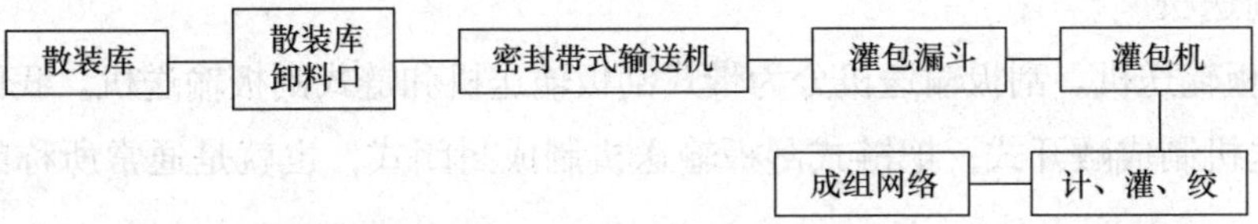

图 5-2-17　散装库—灌包工艺流程

（3）工属具配备

工属具配备是指根据主要卸船机械配备所需的抓斗、漏斗、吊钩等工属具。

五、散粮装卸工艺

1. 散粮船舶装卸机械

（1）散粮卸船机械

散粮卸船机械可分为间歇型散粮卸船机和连续型散粮卸船机两大类。间歇型散粮卸船机是指各类抓斗卸船机，如船吊抓斗卸船机、门机抓斗卸船机、桥式抓斗卸船机等；常用的连续型散粮卸船机有吸粮机、夹输送带卸船机、链斗式卸船机、螺旋卸船机等。

（2）散粮装船机械

散粮装船除选用专用的装船机外，还常利用散粮流散性强的特点，采用带式输送机—自流管系统。在这个系统中，带式输送机是输料和供料机械，把出筒仓的散粮运到装船点；自流管负责将散粮装入船舱。

带式输送机布置形式有两种：一种是沿码头线布置的高架带式输送机廊道；另一种设置在远离岸线的突堤式码头上。

自流管有以下四个特点。

1）自流管通常为固定设置，隔一定距离安装 1 个。

2）自流管之间的距离可根据船舱口的位置而定，一般为 15～20 m；倾斜角度不小于 36°。

3）自流管具有伸缩、俯仰、回转功能，可以改变散粮的落料点。不工作时，自流管可顺着码头收回，以免在靠船时与船舶发生碰撞。

4）每条自流管都有 1 个操纵室，控制自流管的落地位置。

2. 散粮输送系统

散粮输送机的主要功能是将卸船机从船舱中卸下的散粮转运到粮仓储存。散粮输送机按其使用要求，可分为水平及倾斜输送和竖直输送两类。

（1）水平及倾斜输送

1）带式输送机。带式输送机是散粮输送最常用的一种机型。

2）气垫带式输送机。气垫皮带输送机是一种在水平或倾斜皮带上输送散运物料的新型带式输送机。

3）刮板输送机。刮板输送机分为带式刮板输送机和链式刮板输送机。我国通常把带式刮板输送机制成敞开式；把链式刮板输送机制成封闭式，也就是通常所称的埋刮板输送机。

（2）竖直输送

常用的竖直提升机是斗式提升机。在散粮装卸机械化系统中，从船上卸下的散粮经水平输送和计量后，都要用斗式提升机把散粮竖直提升到散粮筒仓顶部的输送机上，因此斗式提升机是散粮筒仓系统中重要的竖直提升输送机械。

斗式提升机的种类很多，根据牵引机构不同，可分为带式提升机和链式提升机；根据卸料方式不同，又可分为离心重力卸料式提升机和重力卸料式提升机。

斗式提升机的主要组成部件是机头、机座、机身和带有料斗的输送胶带。机头内装有头轮，机座内装有尾轮，两个轮子上是封闭的带有料斗的胶带。为了进料和出料，在机头和机座上还装有进料管与出料管。在机座的尾轮上装有重锤式或螺旋式张紧装置。

为了提高斗式提升机的工作效率和安全性，在设计散粮装卸工艺时要考虑以下问题。

1）应将斗式提升机从工作楼里迁移到室外，并用单独的钢架支承，其优点如下。

①安全性好，若斗式提升机发生粉尘爆炸，可大大减少损失。

②降低斗式提升机运转时产生的振动和噪声。

③工作楼的高度可降低，面积可减少，大幅度节省工作楼的造价。

2）斗式提升机必须设置有效的防爆装置。

3）要重视斗式提升机的清底问题。为了有效清除斗式提升机底部的散粮，以保证散粮的储存质量，减轻工人清底的劳动强度，斗式提升机可采用倾斜式或无底结构。倾斜式斗式提升机清底时只要打开底门，散粮便可沿底部斜壁自动流出；无底式斗式提升机要注意解决提升机底部的堵塞问题。

3. 散粮筒仓机械化系统

散粮筒仓机械化系统是现代国际上各主要散粮码头普遍使用的一种散粮仓库。

（1）散粮筒仓机械化系统的作用

1）储存散粮。

2）可在前方卸船作业和后方疏运作业之间起到“缓冲”作用。

3）实现散粮进仓量计量，灌包计量，袋装粮食出口数量计量。

4）具有分路疏运及翻仓作业的功能。

（2）散粮筒仓机械化系统的组成

散粮筒仓机械化系统由工作楼（塔）和筒仓群两部分组成。

（3）散粮的计量

散粮在接收、发放时都必须进行计量，尤其是在对外贸易中，粮食的计量更显重要。散粮的计量是统计、结算的依据，因此对计量设备的精度要求较高，散粮计量是现代化粮食码头不可缺少的环节。

4. 散粮装卸车辆

装运散粮常用的车型包括敞车和棚车。

（1）散粮卸车

粮仓系统的工作流程：敞车在卸车线上将车门和下侧门打开后散粮可自动流出，从车上卸下的散粮进入V形存仓，打开V形存仓下的闸门，散粮经闸门下的带式输送机系统输送到工作塔，经工作塔内的斗式提升机提升进入指定的筒仓内。

（2）散粮装车

散粮装车，不论是装敞车还是装棚车，最有效的方法是使用高架存仓装置。这类存仓装置根据具体条件可以采用不同的形式，但装车方法是相同的，就是利用粮谷的流动性，从高处通过管槽将其送入车厢内。

5. 散粮码头控制系统

散粮码头控制系统是一种基于现代信息技术和自动化控制技术的管理系统，主要用于散粮码头装卸及仓储系统的自动化控制。该系统充分利用现代计算机技术、检测技术、通信技术、自动控制技术等现代科技手段，完成仓储系统内粮食的智能化管理和自动化控制。散粮码头控制系统主要包括两大部分，一部分是中央控制室的集中控制装置，另一部分是安装在现场的信息源装置。

（1）国内外散粮码头的集中控制装置有两种，一种是采用传统的电气控制装置，在中央控制室内设置大型模拟屏和操作台（较好的方式是模拟屏和操作台合二为一）；另一种是在计算机化的散粮码头，在中央控制室内设置可编程控制器和带键盘的彩色图像显示屏，这两种装置代替了过去的模拟屏和操作台，占地面积更小，控制功能更强。

（2）作业现场的带式输送机速度，物料计量，筒仓内温度、湿度、料位等物理量或机械量信息，是通过传感器转换为电信息的。传感器（又称敏感元件）产生的信息通过传送装置送到中央控制室内的集中控制装置。这套信息的产生和传送装置称为信息源装置。

6. 散粮装卸工艺

国内外进口散粮港口多配置高效率卸船机械、大容量中转筒仓及深水码头等设施，通过合理的装卸工艺布置，使其形成一个有机的整体，以达到提高装卸效率、缩短船舶在港时间、降低成本的目的。

（1）散粮进口装卸工艺

散粮进口装卸工艺系统具有对水运进港的散粮进行接收和发放的功能。

散粮接收系统的功能是完成散粮卸船进仓的装卸作业，具体包括散粮卸船、输送、计量和入仓等作业，如图 5-2-18 所示。

图 5-2-18　散粮进口装卸工艺接收系统

散粮发放系统的功能是完成散粮从出仓至出港的装卸作业，具体包括散粮出仓、输送、计量、装车或装驳船等作业，如图 5-2-19 所示。

图 5-2-19　散粮进口装卸工艺发放系统

散粮进口装卸工艺流程有以下几种形式。

1）直取装驳船工艺流程如图 5-2-20 所示。

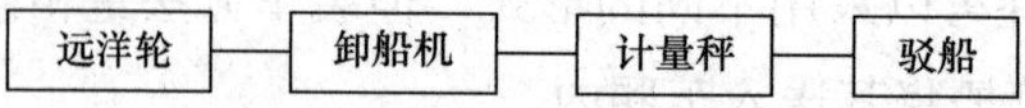

图 5-2-20　直取装驳船工艺流程

2）船—筒仓工艺流程如图 5-2-21 所示。

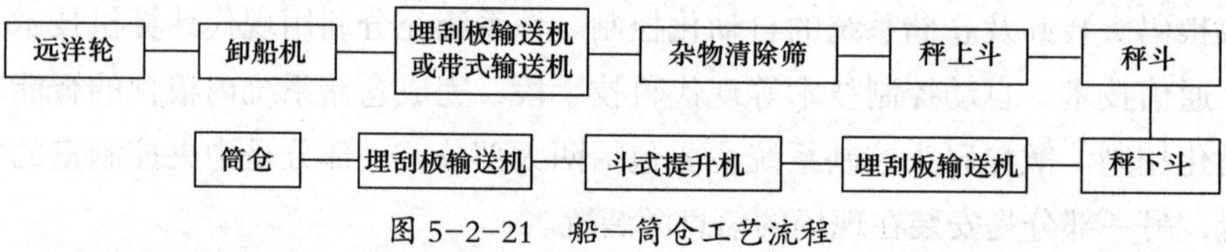

图 5-2-21　船—筒仓工艺流程

3）筒仓—车工艺流程如图 5-2-22 所示。

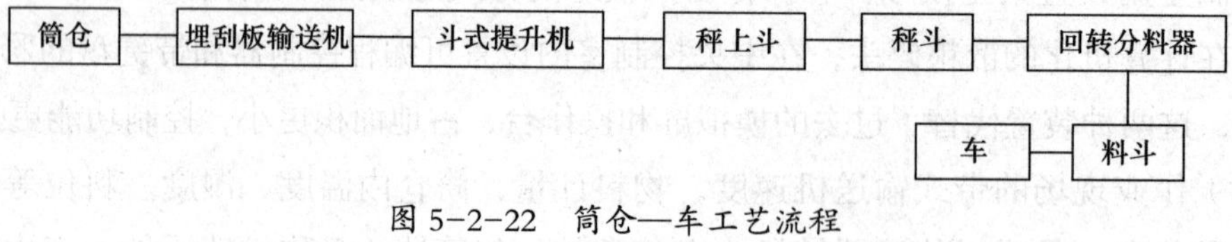

图 5-2-22　筒仓—车工艺流程

4）筒仓—驳船工艺流程如图 5-2-23 所示。

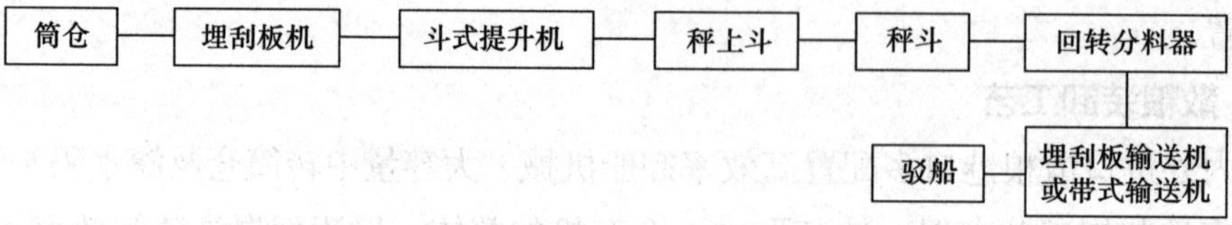

图 5-2-23　筒仓—驳船工艺流程

5）倒仓工艺流程如图 5-2-24 所示。

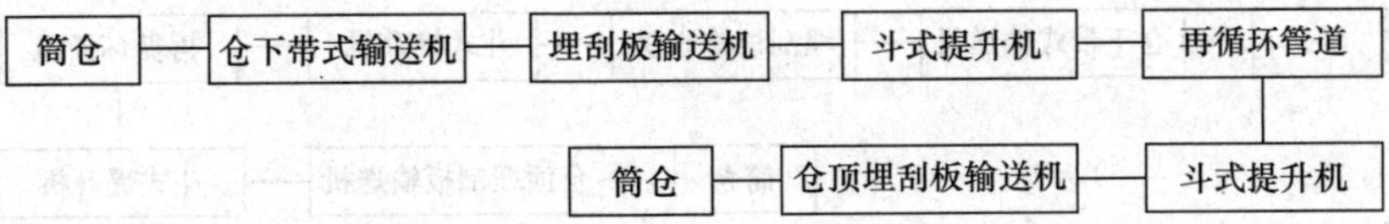

图 5-2-24　倒仓工艺流程

6）筒仓—灌包—袋库工艺流程如图 5-2-25 所示。

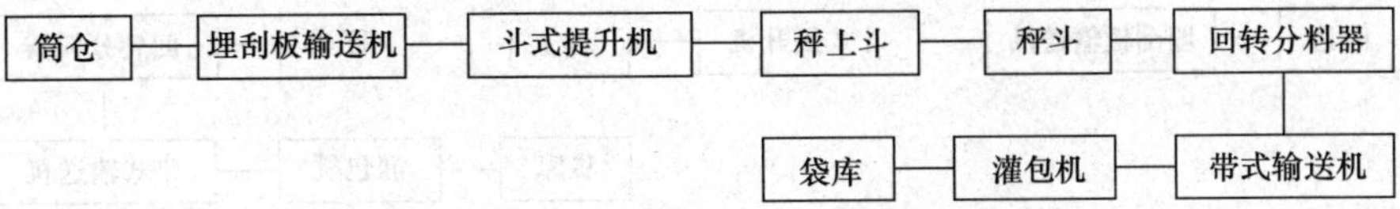

图 5-2-25　筒仓—灌包—袋库工艺流程

（2）散粮出口装卸工艺

散粮出口装卸工艺是指散粮由火车运进港口，经计量、储存然后装船出港的装卸工艺系统。散粮出口装卸工艺系统具有对火车运达港口的散粮进行接收和发放的功能，由散粮卸车工艺、散粮储存工艺和散（袋）粮装船工艺组成。

散粮接收系统的功能是完成散粮卸车进仓的装卸作业，包括散粮卸车、输送、计量和入仓等作业。散粮发送系统的功能包括散粮出仓、输送、计量、装船等作业。

散粮出口装卸工艺流程有以下几种形式。

1）火车—船（驳）工艺流程如图 5-2-26 所示。

图 5-2-26　火车—船（驳）工艺流程

2）火车—筒仓工艺流程如图 5-2-27 所示。

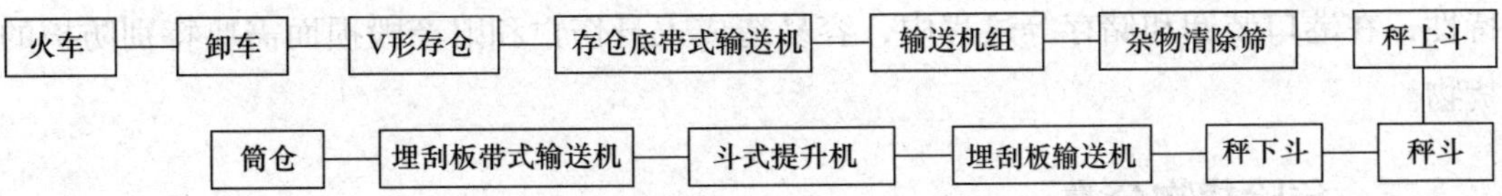

图 5-2-27　火车—筒仓工艺流程

3）筒仓—船工艺流程如图 5-2-28 所示。

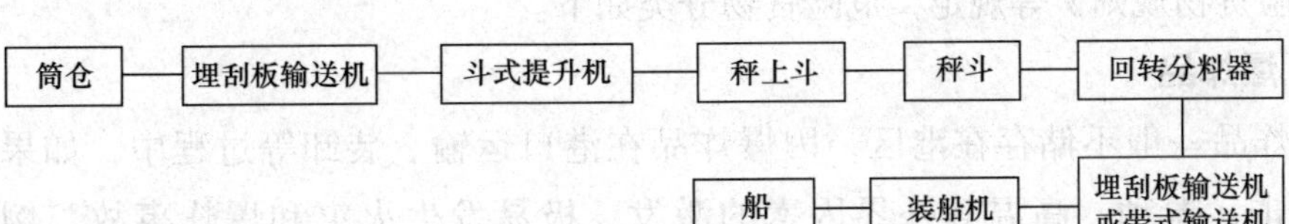

图 5-2-28　筒仓—船工艺流程

4）倒仓工艺流程如图 5-2-29 所示。

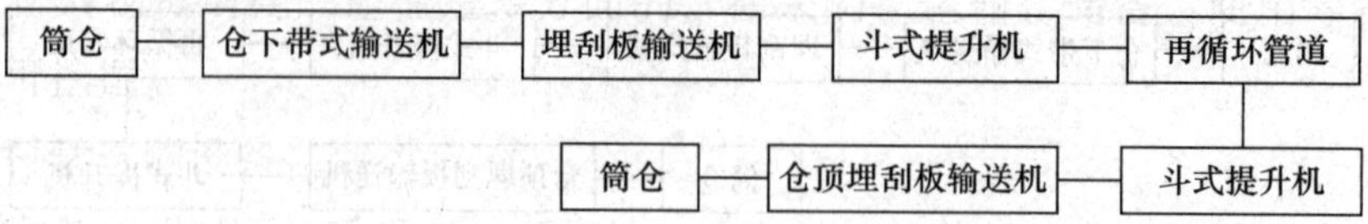

图 5-2-29　倒仓工艺流程

5）筒仓—灌包—袋库工艺流程如图 5-2-30 所示。

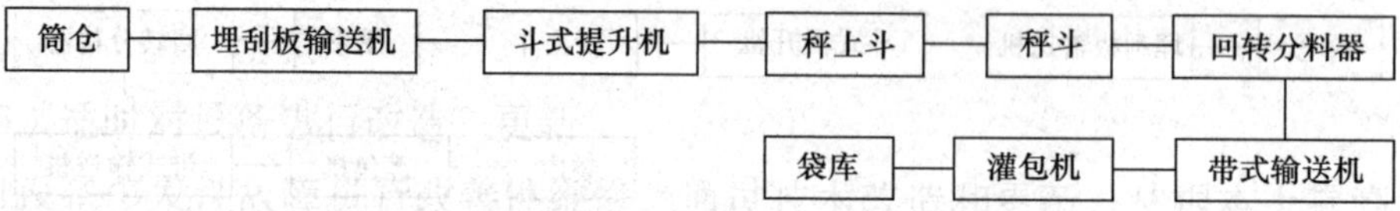

图 5-2-30　筒仓—灌包—袋库工艺流程

第三节　危险货物作业

一、港口危险货物定义

港口危险货物是指列入国家标准《危险货物品名表》（GB 12268—2012）和国际海事组织制定的《国际海运危险货物规则》，具有爆炸、易燃、毒害、腐蚀、放射性等特性，在港口装卸和储存等过程中，容易造成人身伤亡和财产毁损而需要特别防护的货物。

二、危险货物分类

根据联合国发布的《关于危险货物运输的建议书》和国际海事组织制定的《国际海运危险货物规则》等规定，危险货物分类如下。

1. 爆炸品

爆炸品一般不储存在港区，因爆炸品在港口运输、装卸等过程中，如果受到摩擦、撞击、振动、高温等外界因素的激发，极易发生火灾和爆炸事故。例如，易燃液体化工品泄漏后，当其蒸气与空气混合达到爆炸极限时，一旦遇明火就会发生爆炸。

2. 气体

在港区，压缩或液化气体以集装罐或以储存在特殊压力包装容器件装于集装箱的形式出现。压力容器里的气体压力较高，当容器发生碰撞、受热或受火焰熏烤时，极易发生爆裂，导致气体泄漏，引起燃烧、爆炸和人员中毒事故。

3. 易燃液体

大多数易燃液体闪点低、燃点低、沸点低、点火能小、易挥发、极易燃烧和爆炸。易燃液体泄漏后，遇明火、静电放电或金属撞击产生的火花会发生燃烧。在港区，易燃液体既可以通过管道散装于港区储罐，也可以以包装件形式出现。

4. 易燃固体、易于自燃的物质、遇水放出易燃气体的物质

有些易燃固体、易于自燃的物质（如二硝基苯甲醚、二硝基萘、萘、黄磷等）受热脱水会产生易燃蒸气。

5. 氧化性物质和有机过氧化物

氧化性物质本身不能燃烧，但遇易燃物品或酸碱腐蚀品能起火，甚至爆炸。有机过氧化物具有自燃和爆炸的特性。

6. 毒性物质和感染性物质

毒性物质和感染性物质中的毒害品主要通过吸入蒸气、粉尘，或者通过皮肤接触引起人体中毒。毒性物质和感染性物质有些自身不易燃烧，有些可以燃烧。港口装卸的散装液体化工品（如丙烯腈、氯仿、煤焦油等）一般都具有毒害性。

7. 放射性物质

放射性物质能放射出对人体组织造成伤害的、感觉器官不能觉察的射线。有些放射性货物还具有易燃性、爆炸性、毒性、与水反应性等危险。

8. 腐蚀性物质

腐蚀性物质（如硫酸、苯酚等）对人体有一定的危害，主要通过皮肤接触对人体造成化学灼伤。有些腐蚀性物质自身可以着火，有些虽不能自燃但与其他易燃物质接触后会起火。

9. 杂项危险物质和物品

杂项危险物质和物品是指不具有易燃性、易爆性、毒性、腐蚀性、放射性、氧化性等性质的危险品，一般包括磁性物质和其他特别规定的物品。

三、港口危险货物作业条件

根据交通运输部制定的《港口危险货物安全管理规定》，从事港口危险货物作业的港口装卸企业应当具备以下条件。

1. 符合《中华人民共和国港口法》规定的港口经营许可条件。

2. 具有符合国家标准的应急设备、设施。

3. 具有健全的安全管理制度和操作规程。

4. 企业主要负责人应具备与本单位从事的港口危险货物作业相关的安全生产知识和管理技能。

5. 配备足够的具有上岗资格证书的管理、作业人员。

6. 具备事故应急预案。事故应急预案的主要内容应包括危险货物作业码头、库场、储罐、锚地等港口设施的概况，重点部位，应急队伍的组成及职责，应急措施，应急救援流程图，指挥序列表，通信方式，应急人员联络表等。

7. 取得消防、环保部门核准意见。

四、港口危险货物分级管理

根据危险货物的危险特性、港口装卸能力和储存条件及运力情况，可以对危险货物进行分级管理。一般可以分为以下四级。

第一级：非常敏感的爆炸品、放射性极强的物品和其他对装卸条件或储存环境要求极高的极其危险的货物。对于这些货物，港口应不予接收，各装卸企业不得受理。

第二级：仅在特殊装卸区（专业码头、边远泊位或锚地）接收的比较钝感的爆炸品和其他高度危险的货物。对于这些货物，必须采取“直接交货”“车船直取”或“船船直取”的作业方式，不得在港口内停留，并且只限于满足要求的某些装卸企业受理。

第三级：可在普通码头、泊位、锚地装卸的高度或中度危险的一、二级危险货物。装卸这些货物时，优先考虑“车船 / 船船直装直取”的原则。烟火性制品、一级易燃物品、一般放射性物品、有机过氧化物、剧毒物品等应遵照“最后装最先卸”的原则作业。

第四级：允许在港区储存的危险货物。对于这类危险货物应储存在专用的库、罐、场区或具备一定条件的临时库场。同时，必须进行限量、限期，并具有相应配套完善的储存条件，加强管理。

五、港口危险货物装卸搬运作业方法

1. 设置专门的危险货物作业区域

爆炸品、压缩气体和液化气体、易燃液体、易燃固体、自燃物品和遇湿易燃物品的港口作业，企业应当划定作业区域、明确责任人并实行封闭式管理。作业区域应当设置明显标志，禁止无关人员进入和无关船舶停靠。作业期间严禁烟火，杜绝一切火源。

2. 危险货物装卸搬运过程注意事项

（1）在危险货物装卸搬运过程中，产生危险的因素主要有以下几方面。

1）因吊索断裂出现的危险。

2）由危险货物包装材料的性质产生的危险。

3）由货物自身性质造成的危险。

（2）在港口装卸搬运危险货物时，应制定特别严格的制度来进行管理。因此，在港口危险货物装卸搬运过程中，现场管理应该注意以下事项。

1）任何危险货物在装卸前，应让装卸工人知道危险货物的一般性质及货物受损可能造成的危害，并由装卸作业的现场指挥人员采取一切必要的预防措施。

2）当位于港内容器中的危险货物出现泄漏时，应及时采取应急措施，提供及时有效的指导，以防止危害扩散。

3）装卸作业现场负责人应保证在装卸危险货物时向装卸工人提供个人防护用品，如手套、围裙、护目镜、防尘面罩等，并应确保装卸工人均能熟悉有关危险货物的特殊装卸作业要求。此外，应采取健康预防措施，如对作业现场进行彻底清洗等。

4）在装卸难度不大的情况下也应准备事故应对。事故发生时应迅速疏散工人，待污染性质明确并提供必要装备后，再返回清理。

5）被污染现场的清除和处理工作应在专家监督下进行。

（3）除了以上现场管理应采取的相应措施外，对于危险货物装卸搬运作业本身的技术方法，可参考以下几点。

1）即使是满装的金属桶，只要端部桶沿足够牢固，就可使用圆桶钳进行吊装；否则，应采用吊索起吊。

2）圆桶应将桶塞一面朝上放置，每层都不应与船甲板接触，最底下一层的圆桶下应垫木垫板，使其与船甲板隔开。

3）装卸带有塑料衬套的金属桶容器时要特别小心。这类金属桶必须竖着进行装卸，以防止撕破衬套；若撕破衬套，腐蚀性物质就会腐蚀金属，导致容器泄漏。

4）袋状包装材料容易破损，装卸时严禁使用手钩。

5）使用木箱装货时，需要了解木箱的哪一面可朝下放置，哪些部位可供吊索钩挂。

6）对于采用新型包装的危险货物需要特别小心，须了解包装物性质后再采用相应的装卸方式。

7）有些危险货物（特别是酸性的和其他腐蚀性的危险货物）一般装在聚酯容器

内。这类容器如果堆放太高，易受压变形，造成破裂而泄漏。所以，聚酯容器必须垂直堆放，除非另有说明，至多堆放三层。在这些容器上不允许堆放其他货物。装船时，聚酯容器应放置在甲板上或集装箱内，而且只限一次性海运使用。为防止聚酯容器损坏，禁止对其进行野蛮装卸和将提手挂在吊钩上。还应注意的是，应检查容器盖是否拧紧，防止通气部位可能出现的泄漏。

8）装有爆炸物的货箱应小心装卸，堆放高度不能超过 1.8 m。高压容器严禁碰撞，更不允许在地上滚动。

9）为防止发生货损，必须做到避免野蛮装卸和猛烈碰撞；堆放稳定、安全，并注意最高允许堆放高度；避免在陡峭边缘位置附近堆放危险货物；避免在危险货物上面运载杂货。对于危险货物必须采取有效的保护措施。

10）对于包装过危险货物的不洁包装材料，受先前包装货物性质的影响，仍可能具有一定的危险性，应视为具有潜在危险的物料。例如，盛装弹药的容器内可能存在残留物，容易燃烧。所以，对于具有一定危险性的、空的不洁包装材料，应进行密封并按其所具有的危险性质进行处理。

3. 不同危险货物的装卸注意事项

（1）装卸爆炸品

装卸爆炸品时装卸机械按额定载荷降低 25%。根据货物的性质和状态，在船—岸、船—船之间设置双层、双幅安全网。装卸人员应穿戴相应的防护用品，搬运时应轻拿轻放，绝对禁止翻滚、肩扛、就地拖拉，避免摩擦，防止滑跌。

（2）装卸气瓶

气瓶的防护帽必须齐全、紧固。装卸气瓶时不得肩扛、背负、冲击和溜坡滚动，钢瓶气阀应避免对准人体。

（3）装卸易燃易爆物品

装卸易燃易爆物品时作业现场必须远离火种、热源，操作人员不得随身携带火种和穿着有铁钉的鞋。

（4）装卸遇水反应的危险货物

装卸遇水反应的危险货物须禁止雨雪天作业。

（5）装卸散装易燃液体

船舶满载或卸空易燃液体后，若舱内仍有大量气体，应悬挂危险信号。

（6）堆装氧化剂

堆装之前，必须检查堆装氧化剂的舱面，不得有任何酸类、煤屑、木屑、糖、面粉、硫和磷、金属粉末等及其他各种可燃物质的残留物。

（7）装卸有毒物品

装卸有毒物品作业过程中及完工后，手、脸未经清洗、消毒，不准进食、饮水、吸烟。

（8）装卸放射性物品

装卸放射性物品时装卸机具按额定载荷降低25%。作业人员应穿戴口罩、护目镜、围裙及穿胶鞋等；凡皮肤破伤、体弱人员、孕妇和哺乳期妇女不得参加作业；不得与食物、饲料及其他危险货物同时进行装卸。

（9）装卸腐蚀性物品

装卸腐蚀性物品时工具不得沾有氧化剂、易燃物品。作业人员应穿工作服，戴口罩、手套；装卸强腐蚀性物品时，应使用防腐防护用品。装卸过程中应注意轻装轻卸，堆码整齐、牢固，桶口、箭头朝上、防止撞击、跌落；禁止肩扛、背负、拖钩或倒钩。对木格箱装的酸坛要用绳索套底作业，以免因脱底而发生事故。

六、港口危险货物的储存与保管

1. 危险货物储存方式的选择

在港口，危险货物大多以包装件、集装箱、散装方式出现。储存危险货物要根据危险货物的出现方式和危险特性采取不同的储存方法。

（1）建造危险货物仓库

对于有条件的港区，可根据近几年危险货物包装件的种类和数量，确定危险货物仓库的规模和分区。仓库应远离重要设施、建筑物和人员密集地带，应设置必需的防雷、防火、防爆、防晒、防雨、防潮、防漏、防水、防毒、泄压、调温、消除静电、防护围堤、通风等安全设施，配齐相应的消防、急救器材和应急处理装置。危险货物要按其性质和不同的灭火方法分类、分项、分堆存放，各堆垛之间要有足够的安全距离，并限量、限期存放。此外，还要划定仓库周围区域防火界线。危险货物仓库要求专人负责，昼夜值班管理。

（2）设置危险货物集装箱堆场

集装箱作业公司要根据箱量及货物性质设置危险货物集装箱堆场。堆场要远离重要设施、建筑物和人员密集区域，用隔离围栏将堆场封闭，并配备避雷、降温、防台风设施，相应的消防、应急器材，可根据需要设置遮阳棚、雨棚。堆场的照明设备为安全防爆型。进入堆场的机械要采取防火、防爆措施。严格控制火源，设定禁火区域。爆炸品、放射性物品、压缩或液化气体、某些控温性物品应直装直取，不得在堆场存放一级危险货物。危险货物集装箱堆放不得超过两层箱高，其他类集装箱可允许堆放四层箱高。不同性质危险货物集装箱间积载和隔离要满足安全要求。

危险货物集装箱堆场要求专人负责，昼夜值班管理。

（3）设定散装危险货物储罐（筒）区

在港区后方可根据生产需要设定散装危险货物储罐（筒）区。储罐筒的大小与储罐（筒）区的规模可根据生产需要而定。不同性质的危险货物储罐（筒）之间必须保持足够的安全距离。储罐（筒）顶与储罐（筒）区必须采取有效的避雷措施。储罐（筒）应配备液面液位检测、温度检测、液位报警、可燃气体预警装置等仪表设备，并采取设防护堤、排液沟等防护措施。储罐（筒）区所需的管道和设备须满足货物的性质和耐压的需要，要分别设置防泄漏、防腐蚀、防静电等设施。储罐（筒）区的电气线路和设施要满足防火、防爆及防腐蚀的需要。此外，储罐（筒）区还要配备消防器材、降温喷淋装置或预热装置以及应急器材，并划定禁火区域。散装危险货物储罐（筒）区要求专人负责，昼夜值班管理。

2. 危险货物保管注意事项

（1）易燃或易挥发的货物和遇热即分解的货物必须储存在通风良好的阴凉处，并注意远离火源。

（2）装有气体的容器存放应避免阳光直射。

（3）与水接触即产生易燃气体的物质必须储存在干燥的地方。

（4）对于有缺陷的包装应有合适的危险标记。

（5）危险货物堆放应格外小心。桶装危险货物堆放时应在其旁边用销片或楔块加以固定，防止其滚动。

（6）危险货物之间应相互隔离，以防发生可能导致产生有毒气体释放或发生火灾、爆炸的化学反应。为防止此类事故的发生，联合国海事组织提供了一种隔离标准表，这对仓库内的货物堆放同样适用。

（7）危险货物必须与食品隔离开。

（8）危险货物存放地点严禁闲杂人员进入。

七、港区危险货物装卸搬运中的设施、设备安全要求

港口在装卸危险货物过程中涉及港区码头上的多种设施、设备，这些设施、设备的质量是否达到安全要求是确保装卸作业安全无事故的基础条件。在日常工作中，常见的设施、设备危险因素有以下方面。

（1）设施、设备自身存在质量问题易引发事故。

（2）管线焊接的交叉口、角焊缝里有气孔、夹渣或焊接缺陷处在使用过程中出现裂纹，导致液体物质泄漏。

（3）设施、设备使用不当或管理不到位造成变形或失效。例如，使用的软管与

装卸的介质不匹配，或法兰端面、管道接口处变形，导致危险货物飞溅对人体造成伤害。

（4）长期的海边环境腐蚀和管道内液体物质的腐蚀使管壁变薄，特别是管道内易积聚货物部位的局部腐蚀，在一定的作业压力下会导致突发性液体物质泄漏或火灾爆炸事故。

（5）船岸连接软管磨损或疲劳致使管壁变薄或与法兰连接处松动，在作业压力升高时易造成管线爆裂事故，危及码头和人身安全。

第六章 电动装卸机械技术管理

第一节 电动装卸机械技术管理概述

一、电动装卸机械技术管理的目的和任务

电动装卸机械技术管理的目的是优化配置港口企业港口机械（以下简称港机）机械资源，为企业装卸生产提供高效、可靠和经济的技术装备保障。

电动装卸机械技术管理的主要任务是对机械进行综合管理，保持机械良好，不断改善和提高企业技术装备，充分发挥机械效能，取得良好的投资效益。而取得良好的投资效益是电动装卸机械技术管理的最终目的，是对机械全寿命周期、全过程实施综合技术管理和经济管理的综合效益。

二、电动装卸机械技术状况的分类

机械技术状况是指机械所具有的实际性能，包括工作能力、精度、效率、参数、安全、环保和节能性等。机械在使用过程中的损耗，以及由于作业性质、货种、工作条件及环境因素对机械的影响，致使机械在设计制造时所具有的性能在不断变化中有所降低或劣化。为实时掌握机械的技术状况，保证机械合理使用和适时维修，应加强对机械技术状态的检查，对其技术状况进行分类评定。

电动装卸机械根据技术状况分为四类。

一类：各零部件完整无损，零件磨损在允许范围之内，技术性能良好，可确保机械安全运行和正常作业。

二类：非主要零部件欠完整，非主要零件的磨损虽超出允许范围，但对整机原有技术性能影响不大，经维修保养后能安全运行。

三类：主要零部件有较大的损坏和磨损，原有技术性能下降，经常发生故障。

四类：主要零部件严重缺损，已丧失原有技术性能。

三、电动装卸机械技术状态检查

机械技术状态检查分为日常检查、定期检查、综合检查和专项检查（包括维护和大修前检查及换季检查）。

日常检查由司机和检查人员执行；定期检查由检查人员和主管技术人员执行；综合检查由设备主管部门进行；维护和大修前检查由机械使用单位主管技术人员和承修单位技术人员共同进行；换季检查由机械使用单位机械分管部门和企业机械技术主管部门共同组织有关人员进行。

1. 技术状态检查的目的及基本要求

技术状态检查的目的是及时发现、排除机械的故障隐患，确保其安全、高效、经济运行；掌握和评价机械使用过程中的技术状态，分析、总结其故障和运行消耗规律；督促下级做好机械管理工作，以保证机械按合理使用的原则、条件和有关规定使用；为机械的维护、修理、更新和改造及管理工作的考核评优提供依据。

（1）技术状态检查是一项重要的机械管理基础工作，各级机械管理部门、单位应予以重视。特别是对使用频繁的大型、重点机械的重点部位，应进行重点和专项检查。

（2）检查工作力求严格、规范，并注意检查重点和工作的实效性；应按各类检查规定的内容进行。

（3）机械使用单位应配备一定数量的能适应工作要求的检查人员，检查人员及企业机械使用单位两级机械主管人员应具备一定的专业知识、工作经验，以及认真负责、精益求精的工作态度。

（4）各类、各级技术状态检查都应按照有关规定做好相应记录（如机械运行日志、运行检查记录、机械履历表等）。

（5）两级机械管理部门应将定期检查结果及时通知机械使用单位，以便及时整改。司机、检查人员在日常检查中发现异常或无能力排除的故障，应及时上报和送修。

2. 日常检查

日常检查是机械日常维护工作的一部分，是司机或检查人员对机械作业前、作业中和作业后进行的例行检查。检查的基本内容是机械技术状况是否达到机械日常维护主要内容和技术标准的要求。检查的重点是机械零部件是否完整无损；安全保护装置是否可靠；仪器、仪表工作和显示数据是否正常；各种油、水、液、气、电量是否充足和是否有泄漏；各连接部位是否紧固、良好；动力装置和传动装置是否有力、平稳，是否有异响、过热和排气超标等异常现象；金属结构重点部位是否有变形、开裂；各机构动作是否灵敏、准确，工、机具是否齐备有效；以及车容、车貌等。检查方法主要是司机或检查人员通过感官看、听、摸、敲击，以及通过现场简易检测仪器进行测量。

机械作业前和作业后的检查是司机交接班工作内容的一部分。同时，作业前应注意检查机械临时故障排除情况；作业中应注意在连续作业时间较长的情况下，利用工作间歇进行设备检查；作业后应注意对机械进行清洁工作。检查发现的问题应及时通知有关人员并采取相应的处理措施。

3. 定期检查

定期对机械进行检查，检查周期应根据机械维护使用说明书上的要求制定。

一般情况下，大型固定机械一个月检查一次；机械技术管理部门则不定期对检查的机械进行抽查，并结合机械管理工作进行考核。

4. 综合检查

综合检查由机械主管部门制定检查周期定期进行，主要内容包括检查机械的比例，制定评分标准，设置机械整改通知单。机械通过综合检查后，列出需要维护整改的内容，以整改通知单的形式，通知机械维修部门进行整改维修，整改维修标准为各零部件完整无损；零件磨损在允许范围之内；技术性能良好；确保设备安全运行和正常作业；机械达到一类标准。

5. 专项检查

专项检查主要是指机械在维护、大修前对其技术状态进行的一次全面检查，检查结果填入“维护、修理送修单”，送交维修单位，为机械维护修理提供维修依据。检查的主要内容应与机械各级维护及修理的规定范围匹配。

（1）维护前检查的重点内容：检查机械动力、传动装置是否有力、平稳，是否有异响和过热，燃烧和排气是否异常；安全保护装置是否可靠；转向等各机构是否动作灵敏、准确；金属结构是否有变形、开裂；机械的油、水、液、气、电量是否充足和是否有泄漏；润滑油质量是否满足使用要求等。

（2）大修前检查的重点内容：检查动力装置的动力性，传动装置的平稳性，安全保护装置的可靠性及各机构动作的灵敏性等，同时根据机械使用要求提出增加的修理、改造项目。

专项检查还包括换季检查，即每年的冬、夏季来临前，应对机械进行一次专项检查，以确保机械技术状态满足季节性需求。

6. 技术状态分析

技术状态分析是机械管理工作的一项重要基础性工作。通过对机械的维护、修理及运行消耗成本等经济技术指标进行分析，可掌握机械的技术状态和运行消耗规律，为机械的维护、修理、故障诊断及管理等工作提供必要依据。

（1）机械使用单位应定期组织技术人员、检查人员与司机一起，整理机械技术状态检查记录及机械维护、修理和运行消耗记录，建立单机技术档案；分析、总结本单位机械故障和主要零部件磨损规律及运行消耗规律；将分析结果连同相关机械统计报表上报企业基层单位机械分管部门。

（2）港口企业各级机械管理部门应汇总下级上报的机械统计报表和分析报告，认真进行综合分析工作；机械主管部门应定期组织各机械使用单位机械分管部门分析、总结企业机械故障和主要零部件磨损规律及运行消耗规律，为机械的维护、修理、更新、改造提供依据，不断提高机械故障排除能力和维修技术水平，改进机械维修标准和运行消耗定额，有效进行机械管理考核、评优工作。

四、港机技术经济指标及考评

1. 港机技术经济指标的意义

技术经济指标是指导、检查、评价各项业务、技术、经济活动及其经济效果的依据。港口企业建立必要的港机技术经济指标，应随着生产发展和技术进步定期修订，以保持其合理性和先进性。技术经济指标主要有以下几个作用。

（1）定量评价管理工作的绩效。

（2）在管理过程中起监督、调控和导向作用。

（3）激励与促进作用。

各设备技术经济指标组成了一个相互联系、相互制约，能够综合评价设备管理效果和效率的体系，是设备管理工作目标的重要组成部分。设备管理工作涉及资金、物资、劳动组织、技术、经济、生产经营目标等各方面，要检验和衡量各个环节的管理水平和设备资产经营效果，就必须建立和健全与之相应的各项技术经济指标。同时，技术经济指标的建立，也有利于加强国家对设备管理工作的指导和监督，为设备的宏观管理提供决策依据。

2. 港机技术经济指标

（1）完好率：是指港机完好台时占日历台时的比率，其计算式为

$$完好率=\frac{完好台时}{日历台时}\times 100\%$$

式中，完好台时是指港机技术状况良好，可供使用的台时；日历台时 = 报告期内港机在册天数 ×24 h。

（2）利用率：是指港机工作台时占日历台时的比率，其计算式为

$$利用率=\frac{工作台时}{日历台时}\times 100\%$$

式中，工作台时是指港机实际进行装卸作业和其他工作（如移动工作场地、途中行驶等）的台时。

（3）一、二类设备比率：是指港机中一、二类设备台数占设备总台数的比率。其计算式为

$$一、二类设备比率 = \frac{一、二类设备台数}{设备总台数} \times 100\%$$

（4）设备固定资产创净产值率：是指港机全年净产值总额占全年设备平均原值的比率，其计算式为

$$设备固定资产创净产值率 = \frac{全年净产值总额}{全年设备平均原值} \times 100\%$$

式中，全年设备平均原值 =（年初设备原值 + 年末设备原值）/2。

（5）新度系数：是反映设备新旧程度的一个指标。

$$新度系数 = \frac{年末固定资产净值}{年末固定资产原值} \times 100\%$$

式中，年末固定资产原值是指设备购置时所花的全部费用；年末固定资产净值是指设备原值与已提累计折旧的差额。

3. 港机技术经济指标考评

在经济体制转变过程中，由于变化因素较多，企业之间发展不平衡，很难形成统一的设备管理技术经济指标体系及评价标准，因此需要因地制宜地在实际工作中不断修订和完善，才能形成比较完整的、适合现代化设备管理的企业设备指标体系和评价标准。下面，对一些指标的设置进行简单介绍和分析评价。

（1）国家作为国有资产所有者，除对国有资产的投资效益、保值增值提出考核指标外，还要通过法律、经济和行政手段对全社会设备资源的有效利用和优化配置进行宏观调控和指导。例如，培育设备要素市场，制定技术装备政策，规定限期淘汰浪费能源和污染环境的设备，鼓励发展先进设备，引导技术投资方向，促进技术装备素质和设备管理水平的提高。

（2）以设备完好率作为反映设备技术状态的主要考核指标，目前仍是有效的，企业可继续使用。但在具体操作中，应对完好标准的定性条款加以研究、改进，力求减少主观因素的影响；或对指标的计算公式加以改进，确保指标更贴近实际。

（3）维修定额对全面衡量维修的劳动组织、物质和技术装备、修理技术水平，有效进行设备维修工作、经济管理很有价值，应继续使用。但维修定额的制定，应随着市场经济条件下物价的可变性及设备科技含量的日益增加，不断予以修订和补充，同时还须以科学的维修标准为前提。

（4）企业应重视设备净资产收益率的考核，以效益为中心，通过加强设备投资管

理，优化设备资产配置，盘活闲置设备，充分挖掘现有设备资产的潜力，提高设备资产营运效益。

（5）为切实依靠科技进步，不断提高企业技术装备素质，应加大企业设备改造更新的力度，企业可根据具体情况提高设备折旧率。在资金短缺的情况下，尤其应重视考核设备改造更新的成功率、设备技改利润率等指标，确保资金的使用效益。

五、港机的合理使用

港机的使用管理，是港机技术管理的重要内容。它与港口企业生产管理、工艺管理和安全管理等方面密切相关。合理使用港机，不仅可以发挥其技术性能、保持良好状态、提高工作效率，而且还能防止非正常磨损、避免突发性故障、保证设备的安全运行、延长使用寿命。

合理使用港机应遵循以下几个基本原则。

（1）港机使用的工况和环境，必须符合本设备技术特性的要求及确保安全运行的基本条件。港口作业应使用一、二类港机，停用三类港机，禁止使用四类港机。

（2）港口企业应建立健全的港机操作规程和岗位责任制，根据设备特点和生产需要实行定人、定机制度。

（3）港机只能由下列人员进行操作。

1）正式司机。

2）在正式司机直接监督下，学习期满半年以上的学徒工等受训人员。

3）持有有效设备操作证件的其他有关人员。

（4）港口企业的生产指挥人员、港机司机和维修人员，应当严格遵守设备的操作、使用、维护规程和制度，禁止超规范、超载荷操作和使用设备。

（5）港口企业在组织生产作业时，应选择经济、合理的装卸工艺，充分发挥设备的效能，努力降低消耗和成本。

六、港机维修的经济管理

港机维修的经济管理就是对影响维修费用的诸多因素进行控制，以达到优质、高效维修和降低成本的目的。其主要包括维修经济管理指标、维修定额、维修费用的计划和管理等内容。

维修费用一般分为直接费用和间接费用，本节只简单介绍设备的直接费用控制因素，至于因设备维修造成生产损失、影响港口收入的间接费用在此不进行介绍。

1. 设备维修的技术经济指标

设定、分析和考核设备维修的技术经济指标，对改进设备的维修管理、提高企业的经济效益有着重要影响。指标设定的基本原则如下。

（1）定义应科学，能够揭示事物本质，并确保解释统一。

（2）指标可比性强，有统一参照的标准或定额。

（3）指标能定量表示，有统一的计算公式和计量单位。

（4）数据便于采集。

维修费用率和万元设备维修费是考核企业设备维修经济性的两项主要指标，应对设备管理部门及生产管理部门进行相应考核。设备分管部门还应对设备维修部门进行维修费用支出情况、计划费用完成情况、维修质量、工期、工时、材料消耗、回收，以及对设备技术状态的保障情况进行全面考核；并对生产管理部门进行与设备合理调度使用、维护、修理相关工作的考核。

2. 设备维修的技术经济定额

组成设备维修费用定额的人力与物力通常以设备维修工时定额、设备维修停歇时间定额（工期）、设备维修材料消耗定额来表述。同时，制定上述定额又离不开设备维修复杂系数。

（1）设备维修复杂系数

设备种类繁多，不仅有大有小、长短不一，而且结构繁简、精度高低都不一样，因此，需要设定一个较能普遍适用并确切反映维修复杂程度和工作量大小的假定单位，即维修复杂系数，用 F 表示。维修复杂系数是由设备的结构特点、工艺特征、零部件尺寸等因素决定的。设备越复杂或加工精度越高，则维修的工作量就越大，维修复杂系数也就越大。

（2）设备维修工时定额

设备维修工时定额是指完成设备预定维修工作规定的维修时间。通常用一个维修复杂系数所需的维修时间表示。

（3）设备维修停歇时间定额

设备维修停歇时间定额是指设备从停机交付维修，直到维修后验收合格交付使用的全部时间。

（4）设备维修材料消耗定额

设备维修材料消耗定额是指完成设备预定维修工作规定的材料消耗量。通常用一个维修复杂系数消耗的材料质量表示。

（5）设备维修费用定额

设备维修费用定额是指完成预定维修工作规定的费用，是考核维修工作经济性的主要指标。它分为维护费用定额和修理费用定额。

1）维护费用定额是指每个维修复杂系数每工班每月维护设备规定的费用。

2）修理费用定额是指每个维修复杂系数完成预定修理工作规定的费用。

设备定期维护费用一般包括维修工人的工资及附加费、材料费（包括备品配件费、自制备件一次摊销费）及其他部门协作的劳务支出。项目维修和大修费用除了上述项目外，还包括维修车间经费。

3. 维修费用的计划和管理

（1）维修费用计划的编制

编制维修费用计划是加强维修费用管理的首要环节，维修费用计划的编制应重点考虑以下几个方面的因素。

1）确保设备有良好的技术性能。

2）提高维修质量和工作效率。

3）采用先进工艺和实用技术。

通常，设备大修工作量大、技术复杂、费用高，是企业设备维修计划管理的重点，也是企业设备维修技术、组织措施、劳动效率、材料物资利用水平的综合表现，因此应在经济核算分析的基础上，根据先进的技术经济定额编制大修费用计划。其他维修费用则由设备管理部门与财会部门进行指标分解，实行分级归口管理，做到有计划、有限额，并逐月进行核算。

计划维修费用时，应根据设备的具体情况、维修复杂系数、工时、材料定额合理确定，使维修费用定额既保持一定的先进性又具备可行性。一般来说设备维修费用年平均值应为设备原值的 3% 左右。

损坏或磨损严重的设备，应进行单台费用预算；若设备大修费用预算超过购置原值的 50%，则应考虑更新设备。

（2）维修费用的管理

应对维修费用计划进行指标分解，对各维修单位、部门实行限额控制，做到有奖有罚；此外，还应加强维修费用的统计核算、分析工作。具体管理方法如下。

1）维修费用限额卡：即当费用发生时，逐笔登记，随时结出余额，定期结算。

2）维修费用结转单：当领用材料或备品配件等物资，或者部门之间发生劳务协作时均填写此表，并通过企业内部财务部门进行费用结算。

3）单机核算、考核：即按每台设备进行维修费用的核算与考核。这样，既可以合理控制设备维修费用，又可以作为设备实行单机核算（包括其他所有收支、创利经济核算）考核的一部分。

4. 降低维修费用的主要途径

（1）提高劳动生产率

提高劳动生产率，一方面可以降低工资费用，另一方面又可以缩短设备停修时间。一般来说，工资费用约占维修费用的 4.0%。

（2）节约材料物资消耗

节约材料物资消耗的途径是多方面的，在采购、运输、储备、使用等各个环节，都有潜力可挖掘。

（3）科学选购设备

购置设备的同时要注重设备的可靠性、耐久性、维修性，力求减少设备维修费用。

（4）合理使用和维修设备

对设备要合理使用、精心维护、适当修理，避免非正常磨损和意外事故，延长维修周期。

（5）适时对设备进行改造、更新

对设备多发性故障进行改善性维修，通过技术改造和更新，从根本上提高设备的可靠性、耐久性和维修性。

（6）提高设备维修的经营管理水平

节省非生产费用开支，降低固定成本；及时修订设备维修工时、材料消耗定额，降低可变成本。

七、电动装卸机械的保养

1. 保养的目的和要求

为了延长电动装卸机械的使用寿命，可以采取以下两个措施：保养和修理。

保养是通过润滑、清洁、紧固、检查和调整等方法，减少机件的磨损，从而延长机械使用寿命的措施。

修理是通过更换零部件或在原部件上加工的方法，恢复设备完好的技术状态或工作能力，以达到原来的配合性能和延长机械使用寿命的措施。

保养的目的及要求如下。

（1）保证机械经常处于良好的技术状态及力学性能。

（2）在合理使用的前提下，减少故障，保证机械工作的动力性、经济性及可靠性。

（3）消除隐患，确保安全，防止事故的发生。

（4）在运行过程中，降低电力、润料、燃料和钢丝绳等运行材料的消耗，以获得最佳的经济效益。

（5）使机械的零部件磨耗降至最低限度，以延长其大修间隔期。

2. 保养制度及保养内容

（1）保养的分类

根据对电动装卸机械保养工作的深入程度，保养分为例行保养、一级保养和二级保养。

例行保养是为了使装卸生产具备必要的条件，如有足够的润料和水，保证安全保护装置和灯光信号完好有效，以及保持机械的车容整洁等。例行保养的主要内容是坚持“三检”，即作业前、作业中、作业后检视机械的安全机构及有关零部件连接的紧固情况；保持“四清”，即保持机油、空气、燃油滤清器和蓄电池的清洁；防止“四漏”，即防止漏水、漏油、漏气和漏电。

一级保养的主要任务是以清洁、紧固、润滑为核心，并消除电动装卸机械在运行一定时间后出现的某些薄弱环节，保证机械仍具有继续正常运行的技术条件。它的主要内容是各部连接件的紧固，各部机件的润滑，以及在外部检查时发现的一些必须调整的工作。

二级保养的主要任务是对电动装卸机械进行全面的检查、调整，以保证机械的安全性、动力性和经济性达到使用要求。它的主要内容是深入和细致地对电动装卸机械进行一次全面性的技术维护，消除一些保养中所发现的故障或隐患，并兼做一级保养作业的内容。在春、秋季末进行二级保养时，为适应即将到来的炎热或寒冷气候条件，应更换季节所需的润滑油或冷却液等，其目的是使电动装卸机械能在今后较长时期内保持良好的运行性能。

（2）保养的主要工作

电动装卸机械保养的主要工作包括清洁、检查、紧固、调整、润滑和防腐等。

清洁工作是提高电动装卸机械保养质量、防止机件腐蚀、减轻零部件磨损和降低燃油消耗的基础，并为检查、补给、润滑、紧固和调整工作做好准备。其工作内容主要包括对燃油、机油、空气滤清器滤芯的清洁，对设备外表的养护和对有关总成、零部件内外部的清洁。

检查是电动装卸机械保养的重要工作之一。通过对电动装卸机械的检查，能确定零部件的变异和损坏。其工作内容主要是检查各总成和机件的外表、工作情况和连接螺栓的紧固度等。

电动装卸机械在运行中，由于振动、颠簸、热胀冷缩等原因，会改变零部件的紧固程度，导致零部件失去连接的可靠性。紧固工作是使各部机件连接可靠、防止机件松动的维护作业。紧固工作的重大应放在载荷大且经常变化的各机件的连接部位上，以及对各连接螺栓进行必要的紧固和配换。

调整工作是保证各总成和机件长期正常工作的重要环节，它对减少机件磨损、保持设备使用的经济性和可靠性有直接的影响。其工作内容主要是按技术要求，恢复总成、机件的正常配合间隙及工作性能等。

润滑主要是为了减少有关摩擦副的摩擦力，减轻机件的磨损。其工作内容包括对各润滑部位更换或添加润滑油、润滑脂。

防腐是指根据设备表面的油漆情况，对出现的锈蚀、脱漆和漆色减弱部位进行处理后上新漆，以避免和减少机件的进一步锈蚀。

八、港机的备件管理

备件是港口企业为缩短设备维修停机时间，事先储备的各种零部件。

1. 备件的分类与储备定额

（1）备件的分类

备件的种类很多，分类方法也各不相同。根据备件的用途和生产批量，通常分为标准件和非标准件（专用件、特制件）两类；根据备件的来源，又可分为外购备件和自制备件两类。在实际使用中，一般可根据备件的用途特性，分为以下三种。

1）易损备件，是指由于经常磨损而损耗的备件，如轴承、液（气）压软管、密封、滤芯、电气开关、触点、灯泡等。

2）事故备件，又称保险备件，是指为了防止设备的关键部位发生突发故障造成停产而储备的备件。

3）常用备件，是指在设备维修中定期或不定期更换的备件，这类备件数量最大，经常使用。

（2）备件的储备定额

企业备件的储备应遵循从实际出发、满足维修需要、减少库存资金占用的原则，并在此基础上，通过对备件应用资料（如月平均消耗量、订货周期和库存资金占用量等）的统计分析，制定合理的备件储备数量、库存资金和储备时间等的标准限额。

2. 备件计划管理

备件计划管理包括计划的编制和组织实施。备件计划编制的基本依据是备件储备定额，同时要量企业财力而行，尽可能满足设备维修的实际需求。一般情况下，备件计划可分为外购备件计划、自制备件计划、维修用通用商品（配套产品）计划和铸锻件计划等。

自制备件计划下达后，企业应连同备件生产图纸、工艺卡片一起交由生产部门，以便组织生产。外购备件计划下达后，企业主管备件供应部门应制定组织实施计划，合理选购，保证备件及时供应、物美价廉。

应特别指出的是，随着我国市场经济的发展，设备要素市场日趋完善，备件供应也逐步向专业化、社会化发展。这对企业减少备件储备资金、备件库存场房和管理人员，提高企业经济效益极为有利。港口企业的物资管理正在不断适应新形势，朝着“零储备”的方向进行积极的探索和实践。

3. 备件库存管理

备件库存管理主要包括配件的验收入库、科学保管、正确发放。

外购备件入库应按装箱单和检验合格证进行详细检查，验收合格后及时办理入库手续。自制备件应随生产图纸、工艺卡片、检验合格证等一同验收入库，发现质量问题应退回。

备件库存管理应遵循防止损伤、摆放整齐、取用方便的原则。库内或库外存放的备件均应分类划分货架地段存放。对备件加工表面采取涂油防锈措施；对细长机械零件设置备件吊架，以防变形；对密封件，如橡胶件、塑料件等，应注意防止材料老化。露天保管的备件，应垫高确保备件不与地面接触，并做好防腐、防雨和排水工作。

事故备件应与其他备件分开，单独保管，对重点备件应重点管理。

应建立健全的备件收发管理制度，制定必要的卡片、账簿，并做到账物相符。入库备件都必须附有合格证，实物上要系有标签卡片，注明数量、名称、图号。库存备件要建立账目，采取一项一账，并按设备装订成册，建立交库、耗用、退库等单据，做到收发有据，登记及时，记录准确，账、卡、物相符。

除以上工作外，还应建立旧备件的回收、修复制度。

随着现代技术和物流业的发展，备件仓库的机械化与自动化程度有了很大提高。在现代物资仓库内装有起重机、叉式升降机、输送带、简易电梯、多层货架、可移式货架等设备设施，并利用计算机来管理，这些都大大提高了库存物资管理水平。

4. 备件经济管理

备件经济管理主要包括备件储备资金的核算和考核。备件储备资金属于企业流动资金，如何反映备件储备资金占用流动资金的合理性、减少备件库存、提高备件储备资金周转率，是备件经济管理的主要问题。

备件储备资金的核算应结合企业规模、行业特点、设备备件需求情况等综合考虑。目前，企业采用的核算方法有按规定的储备定额核算、按企业设备购置原值的2%～3%估算，以及根据历年的备件消耗金额（主要是上一年），结合本年度设备技术状态和修理计划来确定。

备件经济管理的考核指标有备件储备资金定额、备件储备资金周转率、备件储备资金占用率等。

5. 备件的 ABC 管理法

ABC 管理法是“抓主要矛盾，以小努力获得大效果”的一项有效管理方法。

（1）备件 ABC 分类

备件 ABC 分类就是将备件按其年消耗品种和金额的多少分为 A、B、C 三类，这三类备件在品种和金额消耗中所占的百分数分别是 A 类备件，品种占 10%，金额占 70%～75%；B 类备件，品种占 15%～25%，金额占 20%～25%；C 类备件，品种占 65%～75%，金额占 5%。

（2）备件 ABC 管理

A 类备件，是管理的重点，应严格控制库存量，减少不必要的库存；B 类备件，可以应用库存理论进行合理的储备；C类备件，可简化管理，适量储备，尽量走社会化随时采购渠道。

第二节 电动装卸机械故障概述

当电动装卸机械上的零部件或其系统发生降低或丧失原来规定功能的事件或现象时，即为电动装卸机械发生了故障。这里所说的功能是指电动装卸机械零部件或其系统技术规格书上明确规定的功能。

故障与失效都是指零部件丧失了规定的功能，但这两个概念使用的场合有所不同。一般情况下，故障常用于可修复的零部件，如齿轮箱、电动液力推杆、液压阀件等；失效则用于不可修复或无修复价值的零部件，如小型轴承、摩擦片、电磁换向阀线圈、液压软管及各种紧固件、垫片等。

一、故障模式与故障机理

1. 故障模式的含义

能够反映与表征故障过程的状态事物与数据表示，称为故障模式。故障模式是每种故障的主要特征，是故障现象的一种表征。

电动装卸机械中常见的故障模式有振动、变形、失稳、腐蚀、疲劳、剥离、破裂、渗漏、堵塞、发热、烧损和各种绝缘、油质材质的劣化、脱落、短路等。其中最主要的故障模式是异常振动、磨损、腐蚀、裂纹和结构失稳等。

2. 故障机理的含义

故障机理又称故障机制、故障物理学，是指诱发零件、部件、设备发生故障的物理与化学过程；它科学描述了故障形成、发展到设备毁坏的全过程特性。

故障的发生一般受时间、环境条件、设备内外部多种因素的影响，有时是一种因素起主导作用，有时是多种因素综合作用。

电动装卸机械零件、部件发生故障，大多是由于工作条件、环境条件等因素综合作用的结果，这种作用的结果使组成电动装卸机械的零件、部件的能量积累超过了它们所能承受的界限。这些工作条件和环境条件称为故障外因，如工作载荷、电压、电流、温度、湿度、灰尘、放射性物质、操作失误、维修中安装调整的失误、载荷周期长短、时间劣化等。作为故障体的零件、部件、设备，其自身的强度、特性、功能及内部应力和缺陷等，在外部因素作用下，对故障的诱发也起着重要的内因作用。

故障外因、故障机理、故障模式是密切相关的。同一故障外因可诱发出两种以上的故障机理。例如，热应力可使材料力学性能降低，同时还可使零件表面被腐蚀。不同故障外因可分别或同时导致不同的故障机理，某一机理又可衍生出另一机理，经过一定时间，便形成多种故障模式。例如，蠕变破坏可使零件破裂，而疲劳载荷加上热影响也可造成破裂、破断和磨损；磨损引起发热，导致零件进一步磨损、变形、腐蚀和熔融等。有时故障模式相同，造成故障的原因和机理却完全不同（见图 6-2-1）。因此，在分析研究设备的故障模式和故障机理时，必须综合考虑故障件自身设计制造过程中的各种外因作用，以及使用与保养情况等。

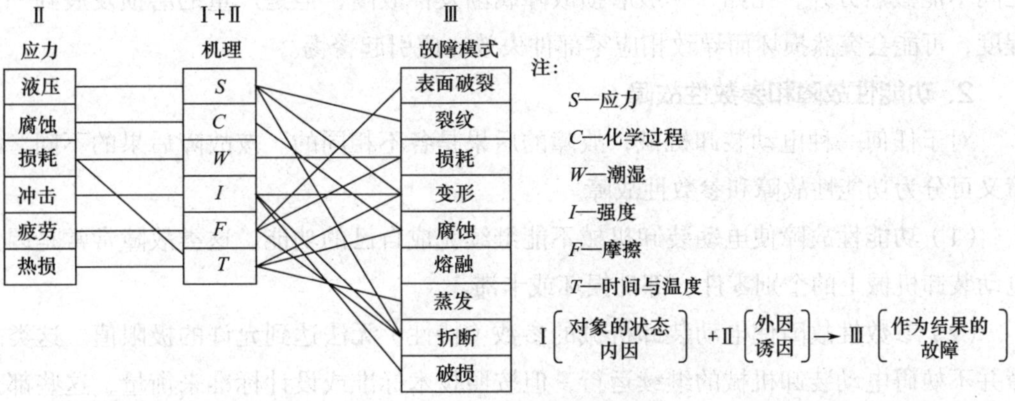

图 6-2-1 故障机理与故障模式

二、故障类型

1. 渐发性故障和突发性故障

在使用中，电动装卸机械发生的故障是多种多样的。按故障发生的状态，通常分为渐发性故障和突发性故障。

（1）渐发性故障又称磨损故障，是由于组成设备的某些零件技术指标逐渐恶化，最终超出允许范围（或极限）而引起的故障。其主要特征是在给定的时间段内，发生故障的概率与电动装卸机械已经使用的时间有关，使用的时间越长，发生故障的概率就越高。电动装卸机械大部分故障都属于这一类。产生这类故障的原因与电动装卸机械零部件的磨损、腐蚀、疲劳等密切相关。

渐发性故障的特点如下。

1）出现故障的时间基本上是在允许有效寿命的后期，有规律性，可预防。

2）故障不是突然发生的，事先可以通过采取诊断和仪器检测的方法进行监控。

3）故障发生的概率与运行时间有关。设备使用的时间越长，发生故障的概率就越高，损坏的程度也就越大。

（2）突发性故障即突然发生的故障。其产生的原因是多种内在不利因素及偶然性环境因素的综合作用，这种作用已经超出了设备或零件所能承受的极限。

突发性故障虽然是突然发生的，但严格来说，还是一个由量变到质变的过程。这类故障往往经过一段时间的间隔才发生，这个时间间隔是一个随机变量。

突发性故障的主要特征是在给定的时间段内，发生故障的概率与电动装卸机械已使用的时间无关。突发性故障往往是突然发生的，事先并无任何征兆,一般破坏性较大。

突发性故障和渐发性故障之间是有联系的，但也有区别。一般把事先能觉察到征兆的故障归为渐发性故障，而事先很难觉察到征兆的故障归为突发性故障。但这两者之间不能截然分开，比如，一般磨损故障属渐发性故障，但是严重的磨损发展到一定程度，可能会突然损坏而导致相应零部件失效，应引起警惕。

2. 功能性故障和参数性故障

对于任何一种电动装卸机械，故障的后果是各不相同的。按故障后果的不同，故障又可分为功能性故障和参数性故障。

（1）功能性故障使电动装卸机械不能继续完成自己的功能。这类故障常常是因为电动装卸机械上的个别零件、部件损坏或卡滞。

（2）参数性故障使电动装卸机械的参数（特性）无法达到允许的极限值。这类故障并不妨碍电动装卸机械的继续运行，但按照技术标准或设计标准来衡量，这些都是工作能力不佳的表现。

对于现代化、高效率的电动装卸机械来说，防止和减少参数性故障具有特别重要的意义，因为使用有参数性故障的设备不仅会影响生产，还可能会危及安全，或造成严重的经济损失。参数性故障是电动装卸机械可靠性理论的重要研究对象。

3. 潜在故障

在使用过程中，任何一台设备都是先出现第一次故障，随后出现第二次、第三次乃至多次故障。如果故障可以采用事先修理和调整的方法来预防，并且可以从设备的损伤程度判断故障是否已临近，那么这类故障可以认为是潜在的故障。

4. 实际故障

电动装卸机械在使用过程中，实际已发生的故障称为实际故障。电动装卸机械自身的可靠性及其他一些因素的影响，使电动装卸机械必然会发生故障。对于电动装卸机械来说，在实际使用中，改善环境、加强修理、强化保养、规范使用，就可以最大限度地防止实际故障的发生，降低潜在故障转化为实际故障的概率。

5. 允许故障

允许故障一般与导致电动装卸机械输出参数逐步劣化的老化过程有密切关系；其中也包括各种不利因素（使用技术条件所允许的）组合而引起的突发性故障。有时设计上允许有一定的故障发生概率，以便减轻、缩小和简化结构。当然，这类故障的前提是不会导致严重后果。

6. 不允许故障

不允许故障与下列情况有关。

（1）违反设备制造和装配技术条件。

（2）违反操作规程和维修规章（设备超载使用、不执行维修规章、违规操作等）。

（3）技术条件或技术参数未考虑到的潜在原因。即使是严格按照技术条件制造的设备，但技术条件没有考虑到所有的客观因素，而恰恰是这些因素影响了其可靠性，以致在使用过程中经常出现故障。

三、故障判断

判断、分析故障必须了解产生故障的原因，而判断故障就要掌握故障形成的过程。

故障按形成的过程可分为两类。一类是由慢性原因引起的故障，如磨损、锈蚀、塑性变形、组织结构变质和内伤的延展等。故障一般是在较长的使用期限内逐渐形成的，由这类原因引起的故障，往往需要较复杂的保养或修理操作才能排除。另一类是由急性原因引起的故障，如油、水、电耗尽后引起供应中断，供给系统的通道阻塞，杂物浸入工作部件中，安装调整错乱，工作部件受到强外力的作用而引起裂变错位等。这类原因各式各样而且往往具有偶然性，因此，产生的故障也常常是突发性的。这类故障比较容易排除，一般通过局部处理，就能够恢复正常的技术状态。

1. 故障判断的原则

判断故障必须遵循熟悉结构、联系原理、搞清征象、分析机理的原则。而检查故障时应当按照从简到繁、按系分段、由表及里、先想后动的程序进行。

查明故障所表现出来的全部现象，判断引起故障的是急性原因还是慢性原因，以便采取不同的方法排除故障。根据故障的现象特征，运用掌握的结构原理，进行分析推理，判明产生故障的系统。为了进一步确定故障发生的具体部位，需运用检查手段查找。如果在同一系统中的多种零部件都有产生故障的可能性，查找时应首先从结构简单的、位于设备外部的、查找容易的部位查起；然后再查结构复杂的、位于内部的、拆装麻烦的零部件；根据故障的起因可先查可能性大的、最常见的，后查可能性小的、少见的。

按系分段检查是指对某些系统，在遵循简便原则下，一般可采用“先查两头，后查中间”的办法。例如，在检查液压系统故障时，应首先查看油箱的液压油是否缺少、过滤器是否堵塞、油泵是否正常工作，然后再检查溢流阀、换向阀等。

在分段检查时，还应确定故障是普遍性还是局部性的现象，这有助于迅速找出故障原因。若在液压系统中的故障是普遍性的各油缸均不动作，那么就在总控制回路中找原因；若故障只发生在个别油缸，则只需检查系统高压油路即可。

总之，判断故障必须根据设备的构造和工作原理，辨别现象，养成先分析后动手的习惯，严禁盲目乱拆乱卸。盲目地乱拆乱卸常会带来不良的后果，并可能引起新的故障。因此，拆卸只能作为在经过缜密分析后而采用的最后手段。

2. 检查故障的方法

检查故障的方法很多，归纳起来主要有以下两种。

（1）感官判断法

感官判断法主要靠检查者的感觉器官，根据设备的反常现象，分析、判断设备故障所在。常用的检查手段如下。

1）询问。向操作人员了解设备的使用、保养、修理情况，设备产生故障前后的各种异常表现，通过对异常现象的了解，初步确定故障的类型、所在系统，以便运用感官进一步查找故障的准确部位。

2）观察。仔细观察零部件的外部特征变化、运动情况、润滑油颜色、是否泄漏及液面变化快慢、仪表读数等情况。

3）倾听。直接倾听齿轮箱在运转中是否发生明显敲击声，转速是否稳定，以及各转动件、传动连接件、配合部位是否有撞击、摩擦等异响。

4）嗅闻。用鼻嗅分辨故障部件的气味，结合观察表面颜色，辨别是润滑油味、零件表面漆味还是烧焦臭味（橡胶、绝缘漆、摩擦片的烧焦味）等。

5）触摸。用手触摸零部件或轴承部位，感受其温度及振动情况。联轴器工作时的振动情况可以通过用手触摸驱动电动机外壳获知，液压系统的工作温度可以用手触摸油箱、管路外壁获知，转动各配合件可粗略判断配合间隙是否过松或过紧等。

（2）部分停止法

部分停止法就是短时间停止某部分或某部件的工作，观察故障现象的变化，以判断故障发生的部位或故障机件。例如，分析液压系统的故障时，常采取拔掉电磁换向阀线圈插头，使电气控制系统暂时停止工作，再用工具推动换向阀芯，根据故障现象的变化，分辨故障是电气控制系统引起的还是因液压阀件自身堵塞、失效而造成的。若液压系统中的油缸不动作，在拔掉电磁换向阀线圈插头、用工具推动换向阀芯后，现象消失，则表明故障发生在电气控制系统或线圈上，应就此查找原因。反之，应继续从液压系统的普遍性故障原因排查。

底盘部分有异常响声时，可先将变速杆调在空挡，断续接合或分离离合器，倾听响声的变化，以判断故障是在离合器还是在离合器之后的传动部分。

分析电气设备的故障时，有时采用隔除法，将调节器或启动开关从电路中暂时隔除，来查找故障所在部位。

四、故障原因

电动装卸机械的故障和其他机械故障一样，原因是很复杂的。但归纳起来可分为人为性故障和自然性故障。

1. 人为性故障

（1）制造和修理不符合质量要求：制造材料选用不合格，加工零件时尺寸、精度不符合要求，修理中不遵守工艺规范，如乱打、乱敲、装配不正确等。

（2）违章操作，维护保养不及时：由脱保造成的轴承缺油、干磨而导致相应零部件损坏；由超载、超速作业造成的机构跳闸、取物装置损伤等。

（3）保管运输不当：零部件露天长期堆放产生锈蚀，电气元件受潮，运输中野蛮装卸等，都会人为造成机件损坏，产生故障。

2. 自然性故障

（1）磨损是指配合件相互运动摩擦所产生的机械磨损。例如，行走轮与轨道的摩擦，铲运装载机在铲装砂石时，铲斗表面受硬颗粒摩擦而产生的磨料磨损；由于配合间隙不正确、润滑不良或表面粗糙度不合要求，以及修理以后的齿轮箱未按程序进行磨合而产生的黏着磨损，如油泵卡死、齿轮胶合等。

（2）腐蚀是指零件与周围介质接触时，发生化学或电化学的作用，以及在高温条件下工作的零件受到氧化等所产生的损坏现象。

（3）穴蚀又称气蚀，是指液体由于某种原因遭到连续性破坏，在液体内形成真空孔穴的现象。这种孔穴破灭时，产生强烈的冲击波，作用于固体表面而产生破坏现象。

（4）疲劳破坏是指零件在交变载荷作用下材料发生破坏的现象。常见的疲劳破坏有轴类零件的疲劳断裂，齿轮工作表面、滚动轴承滚道、滚动体表面的疲劳剥落等。

五、故障趋势

大量的使用和实验证明，由各种零部件构成的电动装卸机械，其故障率是时间的函数。故障率模型如图 6–2–2 所示。

由图 6–2–2 可见，故障率曲线呈两头高、中间低的形状，形如浴盆，故又称浴盆曲线。故障率模型纵轴表示故障率，横轴表示时间，所以故障率模型实际上是描述设备在开始使用后故障率随时间的变化规律。从时间变化看，曲线明显呈现出三个不同区段（时期），即早期故障期、偶发故障期和耗损故障期。

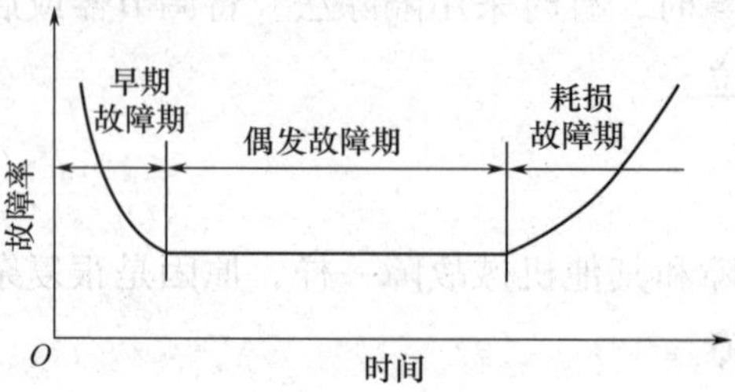

图 6-2-2　故障率模型

1. 早期故障期

在开始阶段，设备处于初始工作阶段，其特点是故障率较高。但其随着时间的推移迅速下降，这一时期称为早期故障期（又称磨合期）。

当故障率下降到基本稳定、不再出现较大波动时，表明早期故障期已经结束。此阶段的长短，随其设计与制造质量而异，此阶段发生的故障，大多是由于新元件（配合副）之间缺少良好的贴合，或者是装配上的缺陷，因此需要经历一定时间，以寻求元件间的平衡。有时也可能是设计不当、选材不合适或加工质量太差而造成的。对于新投入运行的设备或修复件，都需要进行磨合试运转。

2. 偶发故障期

进入中段，故障率处于稳定状态，并保持在一个相对恒定的水平。此阶段是电动装卸机械良好的工作阶段。电动装卸机械的可靠性，通常是以这一阶段的水平为代表。

此阶段的长度称为有效寿命期，它的特点是故障率低而稳定，近似为常数。这一阶段的故障率与时间和设备新旧程度无关，故障是随机的，如机械零部件、电气元件、模块的突然损坏等，故称为偶发故障期。

在偶发故障期内，故障什么时间发生无法预测。它不能通过延长磨合期来消除，也不能通过定期更换故障元件来预防。对于电动装卸机械来说，偶发故障期的故障，多起因于可靠性设计中的隐患、使用不当、维修不力或保养不到位等。

一般来说，再好的维修工作也不能消除偶发故障，但可降低其故障率。港口装卸作业的特点，要求电动装卸机械在有效期内故障率尽可能低，持续工作的时间尽可能长。实际工作中应提高使用管理水平、操作水平、维护水平，加强日常点检、定期点检及状态检测和技术诊断，以减少故障，使故障率降到最低限度。

3. 耗损故障期

进入使用后期，电动装卸机械进入耗损故障期，又称严重故障期。

在此阶段，由于零部件经长期使用，产生疲劳、磨损、老化，寿命接近衰竭，导致电动装卸机械处于故障频发状态，因此故障率随时间推移而上升，最终导致设备的功能终止。防止耗损故障期发生的最好办法就是预知零件磨损的实际情况及元件损坏的开始时期，在电动装卸机械进入耗损故障期前采取零件更换等维修措施。这样可以把上升的故障率降下来，也就是说可以延长这一阶段可修设备的有效寿命。但还存在修理费用的问题，若设备故障率太高、修理费用又高，则应首先考虑报废。由此可见，准确掌握电动装卸机械进入耗损故障期的时间，对电动装卸机械的使用、诊断与维修都具有重要意义。

六、故障监控

1. 早期故障期的监控

在早期故障期，电动装卸机械处于生产使用的最初阶段，往往由于制造与装配的质量问题，会出现一些小故障，一般情况下采取事后维修即可，主要包括快速检修及为提高可靠性、降低故障率所进行的改善性维修。另外，应按照电动装卸机械出厂技术规格书的要求，对生产厂家提出的一些重要部位加强检查、维护保养。

2. 偶发故障期的监控

在偶发故障期，电动装卸机械处于正常稳定使用阶段。此阶段故障率呈近似恒定状态，构成了浴盆曲线的近似水平部分，难以采取趋势分析进行故障预防，即使采用定期预修，也难以取得显著效果，一些故障隐患在用户使用过程中并不容易被发现，不能及时处理。这时最好的办法是采取状态监测维修方式，即使用监测仪器和报警装置，在故障发生前及早发现异常，及时进行预防维修。另外，应根据日常统计的故障规律，由专业维修人员加强对重点部位的定期点检，使故障率降到最低。

3. 耗损故障期监控

在耗损故障期，电动装卸机械进入寿命末期，浴盆曲线均呈急速上升状态，此时可以通过状态检测进行趋势分析，在故障率达到警戒区域前进行预防维修或实施定期的预防维修，及时对故障零件更换，以使浴盆曲线尽可能保持平缓变化，延长电动装卸机械使用寿命。

七、故障预防

从故障产生的原因可以看出，人为性故障是可以避免的，自然性故障虽不能完全避免，但是只要掌握零件的磨损规律，采取各种预防措施，是可以减少的。

零件的自然损坏主要是由磨损引起的。据统计，机械零件有 75% 是由于磨损而失效，零件在正常情况下的磨损是有规律的，典型的磨损规律如图 6-2-3 所示。

零件的磨损过程可分为三个阶段。

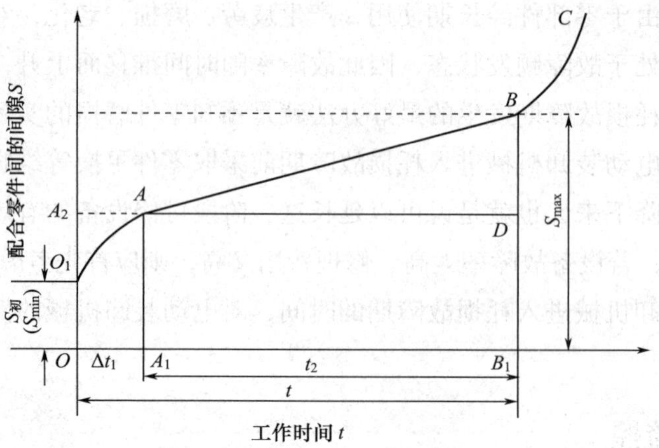

图 6-2-3　典型的磨损规律

$S_{初}$—磨合后的初始磨损量；S_{max}—极限磨损量；Δt_1—零件磨合时间；t_2—零件正常工作时间

第一阶段（曲线 O_1A 段）称为磨合阶段。新装配的配合件，由于零件表面存在着加工后的不平度，在触点上引起高接触应力，润滑油膜容易被破坏，因此磨损很大。随着机械运转时间的增加、不平度凸峰逐渐磨损，使摩擦表面的实际接触面积逐渐增大进而转入正常运转的完全液体润滑状态，并使磨损率逐渐降低，直至趋于稳定，从而过渡到第二阶段。正确的磨合可以得到一个较小的初始磨损量，这对于延长设备的使用寿命具有十分重要的意义。

第二阶段（曲线 AB 段）是正常的工作阶段，又称有效寿命阶段。零件经过磨合后，表面光滑平整，配合间隙合适，润滑条件得到改善，因此磨损率较小。只是在启动和停车过程中，不可避免地出现边界摩擦和半干摩擦等情况，使曲线随使用时间的增长而有一定的上升。这是配合件的正常工作期限，其延续时间较长。

第三阶段（曲线 BC 段）是事故损坏阶段。随着零件在工作阶段的逐渐磨损，配合间隙也逐渐增大，当达到极限值时（B 点）会伴随产生冲击运动，润滑油也会加快流失，从而使液体润滑破坏。这时，工作条件迅速恶化，磨损速度急剧增大，甚至可能由此引起机械的事故性破坏。

因此，延长零件使用寿命的措施是提高配合件的加工精度，保证合理的装配间隙；按规范进行正确的磨合，尽量减小配合件磨合后的初始磨损量；及时进行保养（清洗、润滑、调整等），以延长零件在正常工作阶段的时间；适时修理，恢复已磨损到极限值零件的使用性能。在掌握设备磨损规律的基础上，根据各零件的磨损速度和使用极限，贯彻防重于治的原则。通常情况下，零件的使用极限与磨损速度是根据零件或配合件的运动受力情况，经过精确计算或统计分析、生产试验、实验室的试验而得出的经济、可靠的数值。

第三节 设备诊断技术

设备诊断技术是设备状态监测与故障诊断技术的简称。

设备状态监测是设备诊断技术的重要组成部分，是对运转中的设备整体及其零部件的技术状态进行检查鉴定，以判断其运转是否正常、有无异常与劣化征兆，或者对异常情况进行追踪、预测其劣化趋势，确定其劣化及磨损程度等的一种手段。常用的设备状态监测方法有振动监测法、噪声监测法、温度监测法等。

设备故障诊断技术是一种了解和掌握设备在使用过程中的状态，确定其整体或局部是正常或异常，早期发现故障及其原因，并能预报故障发展趋势的技术。

一、设备诊断的基本技术

1. 检测技术

设备诊断需要正确选择测试仪器和测试方法，准确地定量测出反映设备实际状况的各种参数，并把不能直接测到的数据转换为与其密切相关的数据（如振动、噪声、温度等参数）进行检测。

2. 信号处理技术

为了解设备是否正常运转，需要测定有关设备的各种信号。如果测到的信号（如温度值）能直接反映设备的问题，则与设备正常状态的规定值进行比较即可。如果测到的信号伴有其他干扰，如振动信号等，则需要滤波处理，把真正反映征兆的信号提取出来，并将此数值和信号图像所表示的测定对象状态量与规定值进行比较。信号处理技术分为两类：时间序列处理技术（把信号表现为时间函数）和图像处理技术（把信号表现为空间位置函数，即表现成几何图像）。

3. 识别技术

识别技术是根据观测到的征兆参数判断故障的技术。常用的识别方法有两种。一是决定论的识别方法，即从被诊断设备的机构原理的理论研究和试验中，寻求其故障和征兆的关系。例如，滚动轴承的内环、外环、滚动体上有点蚀等情况时，设备运行中就会出现振动，用振动仪器采集和分析各种缺陷的振动频率，就可诊断滚动轴承的故障。二是概率论的识别方法，即从过去的数据得到征兆参数和故障之间的关系，如果再出现征兆，就可识别出引起该征兆的原因。但这种方法只能指出某种故障出现的概率是否高，并不能确定必然出现某种故障。

4. 预测技术

预测技术是对已识别的故障进行预测，判断其发展趋势，预计其最终发展到危险状态的时间的技术。预测技术有两种方法：一是决定论的预测技术，即正确测定现状的劣化水平和设备的附加应力，将其输入各种理论模型，根据计算来预测设备使用寿命和可靠性；二是概率论的预测技术，即以数理统计学为基础，通过对同类设备劣化数据的统计来预测设备使用寿命和可靠性。

二、设备诊断技术的作用

设备诊断技术是新发展起来的一门多学科的边缘技术，从最初的主观判断一直发展到如今的现代化计算机自动诊断系统。

目前，先进工业国家采用以设备状态监测为基础的维修体制。按设备的实际状态进行维修是设备维修体制改革的一次飞跃，是设备现代化管理的必经之路。图 6-3-1a 所示为按时进行的维修方式。它以比设备固有使用寿命短得多的时间为间隔期进行定期修理，且设备每次修理后又要重新经过早期故障期，从而使设备无法达到预期的可靠性。图 6-3-1b 所示为状态监测维修方式。它将按时进行的维修改为定期监测或诊断有无劣化和故障，在必要时进行必要的维修，从而避免了“过剩维修”或“维修不足”的问题。

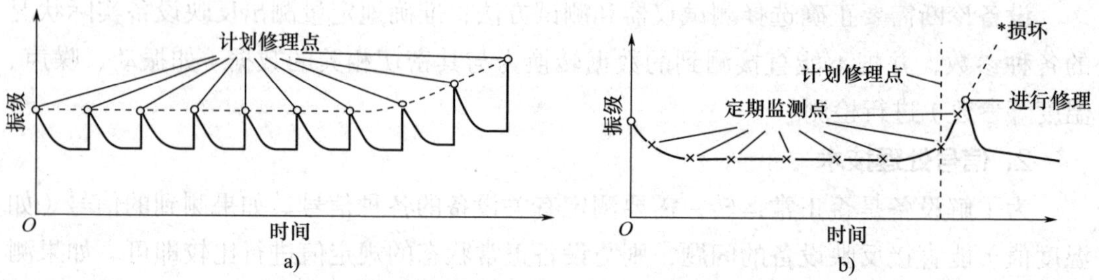

图 6-3-1　按时进行的维修方式与状态监测维修方式对比

a）按时维修方式；b）状态监测维修方式

三、振动监测法

设备开动就有振动信号，而故障信息包括在振动信号之中。不同的故障引起的振动特征各异，因此振动监测法识别和诊断故障简便可靠，易于实现在线监测、报警，且振动监测手段、方法、理论相对比较成熟，故目前应用最广泛。

1. 振动的含义

振动表示机械系统的运动或位移量相对于某平均值或标准值，在大、小两种状态之间重复交替，并随时间而变化的现象。

2. 振动的分类

（1）按振动信号的统计特征，振动可分为确定性振动和随机振动两大类。确定性振动可用确定的函数进行精确描述。随机振动的波形与时间的关系呈不规则变化，对它的描述只能用统计方法。这两类振动还可细分成若干种振动，如图 6-3-2 所示。其中最简单的是简谐振动，其他各种振动的分析一般都以简谐振动为基础。

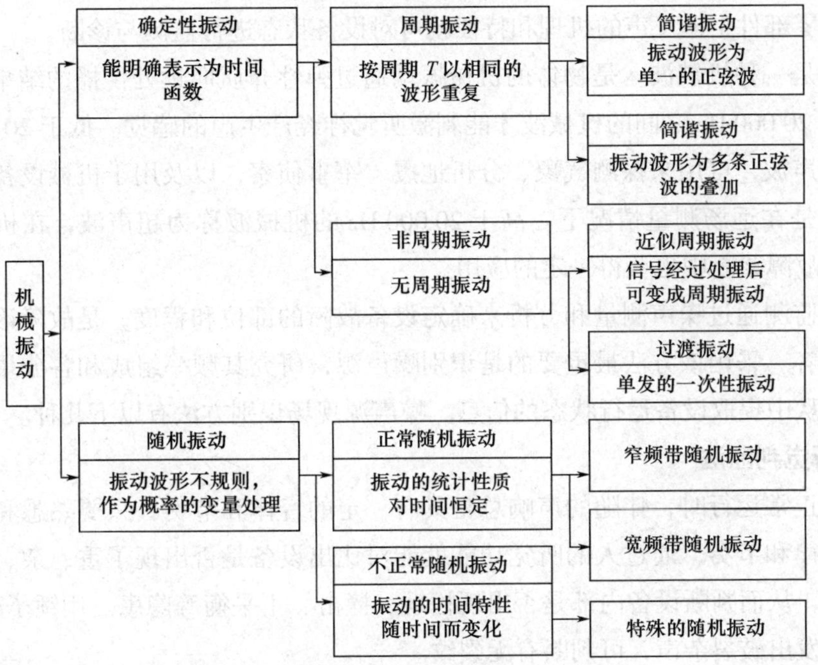

图 6-3-2　按振动信号的统计特征分类

（2）按产生振动的原因，振动可分为自由振动、受迫振动、自激振动和参变振动四类。在设备故障中最常遇到是受迫振动和自激振动。受迫振动的实例有旋转机械的不平衡、对中不良等引起的振动；自激振动的实例有油膜振荡、高频振动等。

（3）按振动频率高低，振动可分为低频振动（小于或等于 1 kHz）、中频振动（1～20 kHz）和高频振动（20～80 kHz）三类。

（4）简谐振动的波形、幅值和基本参数。简谐振动的波形是振动参数随时间变化的正弦波曲线。波形的特点一般由振幅、频率、相位等参数来表征，如图 6-3-3 所示。

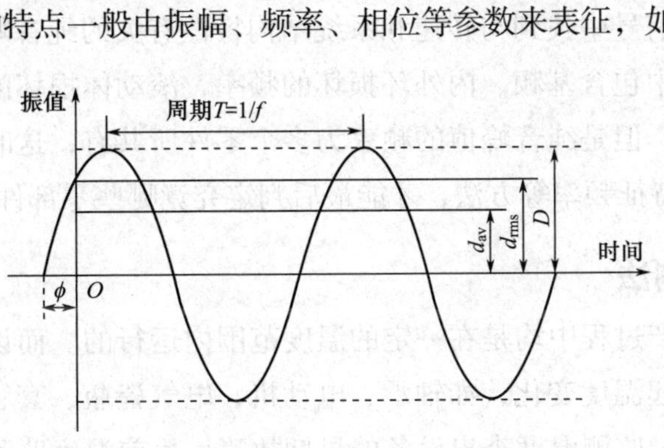

图 6-3-3　简谐振动波形

四、噪声监测法

噪声监测与振动监测一样，是最基本的监测方法之一。设备在运行中不可避免地要产生噪声，而噪声的增加，不会是无缘无故的，一定是由某些不正常情况引起的。根据设备零部件生振发声的机理和特征就可对设备状态进行监测与诊断。

声音是一种机械波，是物体的机械振动通过弹性介质向远处传播的结果。一般频率在 20～20 000 Hz 之间的机械波才能刺激听觉神经产生声的感觉。低于 20 Hz 的机械波称为次声波，可用来探测气象、分析地震、军事侦察，以及用于机械设备的状态监测，特别是在远场测量情况下。高于 20 000 Hz 的机械波称为超声波，在机械设备状态监测与故障诊断中也获得一定的应用。

噪声监测通过噪声测量和分析来确定设备故障的部位和程度，是故障诊断中的一项重要内容。采用该方法最重要的是识别噪声源，研究其频率组成和各分量的变化情况，最后从中提取设备运行状态的信息。噪声源现场识别方法有以下几种。

1. 听觉判断法

设备正常运行时，伴随的声响总是具有一定的音律和节奏，只要熟悉和掌握这些正常的音律和节奏，通过人的听觉功能就能对比出设备是否出现了重、杂、怪、乱的异常噪声，从而判断设备内部是否出现松动、撞击、不平衡等隐患。用锤子敲打零件，听其是否发出破裂杂声，可判断有无裂纹。

2. 近场测量法

近场测量法就是用声级计紧靠设备表面扫描，并根据声级计的指示值来确定噪声源的部位。由于受到附近其他声源的混杂，尤其是在车间现场，一台设备上的被测点处于设备上其他噪声源的混响场内，故不能提供精确测量值，只能用于设备噪声源和主要发声部位的一般识别，或者用于精确测定前的粗定位。

3. 频谱分析法

频谱分析是一种识别噪声源的重要方法。对于旋转机械或往复机械，一般都可以在它们的噪声频谱信号中找到与转速和系统结构特性有关的纯音峰值。例如，滚动轴承产生的噪声频率中包含基频、内外环损坏的频率、滚动体损坏的频率及内外环和滚动体的自振频率等。但是纯音峰值的频率为多个零件所共有，这时就要配合计算啮合频率或轴承滚动体特征频率等方法，才能最后判定究竟哪些零部件是主要噪声源。

五、温度监测法

设备在许多生产过程中均是在一定的温度范围内运行的。而设备中的机电元件常由于存在故障而引起温度变化，如轴承、电动机、电气瓷瓶、套管、线头、触头、线圈等，因此，可通过监测温度查出设备的早期故障。目前温度监测主要采用红外测温技术，包括红外热像仪、红外热电视和红外测温仪。它们测温范围广，测温的结果可读数、显示、存储、录像、拍照，还可以实时记录动态特性，是实现遥测的合适工具，有显著的经济效益。

1. 接触式温度监测

监测温度时，测温元件必须和被测介质直接接触的方法称为接触式测温法。

接触式测温计有膨胀式温度计（有液体膨胀式和固体膨胀式），其作用原理是利用液体和固体受热膨胀的性质；压力表式温度计（有液体式、气体式和蒸汽式），其作用原理是利用封闭在固定容积中的液体、气体或某种液体的饱和蒸气受热体积膨胀或压力变化的性质；电阻温度计，其作用原理是利用导体或半导体受热电阻值变化的性质；热电偶温度计，其作用原理是利用物体的热电性质。

接触式测温计所指示的温度是测温元件本身的温度，这个温度和被测介质的温度是有差值的。例如，用热电偶温度计测量锅炉过热器后的烟气温度，热量会通过热电偶将向外传导和辐射，这部分散失的热量将造成测温误差。

2. 非接触式温度监测

物体的热辐射强度与其温度有单值函数的关系，因此，测量物体的热辐射强度就可知道其温度。利用这种方法测量温度时，测温元件不需与被测介质接触，故称非接触式测温法。

非接触测量的仪表仪器有辐射高温计、光学高温计、红外热像仪、红外热电视、红外测温仪等。

由于非接触式温度监测不会破坏被测介质的温度场，不会受到感受材料熔点的限制，不必与被测介质达到平衡，因此测温滞后小，在冶金、化工、电力、铁路、矿山、机械等生产流程温度的监测与设备的诊断中都是得力手段。

红外热像仪可绘出空间分辨率和温度分辨率都较好的设备温度场的二维图形，可提供快速和实时的测量，可进行温度瞬态研究和大范围设备的快速观察等，但价格昂贵。

红外热电视的分辨率不如红外热像仪高，但它能在常温下工作，省去了制冷系统。其设备结构简单、操作方便、价格低廉，在测温精度要求不太高的工程领域使用最适宜。

红外测温仪与红外热像仪、红外热电视相比，更轻便、直观、快速、价廉，在各个行业的应用也最广泛。它可使用的场合包括测量间隔一定距离的温度、移动物体的温度、需快速测量的温度、粗糙表面的温度、过热不能接近的温度、带电设备和元件的温度等。但红外测温仪仅测量“点”的温度，若“点”过少则不足以反映设备的表面温度分布，尤其是某些不容易被注意到而又散热相当多的部位。因此，具有大型设备的场合，应配备红外热像仪或红外热电视，与红外测温仪配合组成红外诊断系统。

六、油液监测法

机械设备运行中，运动的零部件之间互相接触，会产生摩擦和磨损。因此，设备在运行中，不可避免地会产生大量的磨损颗粒，与空气中的污染颗粒一起混入润滑系统等的油液中。这些微小的颗粒带来了导致机械设备失效和故障的重要信息。不同的磨损作用过程产生的磨粒有不同的特征，它们反映和代表了不同的磨损失效类型。根据颗粒材料和成分的不同，就可以分辨颗粒的来源。例如，在活塞式发动机中，当油液中锡的含量增高时，可能表明轴承处于磨损的早期阶段；铝的含量增高时，则表明活塞磨损等。因此，油液监测对研究设备磨损部位和过程、磨损失效类型等有重要作用。例如，矿井下的机械设备用振动、噪声监测技术判断故障，往往较为困难，而油液监测法则是一种较为有效的方法。

油液监测法分为两类：一类是油液本身的物理、化学性能分析；另一类是油液中不溶物质的分析，又称磨屑检测技术。

磨屑检测方法可分为以下几类。

1. 分光光度法

分光光度法是利用物质对光的吸收作用而建立起来的分析方法。若用可见光源，则此方法称为分光光度法；若用红外光源，则称为红外分光光度法；若用紫外光源，则称为紫外分光光度法。此方法的优点是灵敏度高，准确度和稳定性较好，尤其是对微量元素的分析，效果更好。其缺点是只能给出润滑油中各种元素的含量，不能给出磨屑产生的原因和这些磨屑的来源；分析烦琐、速度慢，要配制各种不同的溶液。

2. 原子吸收分光光度法

原子吸收分光光度法将待测元素（或溶液）在高温下进行试样电子化，使其变为电子蒸气。当锐线光源（单色光或称特征辐射线）发出的一束光，穿过一定厚度的原子蒸气时，光的一部分被原子蒸气中待测元素的基态原子吸收。检测系统测量特征辐射线减弱后的光强度，根据光吸收定律就能求得被测元素的含量，因此此方法又称原子吸收光谱法。它的优点是分析灵敏度高、精确度高、适用范围广、取样少。其缺点是每测一种元素需更换光源，且只能给出磨屑中的元素含量，不能提供磨屑的外形、尺寸等信息。

3. 原子发射光谱法

原子发射光谱法是利用物质内部运动的原子和分子接收到外界能量后发生变化的性质而得到结果的。它的优点是操作简便、分析速度快、分析精确度高、灵敏度好；缺点是不能提供磨屑的外形、尺寸等信息，且不能分析超过 10 μm 的磨粒。

4. 微粒计数器法

微粒计数器法利用润滑油的杂质颗粒通过光敏传感器时引起的变化而进行记录和分析读数。它可以准确测定润滑油各种尺寸分类的颗粒量及它们的大小，其敏感范围为 10～100 μm。但是，该方法不能分辨被记录的颗粒种类，即分不清这些颗粒是磨屑还是外部侵入的污染颗粒。

5. 磁塞法

磁塞由一个永久装在润滑系统的主体和一个磁性探头组成。将磁性探头适当地插入循环着的润滑油中，即可吸附流过它的润滑油中的铁磁性颗粒。定期更换（25～27 h）磁性探头，对附着在探头上的微粒进行分析，用光学或电子显微镜进行观察，就可以得到关于磨屑的形状、尺寸甚至成分（用 X 射线能谱）的信息。

以齿轮减速箱为例，通过磁塞法可区别以下几种特征。

（1）胶合的碎片：形状不规则，表面组织有光泽，带有许多小凹痕，呈灰色，类似焊锡。

（2）正常的磨损碎片：截面不规则且细如发丝的绞织物，很短并混有金属粉末，表面组织粗糙，呈深灰色。

（3）故障碎片：形状不规则，表面组织摩擦带有刻痕，外表粗糙，呈暗灰色并带有亮点。

这种方法的缺点是当磁性探头的磁能达到饱和时，即失去搜集磨屑的能力，失去了很多信息，且磁性探头只能吸附大颗粒的磨屑。

6. 铁谱法

铁谱法是一种新的机械磨损分析方法。实现这种分析技术的基本工具是铁谱仪（有分析式、直读式、旋转式、气动式、在线式等）。分析式铁谱仪的工作原理是，取设备润滑系统的油样，由微量泵输送到与异形磁铁的顶面放置呈一定角度的铁谱基片上。在油样流下的过程中，磨屑在高梯度、强磁场的作用下从油样中分离出来，按由大到小的次序沉积在玻璃基片上，经清洗残油和固定处理后即可制成铁谱片。用铁谱显微镜（反射、透射双光显微镜）和电子显微镜对铁谱片上的磨屑进行定性的观察，从磨屑的形状、大小可以了解磨屑产生的原因；通过铁谱分析技术和电子显微镜中 X 射线能谱，可以确定磨屑的成分，从而了解磨屑产生的部位；用光密度计对磨屑的分布情况进行定量测量，从而可判断机械磨损的情况。

铁谱分析技术的缺点是无法测量润滑油中非铁磁物质的含量。这说明用铁谱分析技术判断润滑油的污染情况，远不如用它对机械的磨损情况进行监测。

铁谱分析技术在齿轮、轴承等机械零部件及大型设备监测应用中取得成功。在国外，该技术已广泛应用于机械制造、交通运输、石油化工、国防、能源等多个领域。

七、应力应变监测法

掌握设备受载状态和主要零件的应力状态是设备状态监测、诊断中的重要内容。应力是一个不可测量的参量，所以它总是通过其相应的应变来测量。应变的测量有直接测量与间接测量。直接测量是指利用应变计直接测量构件的变形量，如机械式应变计和光学式应变计，但因其体积大、精度不高，只能测量单向变量等，故不能用于在线监测。间接测量是指利用应变所引起的各种物理现象进行测量，如应变片电测法、光弹性法、密栅云纹法、脆性涂层法等。脆性涂层法最直观（在一定范围内，应变会使脆性涂层开裂），但使用范围有限，多用于初步诊断；光弹性法、密栅云纹法因用于观察光学效应的光学仪器比较大，而且使用条件要求高，故不适合现场使用，只能作为定期的辅助性检测手段；应变片电测法是通过测量应变金属的电阻变化值来反映应变的大小，适合现场测量。

1. 应变片

应变片（或电阻片）是电阻应变计或电阻应变片的简称。应变片是由合金丝或箔制成的敏感栅，固定在基底与保护层之间，其末端焊有引线用于连接测量电路。在测量时，应变片被粘贴在零件上且随零件变形，由于金属的电阻应变效应，敏感栅的阻值发生变化，通过一定的测量测出阻值的变化，即可得到应变值。

应变片主要有丝式应变片和箔式应变片，广泛用于各种测量。其优点是尺寸小、质量小、测量范围广，稳定性和可靠性较高。其缺点是大变形时，应变片的阻值变化与应变的关系出现较大的非线性，必须进行补偿。应变片实际上测量的不是一个点而是一小块面积的变形。

2. 测量电路与电阻应变仪

根据电阻应变效应，所测应变将通过应变片的阻值变化反映，因此测量电路的作用就是测出这个微小的电阻变化量。常用电路有分压式电路（又称电位计式电路）和桥式电路两种。分压式电路多用于振动和冲击等高速变化的应变测量。桥式电路精度高，故配以放大器和记录器可用于各种类型的应变测量。

在应变测量中，将放大器及有关部分制作成一个整体，与应变片一起所组成的测量桥专用仪器，即为电阻应变仪。根据不同需要和所测信号频率范围的差异，电阻应变仪可分为以下几种。

（1）静态电阻应变仪：用于测量静态应变，工作频率为 0 Hz（即信号不随时间变化）。当多点测量时配有多点预调平衡箱，以解决接点连线及电桥预平衡问题。

（2）静动态电阻应变仪：用于静态或频率在 200 Hz 以内的单点动态应变测量，其基本是静态的。

（3）动态电阻应变仪：用于测量 5 000 Hz 以下的动态应变。

（4）超动态电阻应变仪：用于爆炸、冲击等测量，工作频率高达数十万赫兹。

（5）多点应变巡回检测系统：用于多点快速静态应变测量。该系统具有自动平衡及记忆储存初始读数、自动切换、数字显示及打印等功能，并可与计算机联用。

上述的电阻应变测量方法，从应变片测量桥获得的信号并不是真正的应变值，而是与应变值成正比关系的电模拟量，经放大或记录仍是模拟量。因此，必须与标准量比较，才能使被测应变定量，这个附加过程称为标定或校准。应变量的标定方法为静态标定法，可分为直接标定法和间接标定法（间接标定法又分为并联电阻法和应变梁法）。

八、无损检测监测法

设备在制造过程中，可能产生裂纹、疏松、气泡、夹渣、未焊透、脱黏等缺陷。设备在运行过程中，由于应力、疲劳、腐蚀等因素的影响，各类缺陷会不断产生和发展。无损检测技术是在不损伤材料和设备结构的情况下，对材料或内部结构进行监测，对存在的缺陷进行定量检查并分析该缺陷的危害程度，以便在安全运行的条件下，作出是否能继续运行的选择，避免事故或不必要维修。

1. 超声波探伤法

探伤用的超声波频率范围为 0.5～25 MHz，其中常用的频率为 1～5 MHz。超声波探伤法是由电振荡在探头中激发高频超声波，射入试件内部探测缺陷的方法。若遇到缺陷，超声波会被反射、散射或衰减，再经探头接收并变成电信号进行放大显示，根据波形来确定缺陷的部位、大小和性质，并由相应的标准或规范来判定缺陷的危害程度。

超声波探伤法的优点是检测范围广（多种材料和很大厚度范围），仪器便于携带，可只在试件一个侧面进行检验，可提供缺陷的深度、位置、尺寸等方面信息。其缺点是对探伤人员的知识水平和熟练程度要求较高；因适用范围广，故对具体对象的检测措施需单独设计。

2. 射线照相探伤法

射线穿透物体的过程中，经物体的吸收和散射，其强度会减弱，减弱的程度取决于物体的厚度及有无缺陷等。物体内的气孔不吸收射线，射线就容易通过；若物体内混有吸收射线的异物，射线就不容易通过。常用强度均匀的 X 射线照射被测物体，透过射线在照相底片上感光、显影后，就得到与材料内部结构或缺陷相对应的灰度不同的图像，通过对这种底片的观察来检查缺陷的种类、大小和分布状况，再依据相应的标准、规范来评定缺陷的危害程度。

射线照相探伤法的优点是几乎适用于所有的材料，照相底片可保存，可展示内部的不连续性。其缺点是损害操作人员健康，缺陷深度难以辨别，且费用较高。

3. 液体渗透探伤法

将渗透剂涂于被测物体的待测表面，若表面有开口缺陷渗透剂就会渗到缺陷中。随后去除表面多余的渗透剂，再涂以显像剂，在合适的光线下观察被放大的缺陷显示痕迹来判定缺陷的种类和大小。

液体渗透探伤法分为荧光渗透法和着色渗透法两种。荧光渗透法需用紫外线照射才能观察；着色渗透法只要在明亮的天然光线下即可观察，故应用广泛。

液体渗透探伤法的优点是成本低，操作简便，应用范围广，显示直观。它的缺点是仅适用于表面开口的缺陷，无深度显示。

4. 磁粉探伤法

铁磁性材料被测物体表面或近表层有缺陷时，一旦被磁化，就会有部分磁力线外溢形成漏磁场，它对施加到被测物体表面的磁粉产生吸附作用，从而显示出缺陷的痕迹。磁粉探伤法可检出裂纹、夹层、分层等缺陷。

磁粉探伤法的优点是能探测近表层的缺陷，使用简单，易携带。其缺点是仅适用于铁磁性材料被测物体，检测前要去除剩磁，以免出现假痕迹；对与磁力线垂直的缺陷较敏感，对覆盖所有方向的缺陷，要进行多次探测；无法提供深度信息。

5. 涡流探伤法

当检测线圈靠近导电材料被测物体表面，并通以交流电时会产生交变磁场，该磁场可在被测物体表面感应出涡流。由于缺陷的存在，涡流的大小和分布会发生改变，根据所测得的涡流变化量即可判断缺陷的情况。

涡流探伤法的优点是探头质量小、轻便，可提供缺陷深度信息。其缺点是影响涡流场因素很多，因而在检测时需要抑制干扰因素。